教育部职业教育与成人教育司推荐教材
汽车维修模块式短期培训教材

# 汽车一、二级维护

主编　陈作兴

机 械 工 业 出 版 社

本书较为详细地介绍了汽车一、二级维护的基本知识和方法。主要内容包括：汽车维护常用工量具、汽车维护常用设备、汽车的使用与维护要点、典型汽车的使用与维护方法。本书图文并茂、条理清晰、实用性强。

本书可作为农村剩余劳动力转移就业培训用书，也可作为转岗再就业人员培训用书，还可作为交通运输、载运工具运用工程等专业人员学习参考用书。


**图书在版编目（CIP）数据**

汽车一、二级维护/陈作兴主编．—北京：机械工业出版社，2006.12（2016.8重印）

教育部职业教育与成人教育司推荐教材．汽车维修模块式短期培训教材

ISBN 978-7-111-16327-5

Ⅰ．汽…　Ⅱ．陈…　Ⅲ．汽车－车辆修理－技术培训－教材　Ⅳ．U472

中国版本图书馆CIP数据核字（2006）第145436号

机械工业出版社（北京市百万庄大街22号　邮政编码100037）
策划编辑：朱　华　责任编辑：陈玉芝　版式设计：冉晓华
责任校对：王　欣　封面设计：陈　沛　责任印制：乔　宇
三河市国英印务有限公司印刷
2016年8月第1版第6次印刷
140mm×203mm · 8.125印张 · 215千字
标准书号：ISBN 978-7-111-16327-5
定价：13.50元

# 汽车维修模块式短期培训教材

## 编委会名单

# 前言

随着我国城市化进程的不断加快，每年都要有大量的农村剩余劳动力转移到城市中来。由于这些进城的农民工文化程度不高，又没有一技之长，也没有经过必要的职业技能培训，因此要在城市里顺利就业是比较困难的。汽车维修行业是吸收农村剩余劳动力和下岗再就业人员比较多的行业，也是发展比较快的行业。为了实施“农村劳动力技能就业计划”，促进农村劳动力转移培训，使其提高职业技能后再就业是当务之急。

同时，为了贯彻国务院《关于大力发展职业教育的决定》和全国再就业会议精神，实施“下岗失业人员技能再就业计划”，深入推动再就业培训，我们精心策划了这套汽车维修模块式短期培训教材。这套教材也被教育部职业教育与成人教育司列为推荐教材。这套教材共有8种，即《汽车自动变速器+典型系列》、《汽车防滑控制系统（ABS)》、《汽车钣金》、《汽车电器维修》、《汽车电喷发动机+系列车型》、《汽车美容》、《汽车空调》、《汽车一、二级维护》。

这套教材有如下特点：

1. 面向农民工和下岗再就业人员。
2. 通俗易懂，简明扼要，以单元和课题的形式编写。
3. 不追求系统，而是突出技能培训。
4. 从基本知识讲起，重点突出操作技能。
5. 注意新技术、新工艺、新材料、新观念的介绍，充分体现 21 世纪汽车维修的基本特点。

本书由陈作兴任主编，单元一由张敏编写，单元二由陈作兴编写，单元三由王军方编写，单元四由佟春和、闫文库、史淑英编写，张茂国、林为群任主审。

本教材既适合农村剩余劳动力转移就业培训，同时也适合转岗再就业培训。由于是初次编写这类教材，不足之处敬请广大读者谅解，并希望及时给予批评和指正。

编　者

# 目　录

# 单元一　汽车维护常用工量具

汽车维护时，除了需要使用一些常见的普通工、量具外，还必须使用一些维护专用工、量具。本单元将对汽车维修过程中常用的工、量具进行介绍，以便维护人员能正确、合理地使用工、量具，进一步提高维护质量。

## 课题1　汽车维护常用工具及使用方法

### 一、扳手

汽车维修中常用的有呆扳手、梅花扳手、套筒扳手、空心螺栓扳手、管子扳手、活扳手等。扳手可用来拆装带角的螺栓或不带角的圆柱螺栓。

1. 呆扳手

（1）用途　如图1-1所示，呆扳手可用来拆装一般的螺栓。螺栓有双头和单头两种，为了在受限制的位置中便于工作，扳手的开口和它的本体常具有一定的角度（通常为15°或90°）。

图1-1　呆扳手

（2）使用方法及注意事项

1）用呆扳手时，为了使扳手不致损坏或滑出，在最初旋松和最后旋紧螺栓时，拉力应施加在较厚一边扳口上，但螺栓松动后可以翻转使用。使用方法如图 1-2 所示。

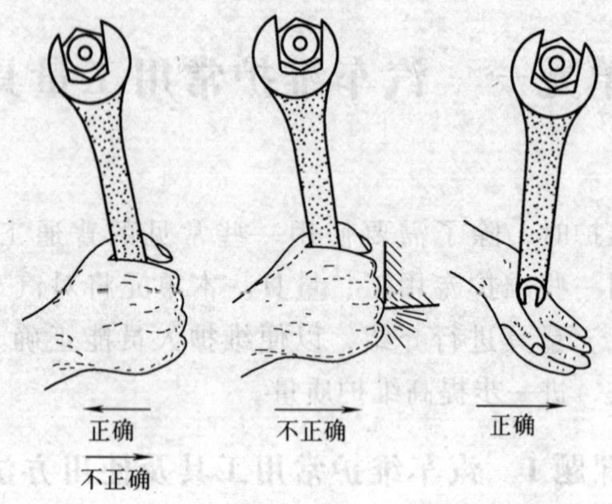


图 1-2　呆扳手的使用

2）在使用呆扳手时，最好的效果是拉动，若必须推动时，只能用手掌来推，并且手指要伸直，以防螺栓突然松动时碰伤手指。

2. 梅花扳手

（1）用途　梅花扳手和呆扳手的用途相同。但这种扳手两端是套筒式的，工作时不易滑脱，如图 1-3 所示。其套筒内一般有十二个缺口，因此便于拆装位置受限制的螺栓。使用方法如图 1-4 所示。专门用于拆装进、排气支管螺母的半月形梅花扳手如图 1-5 所示。

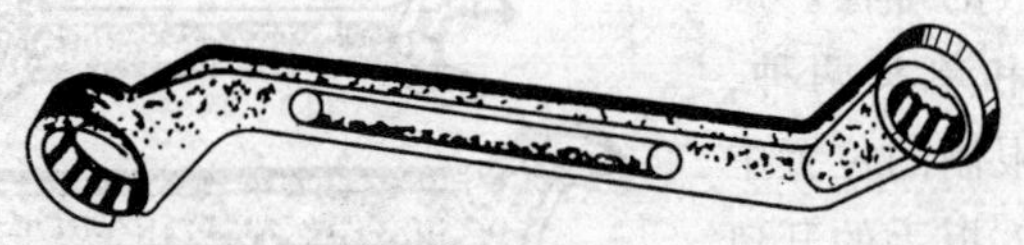

图 1-3　梅花扳手

（2）使用方法及注意事项

1）使用梅花扳手时，扳口与螺母的尺寸必须符合。如果松动就容易滑脱，损坏扳手及螺母的棱角，甚至会将手碰伤。

2）在工作中遇到较紧的螺栓不易旋松时，禁止在扳柄上再增加力臂或用锤子捶击扳柄，以免折断扳手。

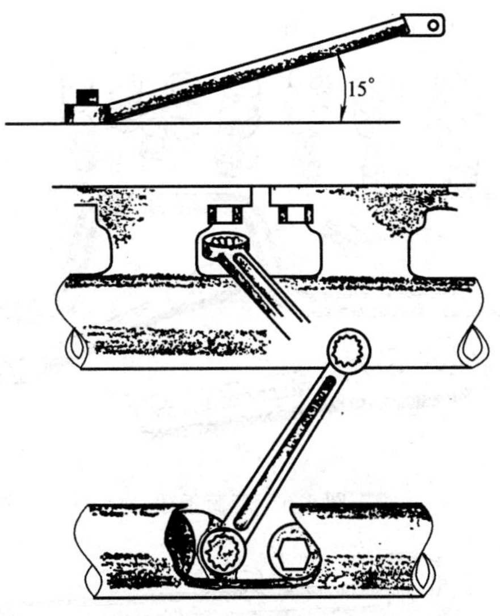


图 1-4　梅花扳手的使用

3. 套筒扳手

它由套筒与扳手组成。套筒扳手与梅花扳手有些相似，但它可以从扳手上拆下来，用时可根据需要配装各种不同规格的套筒，套筒扳手如图 1-6 所示。

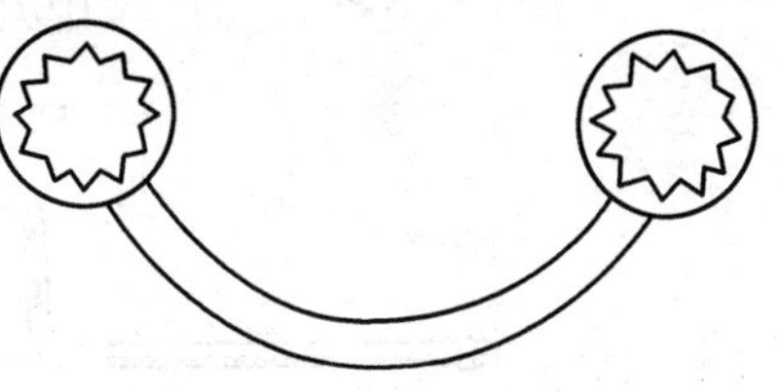

图 1-5　半月形梅花扳手

（1）各种套筒扳手的用途

1）滑动扳手　如图 1-7a 所示，它可以调整所需要的力臂。使用时，可根据螺栓的松紧程度不同而调整扳手的长度，从而达到所需的力臂。

2）快速扳手（摇把）　如图 1-7b 所示，可用来加快拆下或装紧螺栓的速度，使工作效率提高，但不能达到较大扭力。

3）棘轮扳手　如图 1-7c 所示，因它具有一定的棘轮，当扳手朝一个方向转动时，套筒就被锁住而跟随扳手转动，当扳手回转时，棘轮就放松套筒，使套筒不跟随扳手回转，故使用时可省去从螺栓上取下套筒的麻烦。

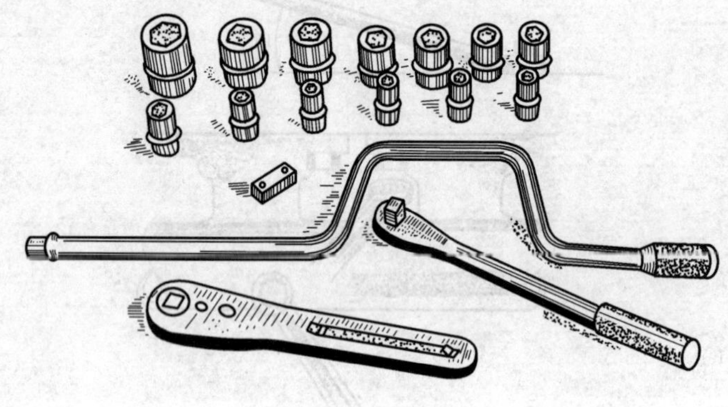

图 1-6　套筒扳手

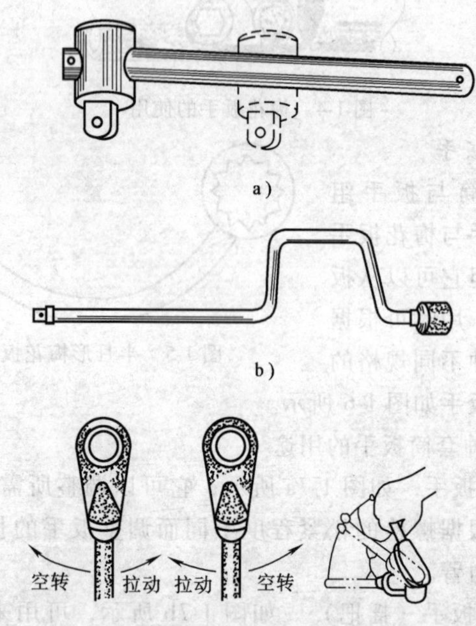


图 1-7　各种套筒扳手

a）滑动扳手　b）快速扳手　c）棘轮扳手

4）扭力扳手　扭力扳手的外形如图 1-8a 所示，有一根长的弹性杆，一端装手柄，另一端有安装套筒的方头。方头的上端装有一个长指针，刻度盘固定在手柄座上。当扳手弹性杆与刻度盘一起朝旋转方向转动一个角度时，指针尖就在刻度盘上指示出拧紧力的大小。

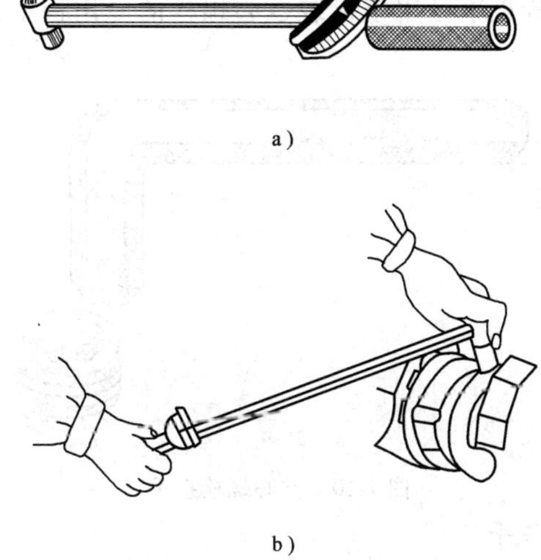

a)

b)

图 1-8　扭力扳手的外形与使用

a) 扭力扳手　b) 扭力扳手的使用

扭力扳手的使用方法及注意事项如下：

① 使用时，一手按住套筒一端，另一手平稳地拉动扭力扳手的手柄，并观察扭力扳手指针指示的扭矩数值，如图 1-8b 所示。

图 1-9　万向接头

② 切忌在过载的情况下使用扭力扳手，以免造成读数失准或扳手损坏；用后应将扭力扳手平稳放置，避

免重物撞、压，造成扳杆或扳手指针变形而影响其测量精度，甚至损坏扳手。

5）万向节头　如图 1-9 所示，它的头部是活动的，用于受限制部位螺母的拆卸，可与上述各种套筒扳手配合使用。

4. 空心螺栓扳手

空心螺栓扳手是用于拆装空心螺栓的专用扳手，如图 1-10 所示。

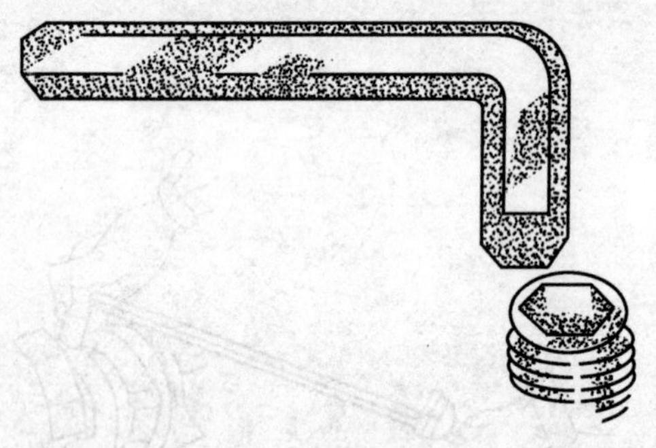

图 1-10　空心螺栓扳手

5. 管子扳手

(1) 用途　如图 1-11 所示，可用来转动管子、圆棒以及其他扳手难以夹持的光滑圆形工作物。

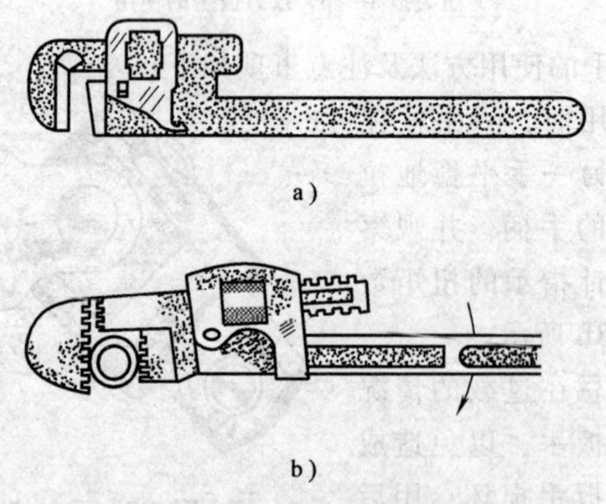

a)

b)

图 1-11　管子扳手

a）管子扳手　b）管子扳手的使用

（2）使用方法及注意事项　操作时，要注意管子扳手的扳口方向，正确方向如图1-11b所示。另外，因扳口上有齿牙，工作时会将工作物表面咬毛，故禁止用管子扳手拆装螺栓。

6. 活扳手

活扳手的开口是可调的，可以根据需要在一定范围内调节其开度。活扳手如图1-12所示。

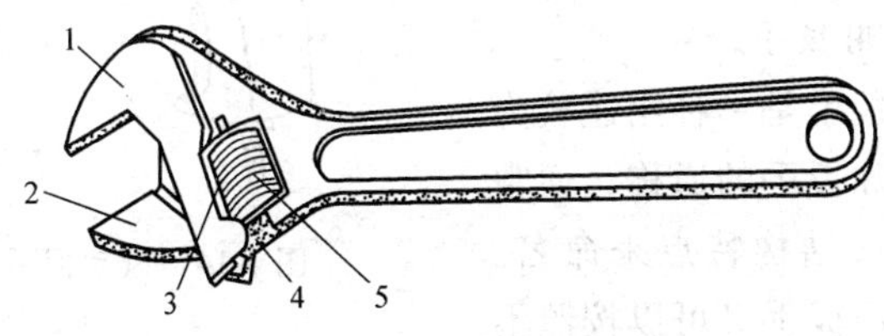


图1-12　活扳手

1—扳手体　2—活动扳口　3—齿　4—蜗杆轴　5—蜗杆

（1）用途　活扳手用于拆装不规则的螺母或螺栓。

（2）使用方法及注意事项　使用活扳手时，应将活动钳口调整合适；工作时应使扳手可动部位承受推力，固定部分承受拉力，并且用力应均匀，如图1-13所示。

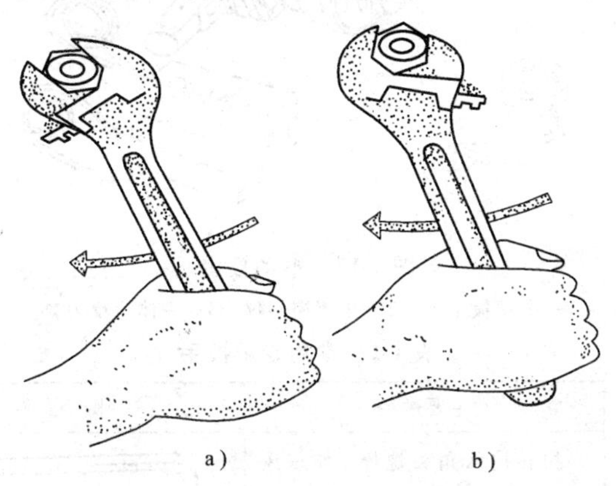


图1-13　活动扳手的使用

a）正确　b）不正确

7. 风动扳手和电动扳手

风动扳手和电动扳手分别用压缩空气和电力作为动力对螺栓、螺母进行拆卸。风动扳手如图 1-14 所示。电动扳手如图 1-15 所示，该电动扳手由扳手主体、一体化反力臂和扭矩控制仪组成。

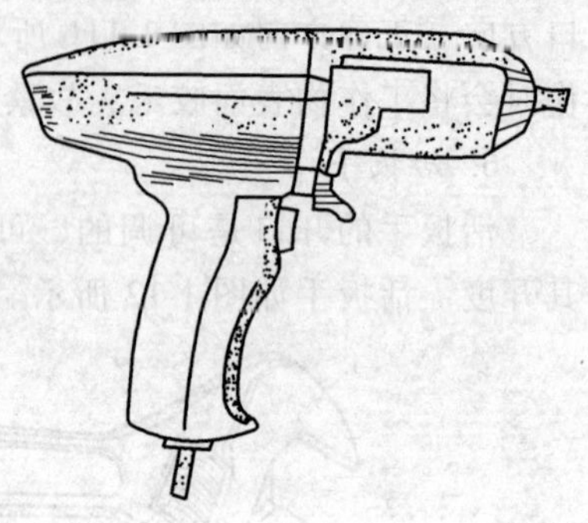

图 1-14　风动扳手

8. 专用扳手

专用扳手是一种用途较为单一的特殊扳手的通称，通常以其用途或结构特点来命名。每一种专用扳手又可以按照不同规格和尺寸进行分类。在使用专用扳手时，必须选用与零件相适应的扳手，以免扳手滑脱伤手或损坏零件。常用的专用扳手见表 1-1。

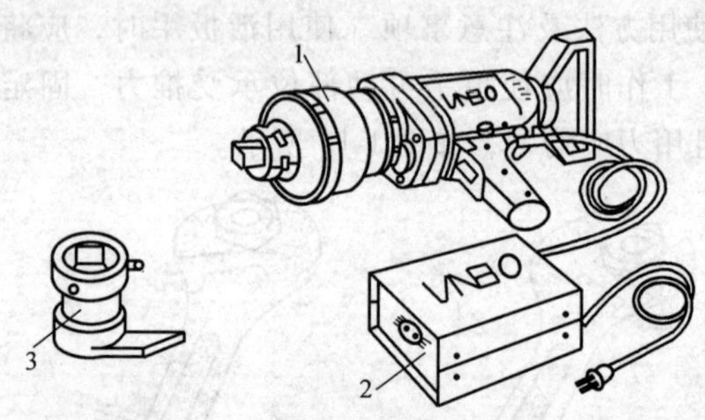


图 1-15　电动扳手

1—电动扳手体　2—扭矩控制仪　3——体化反力臂

**表 1-1　常用专用扳手**

| 扳手名称 | 主要途径 | 图　例 |
| --- | --- | --- |
| 内六角扳手 | 扭转内六角头螺栓，如东风 EQ1092 汽车转向器轴向调整螺栓 | |
| 圆螺母扳手 | 扭转槽形圆螺母，如东风 EQ1092 汽车转向器轴向调整螺栓紧固螺母 | |

（续）

| 扳手名称 | 主要途径 | 图　例 |
|---|---|---|
| 叉形凸缘及转向螺母套筒扳手 | 扭转轮毂轴承调整、缩紧螺母，如东风 EQ1092 汽车前轮毂轴承螺母 | |
| 方扳手 | 扭转四棱柱头部的螺栓，如油底壳、变速器等的放油螺栓 | |
| 叉形扳手 | 扭紧圆柱孔定位的螺母，如减振器顶盖等 | |
| 气门芯扳手 | 拆装轮胎气门芯 | |
| 钩形扳手 | 扭转槽形圆螺母等 | |
| 专用套筒扳手 | 扭转特殊螺栓或螺母的扳手，如轮毂轴承螺栓、螺母、轮胎螺母 | |
| 机油滤清器扳手 | 拆装机油滤清器总成 | |

## 二、螺钉旋具

1．用途

一字、十字螺钉旋具由柄、刀体、刀口三个部分组成，如图 1-16 所示，用来拆装有槽口的螺栓。偏置螺钉旋具其刀体两端有互相垂直的刀口，如图

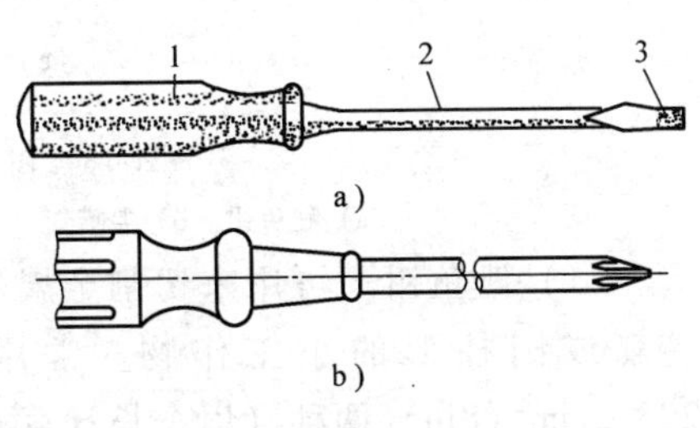


图 1-16　螺钉旋具
a）一字螺钉旋具　b）十字螺钉旋具
1—柄　2—刀体　3—刀口

1-17 所示，主要是在顶部空间受限制的情况下使用。

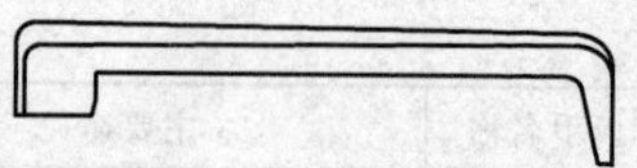
图 1-17 偏置螺钉旋具

2. 使用方法及注意事项

1）使用一字、十字螺钉旋具时，应以手掌心抵住柄端，并使旋具刀口垂直嵌入螺钉槽，再用力压紧和扭转。当使用较长的旋具时，须以右手压紧和扭转手柄，左手握稳旋具刀体中部，以防滑脱。

2）使用偏置螺钉旋具时，只有当刀口与螺钉（栓）槽口完全吻合后才可用力旋转旋具，这样可避免损坏螺钉（栓）槽口。

## 三、钳子

1. 钳子的种类和用途

维修作业中经常使用鲤鱼钳、尖嘴钳及制动弹簧钳，其外形如图 1-18 所示。

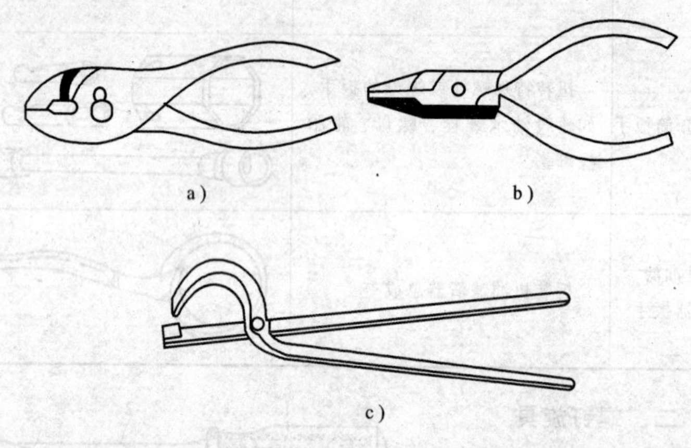

图 1-18 钳子

a）鲤鱼钳 b）尖嘴钳 c）制动弹簧钳

（1）鲤鱼钳 可用来切割金属丝，或弯扭铜、铁质料，夹持扁或圆柱形的小工作物。常用的有 152.4mm（6in）和 203.2mm（8in）两种（以全长计算）。

（2）尖嘴钳 可用来夹持一些小的零件，如弹性卡簧、锁环等。

(3) 制动弹簧钳 是分解、组装制动器的专用工具。在装合制动蹄时，需把弹簧的一端套入相应的孔内，另一端则挂在制动弹簧钳的套钩上，将钳的另一侧（半月形）支撑在摩擦片上，然后用手夹紧钳的把柄，便可使弹簧扩张并顺利地将其装在制动蹄装配孔内。

2. 使用方法及注意事项

1）使用前后应擦净钳子上的油污。

2）使用时用右手捏紧手柄的后端，当夹牢工作物时再用力切割或弯扭。当夹持稍大的工作物时，可放大钳口。

3）禁止用钳子代替扳手拆装螺栓，或夹持热的工作物，以免将钳子损坏或退火。

## 四、火花塞套筒

1. 种类和用途

火花塞套筒是用于拆装火花塞的一般专用工具。火花塞套筒有两种规格，即适于 $\phi$14.8mm 和 $\phi$10mm 的火花塞螺套。火花塞套筒外形如图 1-19 所示。

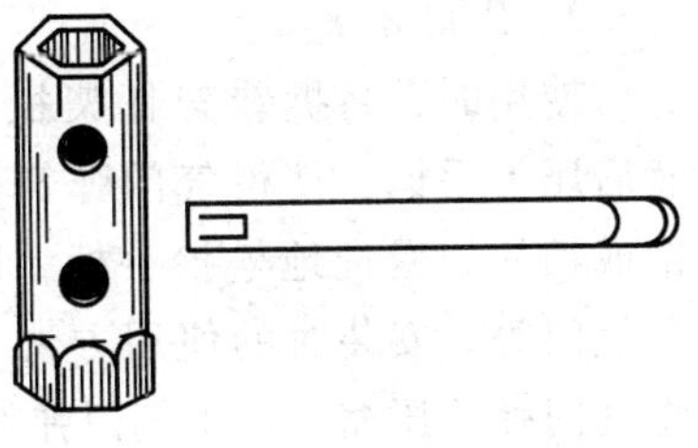

图 1-19 火花塞套筒

2. 使用方法及注意事项

使用时应将火花塞套筒对正火花塞，并使火花塞六方与套筒六方完全结合，然后再进行拆卸。

## 五、活塞环拆装钳

1. 用途

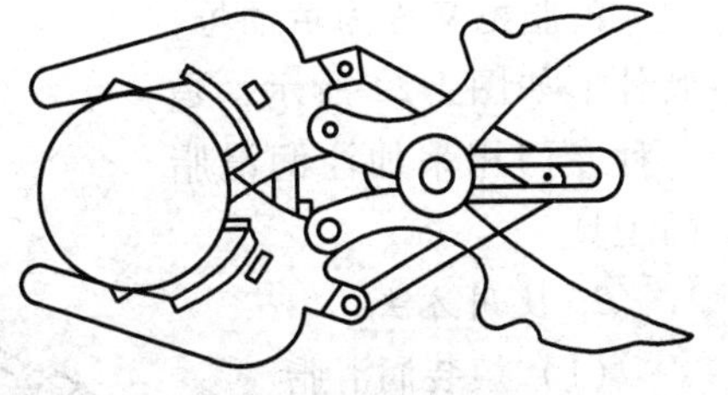

图 1-20 活塞环拆装钳

活塞环拆装钳是一种专门用于拆装活塞环的工具，如图 1-20 所示。维修发动机时，必须使用活塞环拆装钳拆装活塞环。

2. 使用方法及注意事项

使用活塞环拆装钳时，将拆装钳上的环卡卡住活塞环开口，握住拆装钳手把稍稍均匀地用力，并使手把慢慢地收缩，环卡将活塞环徐徐地张开，使活塞环能从活塞环槽中取出或装入。

使用活塞环拆装钳拆装活塞环时，用力必须均匀，避免用力过猛而导致活塞环折断，同时也能避免伤手事故。

## 六、气门弹簧拆装架

1. 用途

气门弹簧拆装架是一种专门用于拆装顶置式气门弹簧的工具，如图 1-21 所示。

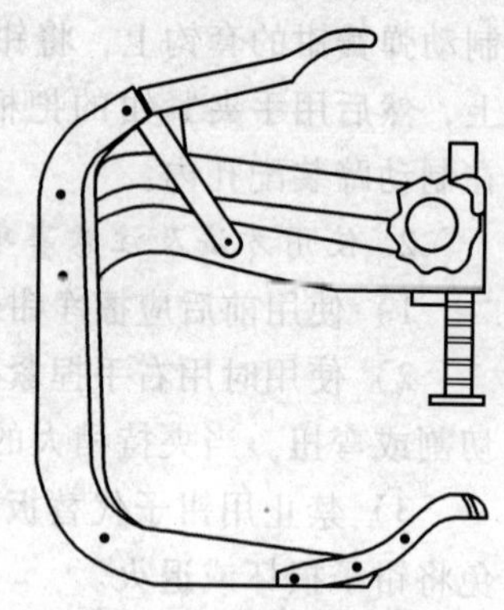

图 1-21 气门弹簧拆装架

2. 使用方法

使用时，将拆装架托架抵住气门，压环对正气门弹簧座，然后压下手柄，使得气门弹簧被压缩，这时可取下气门弹簧锁销或锁片，慢慢地松抬手柄，即可取出气门弹簧座、气门弹簧和气门等。安装时的使用方法与拆卸时的使用方法类似，只是将气门弹簧压缩后，将气门弹簧锁销或锁片装上。

## 七、滑脂枪

1. 用途

滑脂枪又称为黄油枪，其外形如图 1-22 所示，是一种专门用来加注润滑脂的工具。

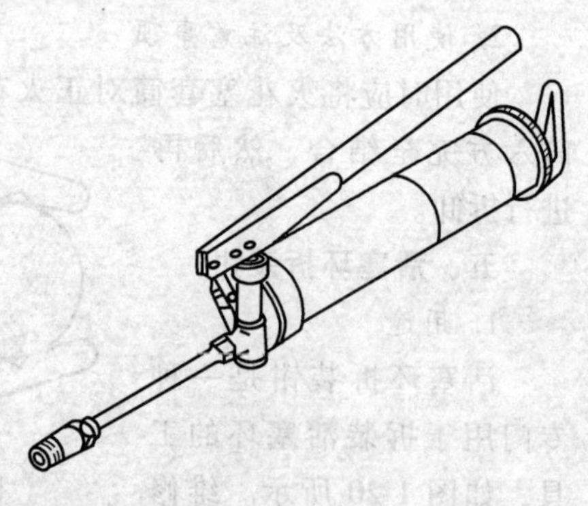

图 1-22 滑脂枪

2. 使用方法

（1）填装润滑脂

1）拉出拉杆使柱塞后移，拧下油脂枪压力缸筒前盖。

2）把干净润滑脂分成团状，徐徐装入缸筒内，且使润滑脂团之间尽量相互贴紧，以便于缸筒内空气的排出。

3）装回前盖，推回拉杆，柱塞在弹簧作用下前移，使润滑脂处于压缩状态。

（2）注油

1）把滑脂枪接头对正被润滑的滑脂嘴（滑油嘴），直进直出，不能偏斜，以免影响润滑脂加注和减少润滑脂的浪费。

2）注油时，如果注不进油，应立即停止，并查明堵塞的原因，排除后再进行注油。加注润滑脂时不进油的主要原因为：

① 滑脂枪缸筒内无润滑油或压力缸筒内的润滑油间有空气。

② 滑脂枪压油阀堵塞或注油接头堵塞。

③ 滑脂枪弹簧疲劳过度造成弹力不足或弹簧折断而失效。

④ 柱塞磨损过甚而导致漏油。

⑤ 滑脂嘴被污泥堵塞而不能注入润滑油。

## 八、千斤顶

### 1. 用途和种类

千斤顶是一种最常用、最简单的起重工具，按照其工作原理可以分为机械丝杆式和液压式两种，如图1-23所示；按照所能起顶质量可以分为3000kg、5000kg、9000kg等多种不同规格。目前，广泛使用的是液压式千斤顶。

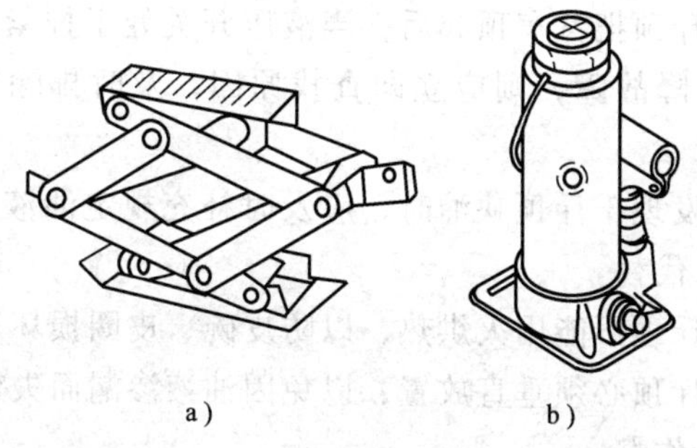


图1-23　千斤顶

a）机械丝杆式千斤顶　b）液压式千斤顶

2. 使用方法

以液压式千斤顶为例介绍其使用方法，具体如下：

1）起顶汽车前，应把千斤顶顶面擦拭干净，拧紧液压开关，把千斤顶放置在被顶部位的下部，并使千斤顶与被顶部位间相互垂直，以防千斤顶滑出而造成事故。

2）用三角形垫木，将汽车着地车轮前后塞住，防止汽车在起顶过程中发生滑溜事故。

3）旋转顶面螺杆，改变千斤顶顶面与被顶部位的原始距离，使起顶高度符合汽车需要的顶置高度。

4）用手上下压动千斤顶手柄，被顶汽车逐渐升到一定高度，在车架下放入搁车凳，禁止用砖头等易碎物支垫汽车。落车时，应先检查车下是否有障碍物，并确保操作人员的安全。

5）徐徐拧松液压开关，使汽车缓慢平稳地下降，并架稳在搁车凳上。

3. 使用注意事项

1）汽车在起顶或下降过程中，禁止在汽车下面进行作业。

2）应徐徐拧松液压开关，使汽车缓慢下降，汽车下降速度不能过快，否则易发生事故。

3）在松软路面上使用千斤顶起顶汽车时，应在千斤顶底座下加垫一块有较大面积且能承受压力的材料（如木板等），防止千斤顶由于汽车重压而下沉。

4）千斤顶把汽车顶起后，当液压开关处于拧紧状态时，若发生自动下降故障，则应立即查找原因，及时排除故障后方可继续使用。

5）若发现千斤顶缺油时，应及时补充规定油液，不能用其他油液或水代替。

6）千斤顶不能用火烘热，以防皮碗、皮圈损坏。

7）千斤顶必须垂直放置，以免因油液渗漏而失效。

## 九、工作灯

1. 用途

工作灯是一种随车的照明灯具，主要用于维护作业中的局部照明。

2. 使用方法

工作灯使用的电源是汽车的电源，使用时将工作灯插头插入汽车工作灯插座内即可。这时可将工作灯悬于需要照明的作业部位或手持工作灯灯柄直接照射需照明的作业部位。

## 十、手摇柄

1. 用途

手摇柄又称为起动手摇柄，它用于拆装活塞连杆组和点火正时调整时，转动曲轴；当蓄电池电力不足或在严寒季节起动困难时，可借助手摇柄旋转曲轴帮助起动。

2. 使用方法及注意事项

使用手摇柄时，应用力握紧手柄，大拇指不要围绕手柄，要由下往上提，以防发动机在起动后手柄倒转打伤手臂。

## 十一、管口锥形扩张夹具

1. 用途

管口锥形扩张夹具用来对管口进行锥形扩张。由管口锥形扩张器和管夹具两个部分组成，如图 1-24 所示。

管口锥形扩张器如图 1-24a 所示，它由操作手柄、螺杆、弓架和 90°顶尖组成。

管夹具如图 1-24b 所示，它由长短两个夹板块组成，并有两个活动螺钉及蝶形螺母使之装合和分解。在长短夹板块的内侧分别钻有各种不同规格的半圆细纹螺孔，孔端锪成 90°角。

2. 使用方法及注意事项

1）管口扩张前，应检查管口端面是否平整，材料若是纯铜，必须进行软化处理。

2）管口扩张时，应将管子放入相应的管夹具孔内，并须与管夹具垂直，管口端面高出管夹具平面 2 ~ 5mm，然后拧紧蝶形螺母，套上弓架，使下端内侧的斜槽与夹板块两侧贴合，顶尖要对准管口，再旋转操作手柄，使螺杆下降，管口逐渐被扩张

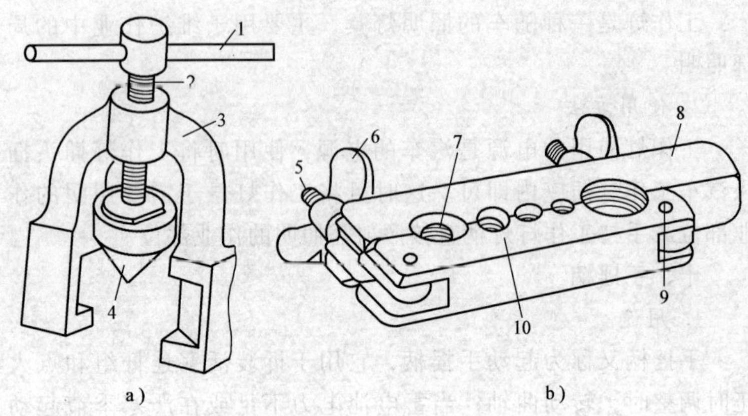


图 1-24 管口锥形扩张夹具

a) 管口锥形扩张器 b) 管夹具

1—操作手柄 2—螺杆 3—弓架 4—90°顶尖 5—活动螺钉 6—蝶形螺母 7—细牙螺孔 8—长夹板 9—销钉 10—短夹板

成喇叭形，直到与管夹具倒角接触为止。停留片刻后，反向旋转操作手柄，拆卸弓架，再松开两碟形螺母，取出管子。

## 十二、顶拔器

### 1. 用途

顶拔器主要由操纵手柄、螺杆与拉臂等组成，如图 1-25 所示。顶拔器可用来拆卸带轮、齿轮之类的零件，有三根互为120°拉臂的顶拔器和对称两根拉臂的顶拔器等结构形式。

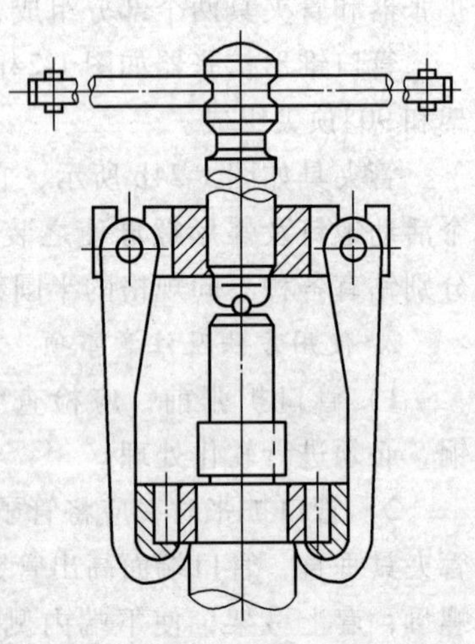

图 1-25 顶拔器

### 2. 使用方法及注意事项

1）对于拆卸轴承之类的零件，以用两根与螺杆在同一平面内的拉臂顶拔器为宜。

2）在拆卸轴承时，应把中间螺杆顶在轴上，两侧的拉臂尖应钩在轴承内圈平面上，不能外撇。然后旋转操纵手柄，即可卸下轴承。

## 十三、锤子

### 1. 用途

锤子亦称榔头，由锤头和锤柄两部分构成。锤头多用钢材锻造而成，用以敲击工件；有的锤头用铜、硬木或橡胶制成，即所谓的“软锤”，用以敲击不宜用钢质锤敲击的工件或薄板等。锤子的种类繁多，规格用锤头的质量（kg）表示。汽车修理中常用0.5kg、0.75kg的小型圆顶锤子，4kg的大锤（也称八角锤），0.25kg的木锤。常用锤子如图1-26所示。

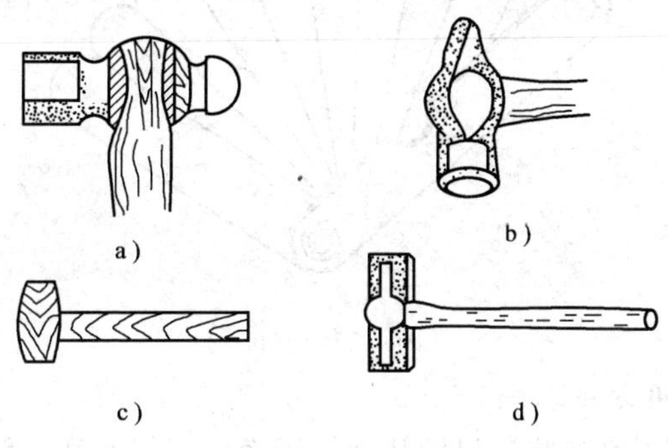


图1-26　锤子

a）圆顶锤子　b）尖顶检验锤　c）木质锤　d）橡胶锤

### 2. 使用方法及注意事项

1）小型锤子用一只手使用。锤子的使用手法有三种：腕抖、肘挥、臂抡。腕抖是用手腕的力量运锤，敲击力小，速度快，击点准确。肘挥是用小臂和腕的力量运锤，敲击力较大，击点不很准确。臂抡是用大臂、小臂和腕的力量运锤，敲击力大，但使用不熟练时往往击点不准。

2）大锤用双手使用，用以击打需要重击的部位。使用之前应将锤子和工件上的油污等擦净；确保锤头与手柄接合牢固。击打时使锤头平面与工件表面贴合，不准用锤头棱边击打工件，严防锤子或锤头脱出造成损伤。

# 课题2　汽车维护常用量具及使用方法

## 一、塞尺

### 1. 用途与特点

塞尺是一种由多片不同厚度的标准钢片所组成的测量工具，钢片上标有其厚度测量值。使用时，可以用一片进行测量，也可以由多片组合在一起进行测量。塞尺的外形如图1-27所示。塞尺主要用于测量两个接合面之间的间隙值。

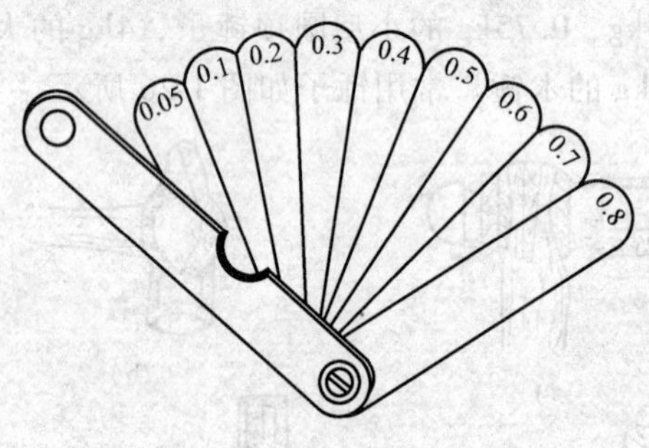

图1-27　塞尺

### 2. 使用方法

1）用干净布将塞尺钢片擦拭干净，不能在塞尺钢片沾有油污的情况下进行测量，否则，会直接影响测量结果的准确性。

2）将塞尺钢片插入被测间隙中，来回拉动塞尺钢片，感到稍有阻力时，表明该间隙值接近塞尺钢片上所标出的数值。如果拉动时阻力过大或过小，则该间隙值小于或大于塞尺钢片上所标出的数值，如图1-28所示。

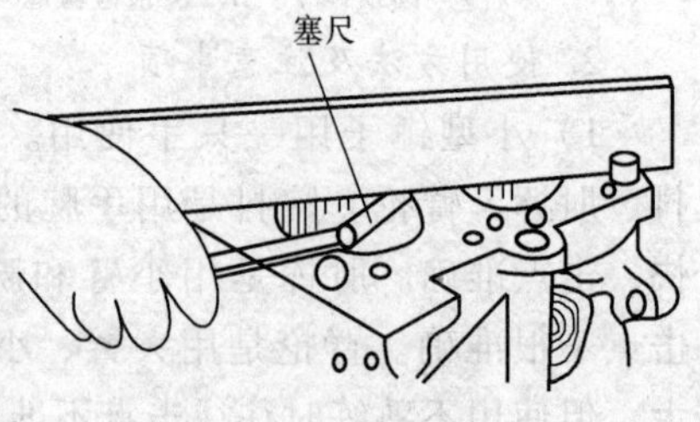

图1-28　用塞尺测量间隙

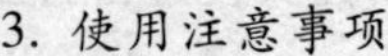

### 3. 使用注意事项

1）不允许在测量过程中，剧烈弯曲塞尺钢片，或用较大的力硬将塞尺钢片插入被检测间隙中，否则，将损坏塞尺钢片。

2）测量后，应将塞尺钢片擦拭干净，并涂上一薄层润滑油或工业凡士林，然后将塞尺钢片收回夹框内，以防锈蚀、弯曲或变形。

## 二、游标卡尺

### 1. 用途

游标卡尺是一种能直接测量工件直径、宽度、长度或深度的量具，如图 1-29 所示。

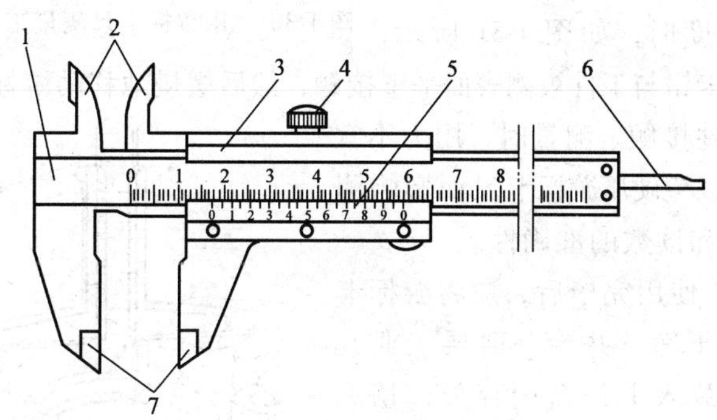


图 1-29　游标卡尺

1—尺身　2—刀口内量爪　3—尺框　4—紧固螺钉
5—游尺　6—深度尺　7—外量爪

### 2. 种类

游标卡尺按照测量功能可以分为普通游标卡尺和深度游标卡尺；按照读数精度可以分为 0. 10mm、0. 20mm、0. 05mm、0. 02mm 等规格。目前常用游标卡尺的读数精度为 0. 02mm。

### 3. 使用方法

1）使用前，先将工件被测表面和卡钳接触表面擦干净。

2）测量工件外径时，将活动卡钳向外移动，使两卡钳间距大于工件外径，然后再慢慢地移动游标，使两卡钳与工件接触。使用中，切忌硬卡硬拉，以免影响游标卡尺的精度和读数的准确性。

3）测量工件内径时，将活动卡钳向内移动，使两卡钳间距小于工件内径，然后在缓慢地向外移动游标，使两卡钳与工件接触，如图 1-30 所示。

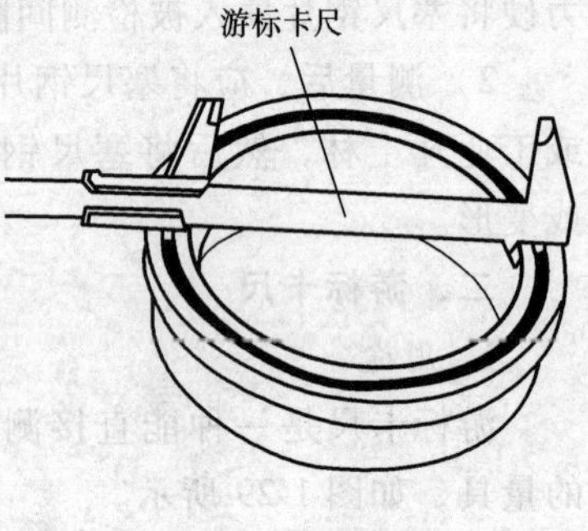

4）测量工件的内径和外径时，应使游标卡尺与工件垂直。测外径时，记下最小尺寸；测内径时，记下最大尺寸。

图 1-30 用游标卡尺测量工件内径

5）使用深度游标卡尺测量工件深度时，如图 1-31 所示，将固定卡钳与工件被测表面平整接触，然后缓慢地移动游标，使卡钳与工件接触。测量时，用力不宜过大，以免硬压游标卡尺而影响测量精度和读数的准确性。

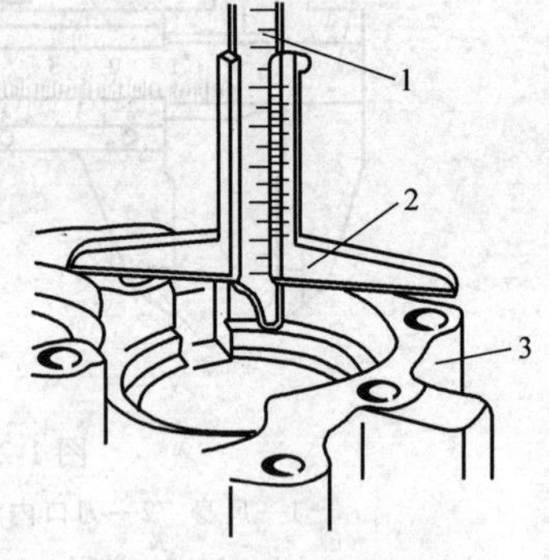


图 1-31 用深度游标卡尺测量工件深度

1—主尺 2—副尺 3—工件

6）使用完毕后，应将游标卡尺擦拭干净，并涂一薄层工业凡士林，放入卡尺盒内存放，切忌弯折、重压。

4. 读数方法

1）读出游标零刻线所指示的尺身上左边刻线的毫米整数。

2）观察游标上零刻线右边第几条刻线与尺身某一刻线对准，将游标精度乘以游标上的格数，记为毫米小数值。

3）将尺身上整数和游标上的小数值相加即得被测工件的尺寸，即工件尺寸 = 尺身整数 + 游标卡尺读数精度 × 游标格数。如图 1-32a 所示，工件尺寸 = 17mm + 5 × 0.1mm = 17.5mm；如图 1-32b 所示，工件尺寸 = 22mm + 10 × 0.05mm = 22.5mm。

## 三、外径千分尺

1. 用途

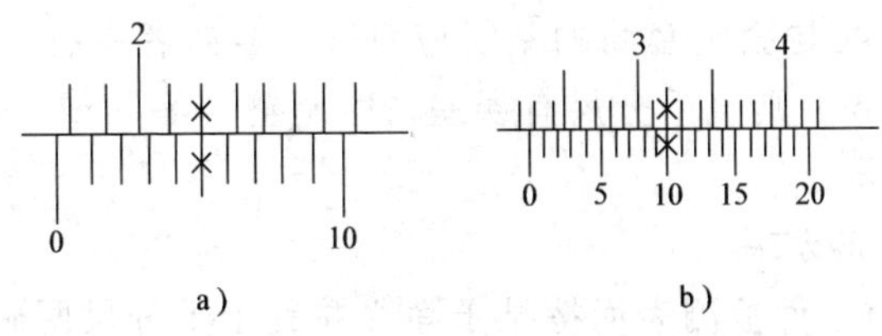


图 1-32　工件尺寸的读取

a）0.1mm 精度　b）0.05 精度

外径千分尺是一种用于测量加工精度要求较高的精密量具，其读数精度可达到 0.01mm。

2. 种类

按照测量范围可分为 0～25mm、25～50mm、50～75mm、75～100mm 和 100～125mm 等多种不同规格，但每种千分尺的测量范围均为 25mm，其结构如图 1-33 所示。

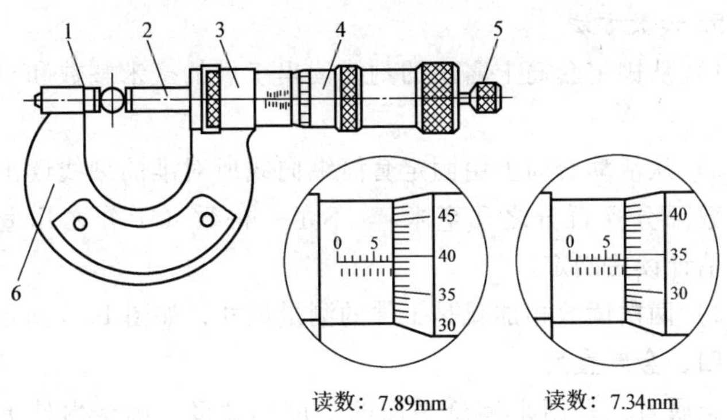


图 1-33　外径千分尺

1—测砧　2—测轴　3—固定套筒

4—活动套筒　5—限荷棘轮　6—弓架

3. 外径千分尺误差检查

1）把千分尺测砧表面擦拭干净。

2）旋转棘轮盘，使两个砧端夹住标准量规，直到棘轮发出 2～3 响“咔咔”的声响，这是检视指示值。

3）活动套筒前端应与固定套筒的“零”线对齐。活动套筒的“零”线与固定套筒的基线应对齐。若两者中有一个“零”线不能对齐，则该千分尺有误差，应调整“零”线，对齐后才能用于测量。

4. 使用方法

1）将工件被测表面擦拭干净，并置于千分尺两砧端之间，使千分尺螺杆轴线与工件中心线垂直或平行。若歪斜着测量，则直接影响测量的准确性。

2）旋转旋钮，使砧端与工件测量表面接近，这时改用旋转棘轮盘，直到棘轮发出“咔咔”声响时为止，这时的指示数值就是所测量到的工件尺寸。

3）使用完毕后，应将千分尺擦拭干净，保持清洁，并涂一薄层工业凡士林，然后放入盒内保存。禁止重压、弯曲千分尺，且两砧端不得接触，以免影响千分尺精度。

5. 读数方法

1）从固定套筒上露出的刻线读出工件的毫米整数和半毫米整数。

2）从活动套筒上由固定套筒纵向线所对准的刻线读出工件的小数部分（百分之几毫米）。不足一格数（千分之几毫米），可用估计读法确定。

3）两次读数相加就是工件的测量尺寸，如图1-33所示。

## 四、金属直尺

金属直尺是用来测量平面的长度和宽度、确定内外卡钳所测量的尺寸、以及用以进行划线的量具，长度有150mm、300mm、500mm和1000mm，精度可达到0.5mm。

## 五、卡钳

卡钳是一种间接量具，从卡钳上无法直接读数，使用时需与金属直尺或其他刻线量具配合使用。卡钳分为内卡钳、外卡钳两种（见图1-34）。内卡钳用以测定工件的内部，外卡钳用以测定工件的外部，所测得的大小，都应用金属直尺或其他刻线量具来确定，其精度可达0.5mm。

## 六、划规

划规用来把金属直尺上的尺寸移到工件上以及等分线段、角度、划圆周或曲线、测量两点间距离等。划规又称为分线规，用工具钢制成，尖端经过磨锐和淬火，如图 1-35 所示。

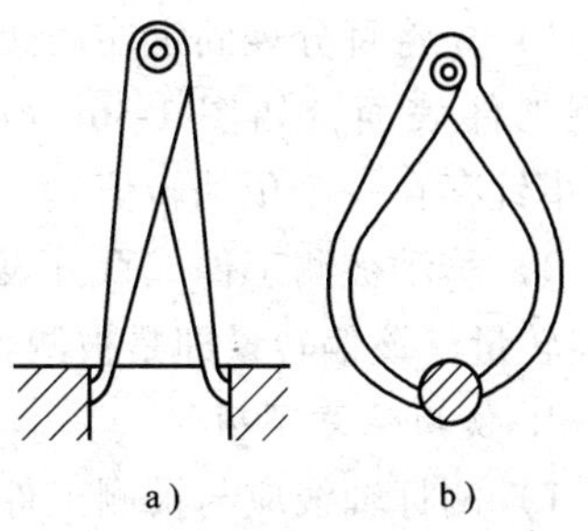

a)　b)

图 1-34　卡钳

a）内卡钳　b）外卡钳

## 七、百分表

### 1. 用途与特点

百分表是一种比较性测量仪器，主要用于测量工件的尺寸误差和形位误差以及配合间隙等，如图 1-36 所示，其测量精度为 0.01mm。

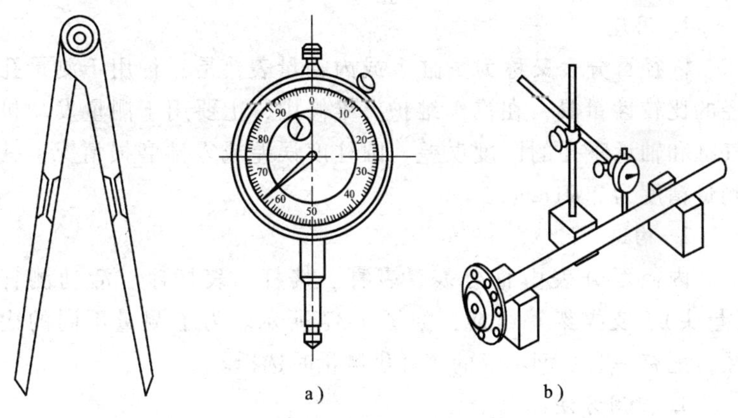


图 1-35　划规

a)　b)

图 1-36　百分表及其应用

a）百分表　b）百分表测量实例

### 2. 读数方法

百分表的表盘刻度一般分为 100 格，当量头每移动 0.01mm 时，大指针就偏转 1 格（表示 0.01mm）；当大指针旋转 1 圈时，小指针偏转 1 格（表示 1mm）。指针的偏转量就是被测零件（工件）的实际偏差或间隙值。

### 3. 使用方法

1）先将百分表固定在表架（支架）上，以测杆端量头抵住被测工件表面，如图 1-36b 所示，并使量头产生一定的位移（即指针存在一个预偏转值）。

2）移动被测工件或百分表支架座，观察百分表表盘上指针的偏转量，该偏转量即是被测物体的实际偏差或间隙值。

4. 使用注意事项

1）测杆轴线应与被测工件表面垂直，否则，会影响测量精度。

2）百分表使用完毕后，应卸除所有的负荷，用干净软布将表面擦拭干净，并在金属表面涂抹一薄层工业凡士林，将百分表水平地放置盒内，严禁重压。

## 八、内径百分表

1. 用途

内径百分表又称为量缸表或内径量表，是一种用于测量孔径的比较性量具，在汽车维护、维修中，主要用于测量发动机气缸和轴承座孔的圆度误差、圆柱度误差或零件磨损情况，其测量精度为 0.01mm。

2. 构造

内径百分表由百分表、表杆、接杆、表杆座、活动测杆（量头）、支撑架等组成，如图 1-37 所示。为了测量不同的内径，配有一套长度不等的接杆供测量时选择。

3. 使用方法

1）一只手拿住绝热套，另一只手尽量托住表杆下部，轻轻摆动表杆，使内径百分表测杆与气缸轴线垂直（可通过观察百分表头的指针摆动情况来判断，当指针指示到最小数值时，即表示测杆已垂直于气缸轴线）。

2）内径百分表读数方法与百分表相同，读出百分表头的指示数值即可。

3）确定工件尺寸

① 如果百分表头的大指针正好指在“0”处，说明被测工

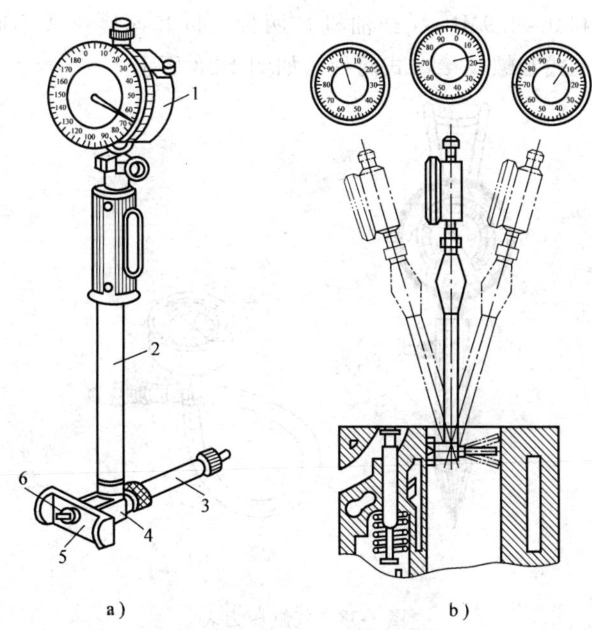


图 1-37　内径百分表及其应用

a）内径百分表　b）内径百分表测量实例

1—百分表头　2—表杆　3—接杆

4—表杆座　5—支撑架　6—活动测杆

件的孔径（缸径）与其校表尺寸相等，若以标准尺寸进行校表，则表示工件尺寸与标准尺寸相同。

② 如果百分表头的大指针顺时针方向转离“0”位，则表示工件尺寸小于标准尺寸；反之则表示大于标准尺寸。

③ 通过对不同测量点的测量结果计算出圆度误差、圆柱度误差或工件的磨损情况。

## 九、气缸压力表

### 1. 用途

气缸压力表是一种专门用于检查气缸内气体压力大小的量具。

### 2. 种类

根据气缸压力表的测量范围不同，可分为 0 ~ 1.4MPa（汽油机）和 0 ~ 4.9MPa（柴油机）两种。按其连接形式不同，可分为推入式和螺纹接口式两种，如图 1-38 所示。

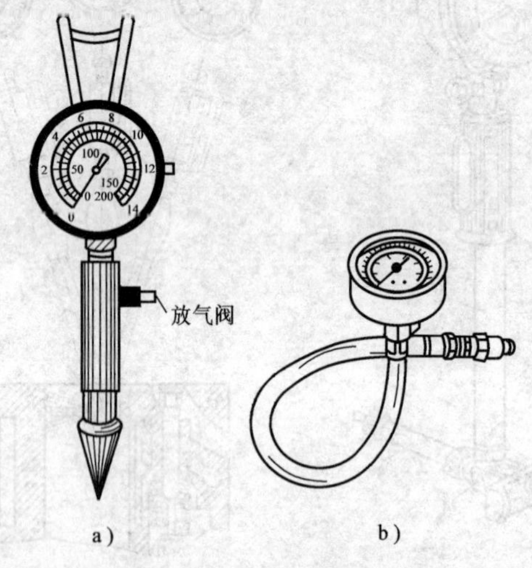


图 1-38　气缸压力表
a）推入式　b）螺纹接口式

3. 使用方法

1）起动发动机并运转到正常工作温度，旋下汽油机火花塞或柴油机喷油器。

2）汽油发动机必须将节气门和阻风门完全打开，把气缸压力表的锥形橡胶圈压紧在火花塞座孔上，如图 1-39 所示。

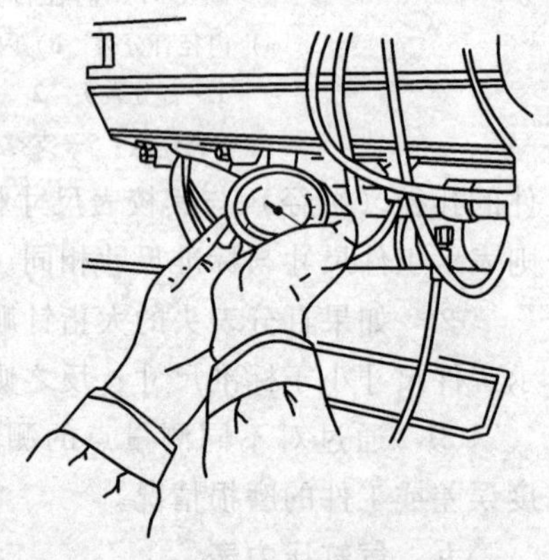

图 1-39　测量汽油发动机气缸压力

3）柴油发动机必须采用螺纹接口式气缸压力表，将气缸压力表螺纹接口旋入喷油器座孔内，如图 1-40 所示。

4）用起动机带动曲轴旋转 3 ~ 5s，使发动机转速保持在 150 ~ 180r/min（汽油机）或 500r/min（柴油机），这时气缸压力表

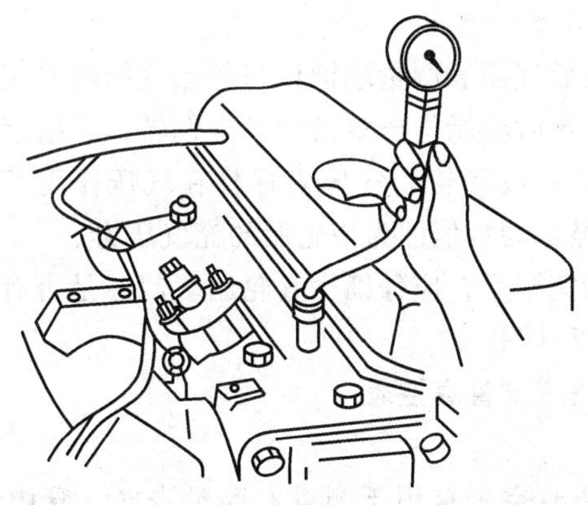

图 1-40　测量柴油机气缸压力

所指示的压力值就是该气缸的气缸压力。

5）按下气缸压力表上的放气阀，则压力表指针回零。

6）在实际测量气缸压力时，每个气缸应重复测量 2～3 次，最后取平均值。

## 十、轮胎气压表

### 1. 用途与种类

轮胎气压表是专门用于测定轮胎气压的量具，常用的形式有标杆式和指针式两种，如图 1-41 所示。

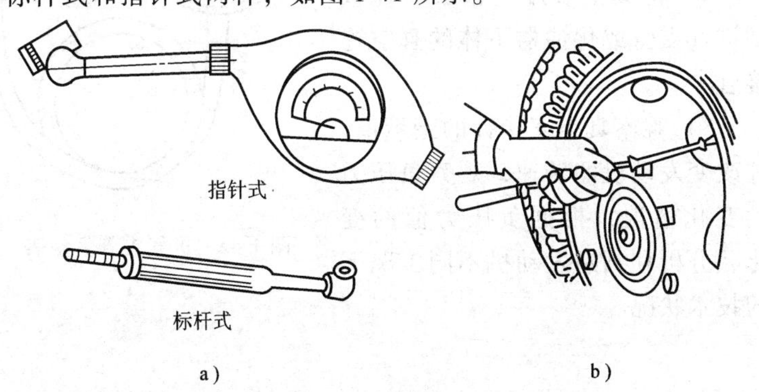


图 1-41　轮胎气压表及测量

a）轮胎气压表　b）测量轮胎气压

2. 使用方法

1）将轮胎气压表测量端槽口与轮胎气门嘴对正压紧，如图1-41b 所示。这时轮胎气压表指针发生偏转，其指示值即为该轮胎的充气压力；或者轮胎气压表标杆在气压作用下被推出，这时标杆上所显示的数值即为该轮胎的充气压力。

2）测量完毕后，应仔细检查轮胎气门芯是否有漏气，若有漏气，应予以排除。

## 十一、进气支管真空表

1. 用途

进气支管真空表是用于测量发动机进气支管内负压力（真空度）的工具。

2. 测量范围

真空表刻度盘一般分为 100 格，测量范围为 0 ~ 100kPa，如图 1-42 所示。

3. 使用方法

1）将发动机运转到正常工作温度，并调整发动机怠速，使发动机转速保持稳定，怠速运转。

2）将真空表用一根胶管连接到进气支管或化油器下体的真空连接管上。

3）观察真空表指针的指示值，并改变发动机的转速，观察负压力的变化情况，根据负压力值的变化，分析和判断发动机不同工况下的技术状况。

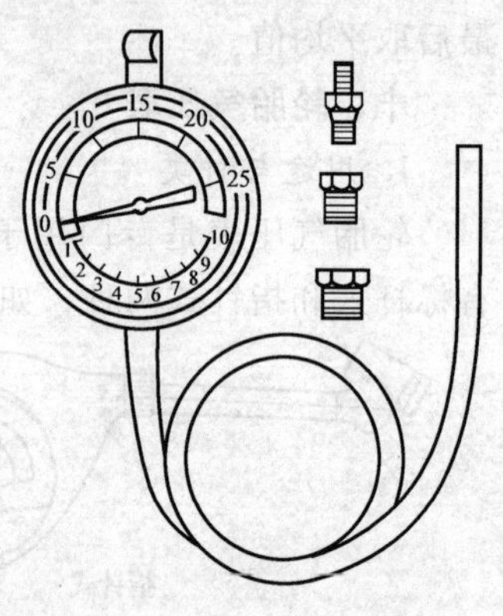


图 1-42 进气支管真空表

# 单元二 汽车维护常用设备

## 课题1 发动机维护常用设备

### 一、便携式发动机分析仪

发动机分析仪是一种常用的汽车维修设备。KES—200 型便携式发动机分析仪是深圳元征公司生产的一种较为先进的发动机分析仪器，下面以其为例进行介绍。

1. 功能介绍

KES—200 便携式发动机分析仪具有汽车四通道示波器、智能万用表、点火系统分析、起动系统分析、充电系统分析、气缸系统分析、废气分析接口、PC 联机、打印及互联网升级等功能。

（1）四通道示波器功能　主要用于测量汽车各种传感器的输出波形，具有波形动态存储功能，包含了丰富的汽车传感器标准波形和维修信息，可以将测量波形与标准波形比较，分析判断汽车传感器的各种故障。同时，还提供了十几种常用传感器的测试方法和故障判断帮助信息。

（2）智能万用表功能　该功能主要用于测量汽车传感器及控制电路的电压、电流、电阻、频率、占空比、电池电压、发动机转速、进气管负压力等功能。

（3）点火系统分析功能　该功能主要用于测量各种汽油发动机的初级和次级点火波形，其波形的显示形式为单缸波、平行波、并列波和棒形图，可看到每个缸的点火波形全貌；适用于无分电器和有分电器车辆，可测量击穿电压、闭合角、火花持续时间和火花电压。系统配备了初级和次级点火信号的标准波形和故障波形，通过分析和比较，可以帮助用户分析判断汽车发动机的各种故障。

(4) 起动系统分析功能　该功能主要测量发动机起动系统的起动电压和起动电流。起动电压测试的是汽车起动时的蓄电池电压，测试过程中，显示波形的同时显示起动电压的初始值和终止值；起动电流测试过程中，显示波形的同时显示起动电流的最大值和最小值。通过观察和分析，可以分析判断起动系统是否存在故障。

(5) 充电系统分析功能　该功能主要测量发动机充电时的交流电压波形，同时还可以测量充电电流的大小和发动机转速的大小。通过观察和分析，可以分析判断充电系统是否存在故障。

(6) 气缸系统分析功能　该功能主要包括动力平衡测试功能、相对气缸压缩压力测试功能和气缸效率测试功能。其中，动力平衡测试功能可以对六缸及六缸以下的有分电器的汽车做发动机动力平衡测试，分析发动机各缸工作的均匀性；相对气缸压缩压力测试功能可以对六缸及六缸以下的有分电器汽车做发动机相对气缸压缩压力测试，分析发动机各缸压缩压力均衡性；气缸效率测试功能可通过测试相邻两气缸之间的初级点火时间间隔来比较判断气缸的动力性能。

(7) 废气分析接口功能　该功能主要用来与废气分析仪进行通信，实现发动机怠速尾气测试，并把测试结果记录、保存和打印。

(8) PC 联机功能　该功能主要用于把保存在 KES—200 存储卡中的波形数据传输到 PC 机，运用 PC 机的强大功能对测试波形进行分析、处理、打印。

2. 主机介绍

KES—200 便携式发动机分析仪的主机结构如图 2-1 所示。主机键盘如图 2-2 所示。

主机键盘分为三类：数字键、功能键和指示键。

(1) 数字键（［0］～［9］）　用于选择菜单或输入数字。

(2) 功能键　用于执行某一特殊功能。

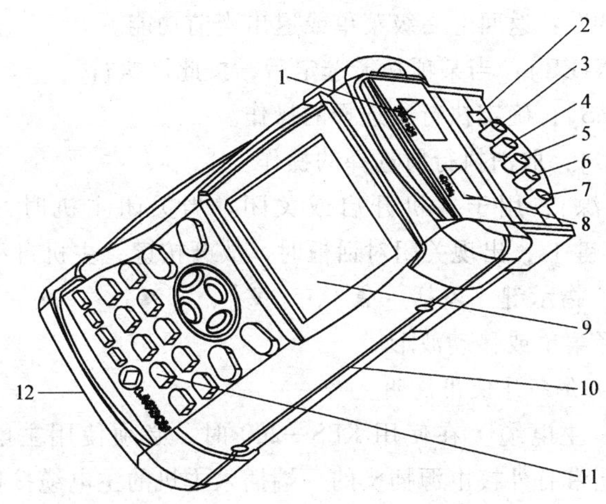


图 2-1　KES—200 便携式发动机分析仪

1—主电缆接口　2—外接 12V（DC）开关电源
3—通道 5（接地）　4—通道 4　5—通道 3　6—通道 2
7—通道 1　8—PC 联机及打印机接口　9—液晶显示屏
10—对比度调节钮　11—导电键盘　12—发动机分析测试卡插口

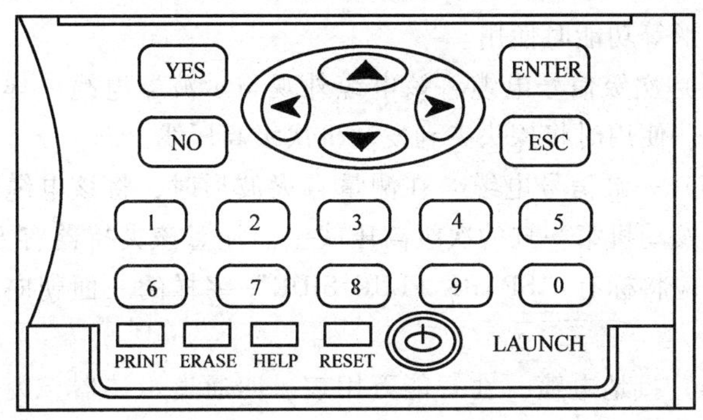


图 2-2　KES—200 便携式发动机分析仪主机键盘

[HELP]：显示帮助信息。

[PRINT]：打印数据。

[ERASE]：删除数据或故障码。

[RESET]：可以使主机复位，退回到主菜单。

[ESC]：返回上一级菜单或退出当前功能。

[ENTER]：当某项功能选定后，按此键执行。

[YES]：确定执行所选择的操作。

[NO]：取消执行所选择的操作。

[电源]：用于主机开启或关闭。当关闭主机时，要求按[电源]键1s，出现关闭对话框时，放开按键，主机自动关闭。

（3）指示键　包括[▲]、[▼]、[◀]、[▶]四个键，用于选择菜单或移动波形。

3. 主要部件使用说明

（1）主电缆　在使用KES—200时，必须使用主电缆。将主电缆上带有外接电源插头的一端插入主机的主电缆接口上。

（2）蓄电池电缆　当需要汽车蓄电池提供电源时，将电缆一端的红夹与蓄电池正极相连，黑夹与蓄电池的负极相连，电缆另一端插入主电缆的电源插头内。

（3）示波器电缆　该电缆有带针和带夹两种，根据情况选用。示波器电缆在执行智能万用表、四通道示波器和测量初级点火波形等功能时使用。

（4）次级信号电缆　该电缆外观与示波器电缆一样，但没有探针。使用时将探头夹到发动机次级高压线上。

（5）一缸信号电缆　在测量点火波形时，将该电缆的夹持器夹到发动机第一缸的次级高压线上。注意该夹持器有方向性，使用时应将标有"SPARK PLUG SIDE"字样的一面朝向发动机火花塞。

（6）接地电缆　在智能万用表、四通道示波器、废气分析接口和点火系统分析测试时，将电缆上的夹子接到汽车任何金属部件上，另一端接到KES—200的通道5上。

（7）打印机电缆　需要打印数据时，将打印电缆一端（15针）插头接到主机的打印口，另一端（25针）接到打印机上。

（8）升级电缆　在软件升级时使用。将电缆一端（15针）插头连接到主电缆上，另一端（9针）连接到PC机的RS232串行口上。

(9) PC机电缆 在PC联机时使用。将电缆一端（15针）连接到主机的串行口上（与打印口使用同一个接口），另一端(9针）连接到PC机的RS232串行口上。

(10) 发动机分析测试卡 使用时，将测试卡按标示要求插入主机的发动机分析测试卡插口内，如果插反，将无法工作。

4. 系统设置

在显示主菜单画面时，按［0］键，出现系统设置菜单，系统设置菜单画面如图2-3所示。

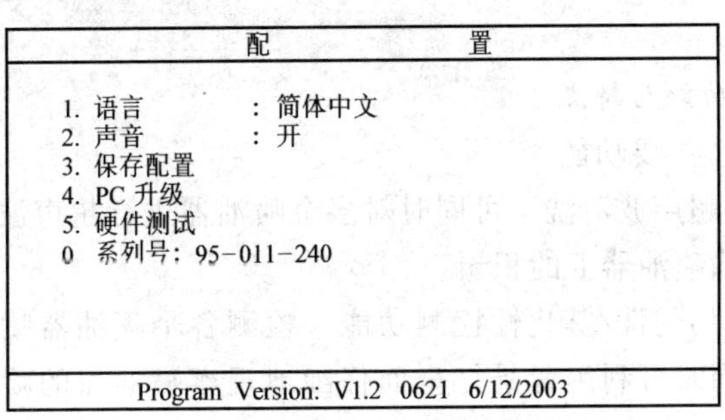


图2-3 KES—200便携式发动机分析仪系统设置菜单

在系统设置菜单中，可以选择以下功能：

(1)［1. 语言］ 选择语言，按［1］键并输入密码（此密码由元征公司提供，在出厂前已设定为客户所需的语言)，界面语言将在英文、简体中文和繁体中文之间切换。

(2)［2. 声音］ 选择蜂鸣器开/关，按［2］键蜂鸣器将在开/关状态之间切换。

(3)［3. 保存配置］ 按［3］键将保存当前配置。

(4)［4. PC升级］ 按［4］键执行软件升级功能。

(5)［5. 硬件测试］ 测试主机的内存、键盘、液晶显示、PC机与打印口、AD通道和点火通道。

(6)［0. 系列号］ 显示发动机分析测试卡的系列号，它是互联网升级时的惟一身份证明。用户不能输入系列号，它由制造商出厂时输入。

系统菜单设置完成后，要选择［3. 保存配置］菜单项保存设置。

## 二、喷油器清洗检测仪

喷油器清洗检测仪是一种采用超声波清洗技术与微处理器油压控制清洗检测技术相结合的一种机电一体化产品，可模拟发动机的各种工况对汽车喷油器进行清洗、检测，同时还可对汽车喷油器及供油系统进行免拆清洗。这里将以 CNC—602A 喷油器清洗检测仪为例说明这类仪器的结构原理、功能特点及操作方法。

1. 功能与特点

（1）主要功能

1）超声波清洗　可同时对多个喷油器进行超声波清洗，能彻底清除喷油器上的积炭。

2）均匀性/雾化性检测功能　检测各个喷油器喷油量的均匀性，同时可利用背景灯全面仔细地观察喷油器的喷射雾化情况，还能对喷油器进行反向冲洗。

3）密封性测试功能　可检测喷油器在系统压力下的密封性和滴漏情况。

4）喷油量检测功能　可以检测喷油器在 15s 常喷情况下的喷油量。

5）自动清洗检测功能　在特定的工况参数下，真实模拟喷油器在各种工况下的测试。

6）免拆清洗功能　带有多种免拆清洗接头，可进行多种车型的免拆清洗维护。

（2）主要特点

1）采用超声波强力清洗技术，清洗能力强。

2）采用微机调压控制技术，油压稳定，可调范围宽，能适应装备各种汽油喷射系统的汽车，并可实现喷油器清洗检测过程的自动化。

3）采用微机自动控制与数字显示技术，可对清洗、检测过程进行自动控制，并对主要状态参数进行实时监控。

4）采用排油自动控制技术，在某些检测项目进行中可通过程序实现自动排油，在检测结束后也可通过控制面板的按钮进行排油。

2. 结构组成

（1）整机结构　CNC—602A 喷油器清洗检测仪为台式结构，如图 2-4 所示。

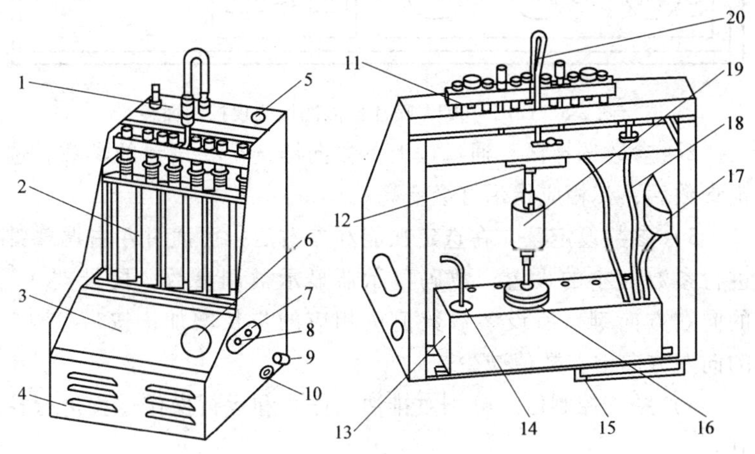


图 2-4　CNC—602A 喷油器清洗检测仪

1—溢流阀　2—测试量杯　3—控制面板（控制台）　4—机体　5—航空插座（脉冲信号线插座）　6—压力表　7—背景灯开关　8—电源开关　9—熔断器　10—电源插座　11—分油器组件　12—油路块　13—油箱　14—液位开关　15—液位显示/排油管　16—油泵　17—加油孔　18—回油管　19—滤清器　20—快速接头

（2）控制面板说明　控制面板如图 2-5 所示。控制面板共分五个区，即项目选择区、参数选择区、参数设定区、系统控制区和系统压力控制区，各区域的功能如下：

1）项目选择区　通过按上下方向键选择某项功能，选中后其相应指示灯会变亮。

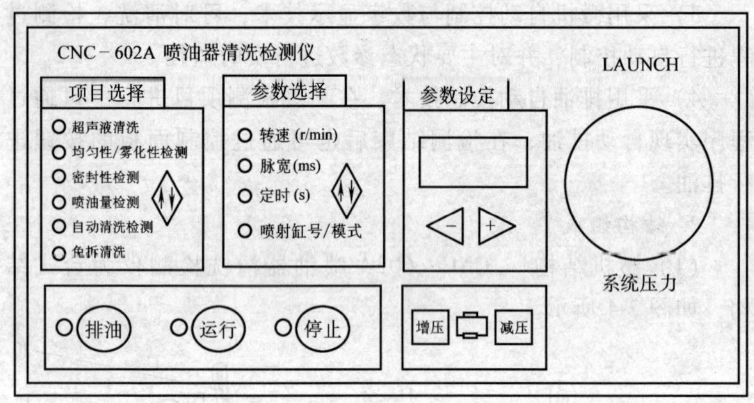


图 2-5 CNC—602A 喷油器清洗检测仪控制面板

2）参数选择区　通过按上下方向键选定要设置的参数，选定参数后，其相应指示灯会变亮。

3）参数设定区　在选定功能和参数后，可通过左右调整键进行参数大小的设置。数码显示器显示被调参数，按带“+”的向右方向键，所设参数数值按相应的步长增加；按带“－”的向左方向键，数值减少。

4）系统控制区　分别对排油、停止和运行操作过程进行控制。

5）系统压力控制区　通过［增压］、［减压］键来调节系统压力。

3. 喷油器检测一般操作程序

（1）准备工作

1）先将喷油器从车上拆下，并仔细查看喷油器的橡胶密封圈是否损坏，若有损坏，应在清洗测试前及时更换同型号密封圈，以免测试时发生泄漏；再将喷油器放入汽油或清洗剂中，仔细清除外部油污后用软布擦拭干净。

2）检查并添加检测液。从主机侧面的加油口向油箱内加注，观察侧面的液位管，一般以加注油箱容量的1/2为宜。

3）按下主机右侧的电源开关和背景灯开关。

4）在超声波清洗槽内加入适量的清洗剂或专用的超声波清洗剂，要浸过喷油器针阀。

5）选出相应的喷油器连接偶件。

（2）清洗与测试顺序　一般完整的清洗测试程序建议按以下项目顺序进行：

1）超声波清洗。

2）均匀性/雾化性检测。

3）密封性测试。

4）喷油量检测。

5）自动清洗检测。

根据不同的测试项目，在参数选择栏选择对应的参数并对其进行设置。

（3）操作后的整理　清洗检测工作结束后，应做好清理工作，包括：

1）按控制面板排油按钮，使检测液流回油箱。

2）关闭电源开关，拔下电源插头。

3）将超声波清洗池中的清洗剂倒回原瓶中，并用干软布将超声波清洗机擦拭干净。

4）用干软布将机器台面擦拭干净。

5）为避免挥发，将油箱内的检测液全部放出，若能继续使用，存放在安全的地方；若已经脏污不能继续使用，按有关规定处理掉。

4. 操作过程说明

（1）超声波清洗　超声波清洗是利用超声波在介质中传播时产生的穿透性和空化冲击波，将带有复杂外形、内腔和细孔的物体进行强力清洗来彻底清除喷油器上的顽固积炭。方法与步骤如下：

1）接通超声波清洗机电源。将电源线的一端插入清洗机的插座，另一端接在电源插座内。

2）把外部清洗干净的喷油器放在清洗槽中的清洗支架上。

3）在超声波清洗槽内加入适量的清洗剂或专用的超声波清洗剂，一般清洗剂以浸过喷油器针阀20mm左右为宜。

4）将喷油器脉冲信号线分别与喷油器插好。

5）打开超声波电源开关。

6）在控制面板中选择超声波清洗功能，然后设定时间（系统默认为10min），按［运行］键即可。

7）此项工作一结束，系统自动停止，并以蜂鸣器鸣叫提示，这时可关闭超声波电源开关。

8）从清洗槽中拿出喷油器，用干软布擦净上面的清洗剂，准备下一项工作。

（2）均匀性/雾化性检测　均匀性检测是检测同一辆车上的喷油器在相同的工况下，各喷油器喷射量之间的差值是否达到要求或在规定的误差范围内。

1）上方供油喷油器安装方法与检测步骤

① 从配件盒中选出分油器堵塞，选择配套的O形密封圈装在堵塞上，并涂以少许润滑脂，将堵塞装入分油器。

② 装好月牙压板，拧紧压板螺钉。

③ 根据喷油器连接类型，选择合适的直排油接头安装于分油器下方对应的偶件处。

④ 正向安装喷油器（在喷油器的O形密封圈上涂少许润滑脂）。

⑤ 依据喷油器的高度，选择合适的调节螺杆与滚花螺母安装于分油器支架上。然后将分油器及喷油器安装在分油器支架上，均匀紧固好两个滚花螺杆（黑）。安装示意图如图2-6所示。

⑥ 插好喷油器脉冲信号线。

⑦ 如果测试量杯中有检测液，按［排油］键将测试量杯中的检测液排净。

⑧ 在控制面板中选择均匀性/雾化性检测，设定相应的工况参数，按［运行］键即可。

⑨　检测完毕，系统自动停止，并以蜂鸣器鸣叫提示。

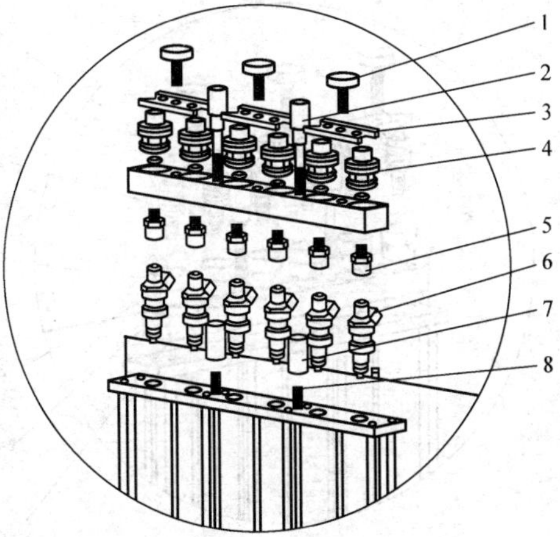

1
2
3
4
5
6
7
8

图 2-6　上方供油喷油器安装方法
1—压板螺钉　2—滚花螺杆　3—月牙压板
4—分油器堵塞　5—直排油接头
6—上方供油喷油器　7—滚花螺母　8—调节螺杆

2）侧向供油喷油器安装方法与检测步骤

①　从配件盒中选出合适的侧向供油喷油器偶件（选择合适的 O 形密封圈装在偶件上，在偶件及喷油器的 O 形密封圈上涂少许润滑脂）。

②　将喷油器装入偶件，然后一起装入分油器。

③　装好十字压板，拧紧压板螺钉。

④　将分油器及喷油器安装在分油器支架上，均匀紧固好两个滚花螺杆（黑色）。安装示意图如图 2-7 所示。

⑤　插好喷油器脉冲信号线。

⑥　如果测试量杯中有检测液，按［排油］键将测试量杯中的检测液排净。

⑦　在控制面板中选择均匀性/雾化性检测，设定相应的工况参数，按［运行］键即可（注：运行期间，按［排油］键可进行均匀性与雾化性的互相切换）。

⑧ 检测完毕，系统自动停止，并以蜂鸣器鸣叫提示。

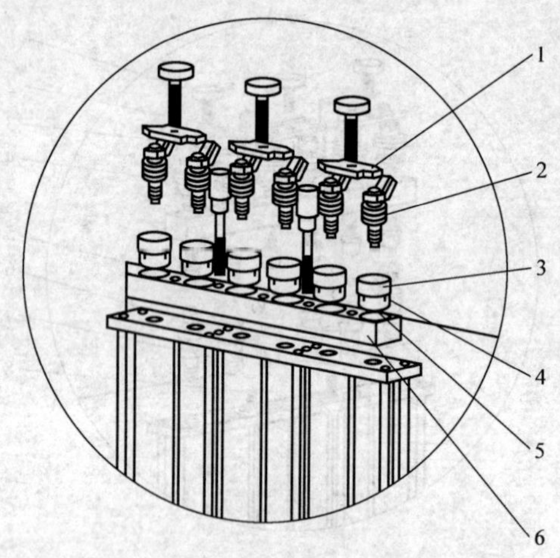


图 2-7 侧向供油喷油器安装方法

1—十字压板 2—侧向供油喷油器 3—侧向供油偶件 4、5—O 形密封圈 6—分油器

（3）反向冲洗 在均匀性/雾化性检测项目下，通过连接反向冲洗接头还可以进行反向冲洗。反向冲洗是检测液从喷油器的出油口进入，从进油口流出。反向冲洗能将喷油器内部及附在滤网上的污物冲掉，仅限于上方供油型喷油器。方法与步骤如下：

1）从配件盒中选出分油器堵塞，并选择与此配套的 O 形密封圈装在堵塞上，在 O 形密封圈处涂少许润滑脂。

2）装好月牙压板，拧紧压板螺钉。

3）找出反向冲洗接头安装于分油器下方。

4）反向安装喷油器（出油口朝上，进油口朝下）。

5）根据喷油器形状选择相应下偶件垫在喷油器下面。

6）依据喷油器的高度，选择合适的调节螺杆与滚花螺母安装于分油器支架上，将分油器组件及喷油器安装在分油器支架上，均匀紧固好两个滚花螺杆（黑）。安装示意图如图 2-8 所示。

7）插好喷油器脉冲信号线。

8）设定工作参数，按［运行］键即可。

9）清洗完毕，系统自动停止，并以蜂鸣器鸣叫提示。

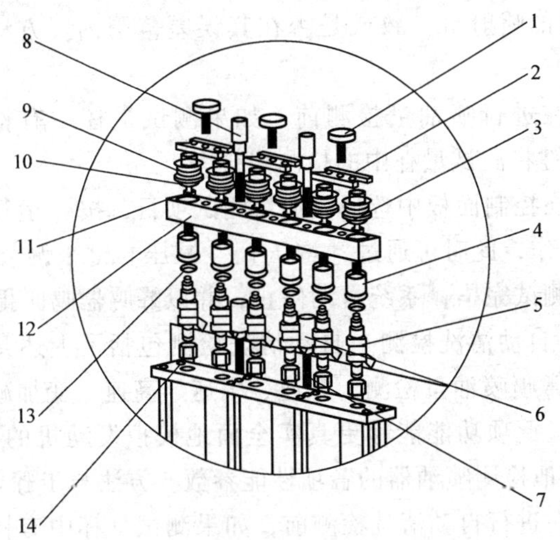


图 2-8　反向冲洗喷油器安装方法

1—压板螺钉　2—月牙压板　3—分油器堵塞
4—反向冲洗接头　5—喷油器　6—滚花螺母
7—调节螺杆　8—滚花螺杆　9、10、11、13—O 形密封圈
12—分油器　14—下偶件

（4）密封性测试　密封性测试是在系统压力下检测喷油器的针阀密封情况，测试喷油器是否有滴漏现象。方法与步骤如下：

1）在进行密封性测试前，如果测试量杯中有检测液，按［排油］键将测试量杯中的检测液排净。

2）选择密封性测试项目，按［运行］键，系统开始工作，此时可通过［增压］、［减压］键来调节压力，将压力设定为被检车出厂规定的检测压力，一般比喷油开启压力低 0.10 ~ 0.20kPa，观测喷油器是否滴漏。

3）检测完毕，系统自动停止，并以蜂鸣器鸣叫提示。一般要求是1min内滴漏不大于一滴（或按技术标准）。

（5）喷油量检测　喷油量检测是检测喷油器在15s常喷情况下的喷油量，然后参照喷油器的相关技术手册判断是否与标准喷油器的喷射量一致或是否在其误差范围内。方法与步骤如下：

1）在进行喷油量检测前，如果测试量杯中有检测液，按［排油］键将测试量杯中的检测液排净。

2）在控制面板中选择喷油量测试项目，按［运行］键，系统开始工作，此时可通过［增压］、［减压］键来调节压力。

3）测试完毕，系统自动停止，并以蜂鸣器鸣叫提示。

（6）自动清洗检测　自动清洗检测包括了上述几种检测方法（15s常喷喷油量检测，怠速、中速、高速、变加减速、变脉宽测试）。此项功能能够更真实全面地模拟发动机的各种工况，能够全面地检测喷油器的各项性能参数。方法与步骤如下：

1）在进行自动清洗检测前，如果测试量杯中有检测液，按［排油］键将测试量杯中的检测液排净。

2）在控制面板中选择自动清洗检测项目。参照该车喷油器的性能参数表，在参数选择区的［喷射缸号/模式］中选择清洗检测的模式（1、2、3种模式可选，并在参数显示区的［参数设定］处显示），按［运行］键测试。

3）系统运行过程中，此时可通过［增压］、［减压］键来调节压力。

4）测试完毕，系统自动停止，并以蜂鸣器鸣叫提示。

（7）免拆清洗　发动机供油系统经过一段时间的使用后，由于空气中的尘埃和汽油中的杂质等会使油路不畅或堵塞，加上燃烧过程中产生的积炭和胶质附着在喷油器、进排气门、进排气道、节气门和燃烧室上。因此，必须及时清洗发动机供油系统、燃烧室和喷油器。免拆清洗就是一种省工省时的解决办法。方法与步骤如下：

1）在免拆清洗前，查看油箱内的液体是检测液还是清洗剂，若是检测液须将其更换为清洗剂，具体方法为：取下主机左侧的液位显示管，将油箱内的检测液排在一个预先准备的容器内，若排出的检测液含有很多杂质不能继续使用，应将此废液妥善处理，并加注少量新的检测液对油箱进行清洗；若排出的检测液比较干净，应将此液存放好以备以后使用。

2）将喷油器清洗剂与燃油以一定配比加入清洗机油箱。混合液的加注量为：四缸发动机加注量约为 800～1000mL；六缸和八缸发动机加注量约为 1500mL。

3）找到汽车供油系统的进油管和回油管，并分别断开。

4）把原车进油管和回油管短接，并打开油箱盖，或在不影响其他系统工作的情况下拔下油泵熔丝。

5）将连接分油器的快速油管断开。

6）将免拆清洗进油管快速接头公头一端接入主机出油管母头，另一端选择相应的连接接头接在汽车发动机燃油系统的进油管上。

7）将汽车发动机燃油系统的回油管通过相应的转接头接到免拆清洗回油管上，将回油管的另一端快速接头插入主机顶部的回油快速接头。

8）在控制面板上选择免拆清洗功能，设定时间，按［运行］键，然后起动发动机进行清洗，根据不同的车型并参照原车技术要求，通过［增压］、［减压］键来调节压力。

9）可随时按［停止］键停止清洗。

10）免拆清洗完毕后，用检测液对油箱和管路进行清洗，具体方法为：先将油箱内残留的清洗剂排出，并视清洗剂的干净程度进行处理。然后在油箱内加入少量检测液，给设备通电，选择密封性测试项目，按［运行］键运行 2～3min 后停止运行，最后将检测液从油箱排出，并按废液相关处理规定对排出液体进行处理。

### 三、发动机排气分析仪

目前，国内外生产的汽车废气排放检测设备种类很多，其中不分光红外线气体分析仪应用广泛。下面以 KEA—501 排气分析仪为例进行介绍。KEA—501 排气分析仪是一种便携式汽车排气分析仪，通过不分光红外线吸收原理（NDIR），测试机动车辆废气中的 HC、CO 和 $CO_2$ 浓度，采用化学发光原理对 $O_2$ 浓度进行检测。KEA—501 排气分析仪外部形状如图 2-9 所示。

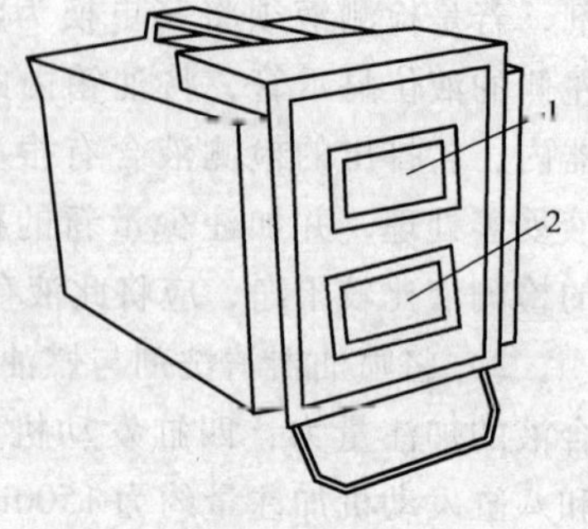


图 2-9　KEA—501 排气分析仪外部形状

1—上屏幕　2—下屏幕

1. 功能

（1）指定工况测试功能　将汽车发动机置于指定工况运行，可测量此时的废气排放数据，并能以数字、直方图、曲线等形式进行显示、记录。

（2）双怠速测试功能　根据双怠速测试标准进行测试，并可自动判断测试结果是否达标。

（3）加速模拟工况测试功能　配合底盘测功机，根据加速模拟工况测试标准进行测试，并可自动判断测试结果是否达标。

（4）历史数据查询功能　可查询所测汽车以往修理过程中的多次废气测量数据并进行比较，以指导维修作业。

（5）故障诊断、分析和维修指导功能　通过对测量的废气参数变化情况的分析，判断汽车排放超标的原因，提出修理建议，指导故障诊断和维修。

（6）OBDⅡ诊断功能　可对所有符合标准 OBDⅡ协议的车辆进行诊断。

（7）PC 机通信功能　通过 RS—232 串口与 PC 机的通信，进行软件升级。

（8）打印功能　内置微型打印机，具备直接打印功能。

2. 连线方法

1）将带有取样探头的取气软管连接到排气分析仪后部的废气入口，并用压紧螺母拧紧。

2）连接电源　可通过以下三种方法获取电源：

① 将点烟器电源线的一端插入被测汽车的仪表板上的点烟器插口内，另一端连接到排气分析仪后面板的电源插座内。

② 将双钳电源线的带夹子的一端连接到被测汽车的蓄电池上，另一端连接到排气分析仪后面板的电源插座内。

③ 将交直流电源适配器的交流端连接到外接100～240V交流电源上，另一端连接到排气分析仪后面板的直流电源插座内。

3）通过转接电缆，将温度转速传感器连接到排气分析仪后部的数据接口插座上。将转速传感器的夹持器夹到汽车分缸高压线上，将温度传感器插入机油箱量孔中。

4）测试OBDⅡ诊断功能时，应把OBDⅡ诊断电缆有插头的一端插入排气分析仪后面板的OBDⅡ诊断接口内，另一端插入汽车诊断座内。

3. 测试功能及操作方法

（1）面板按键　KEA—501排气分析仪控制按键的布置如图2-10所示。

各按键功能如下：

[HELP] 键：用于查看帮助信息。

[PRINT] 键：用于全屏打印。

[POWER] 键：未使用。

[FEED] 键：用于打印机进纸。

[SAVE] 键：用于保存记录。

[TEST] 键：用于测试打印机。

[TAB] 键：用于切换操作屏幕。

[ESC] 键：结束当前操作，返回上级菜单。

数字键：包括 [0] ～ [9] 及 [.]（小数点），用来选择功能或输入数值和英文字母。

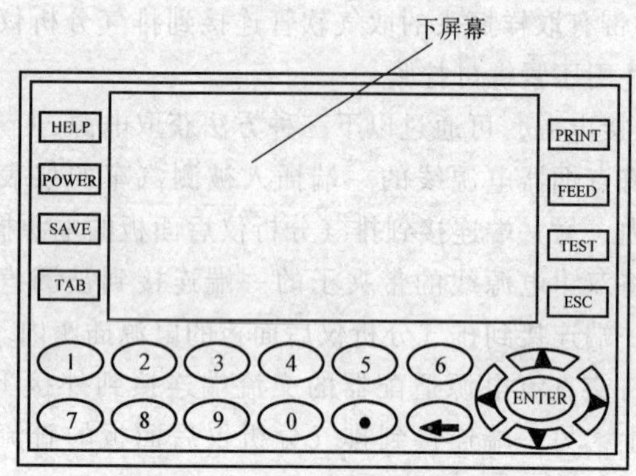


图 2-10 KEA—501 排气分析仪控制按键的布置

删除键［⬅］：用来删除前一个输入的字符。

［▲］、［▶］、［▼］、［◀］键：用来移动光标。

［ENTER］键：用来确认所选择的功能或命令。

（2）操作方法　连接好排气分析仪的电源后，打开排气分析仪后部的电源开关，此时系统启动。上屏幕显示标准 OBDⅡ诊断界面；下屏幕进入测试功能主菜单，主菜单共有六项：1. 废气测试、2. 历史记录、3. 仪器校准、4. 测试标准、5. 联机通信、6. 系统信息。直接按对应的数字键（或按［▲］、［▼］键将光标指向所要测试的项目，然后按［ENTER］键）选择所要测试的功能。当下屏幕右下角显示“K”时，键盘的操作对下屏幕起作用；当下屏幕右下角未显示“K”时，键盘的操作对上屏幕起作用。按［TAB］键可切换键盘所作用的屏幕。下面以废气测试为例说明具体操作方法：

1）首先在主菜单中选择废气测试功能。仪器需要预热时，会自动进行预热。

2）根据所测汽车的点火方式进行选择。

3）根据要求选择废气测试项目。这里选择指定工况测试。

4）输入车辆信息。

5）选择显示方式。有数字、直方图、曲线三种显示方式。

选取并确定后，测试结果就按要求显示出来。

若选择数字显示方式，则屏幕将以动态数字方式显示测试结果；若选择直方图显示方式，则从左到右依次以直方图的形式动态显示 CO、HC、$CO_2$、$O_2$ 的测量值，并同时在上方显示当前的测量数值；若选择曲线显示方式，屏幕将以曲线方式显示测试结果。曲线显示可看出近 2min 内各种气体含量的变化趋势，每种气体都有一条对应的曲线显示在其相应的区域内，同时也以数字的方式显示气体含量的当前值。

4. 测试注意事项

1）在连接以前，检查取样探头和取气软管有否压扁、割坏、堵塞、污染等情况。当发现有压扁、割坏情况时，应更换新件；当发现有污染、堵塞情况时，应用布或压缩空气清理，确保废气在传输过程中无堵塞。

2）确保取气软管和废气入口连接紧密，没有漏气现象。

3）在连接测试线路以前，要检查电源线有无损伤和接触不良的地方，若发现有接触不良或断线处，应更换新线；保证水气分离器中的过滤器和气体滤清器干净、无堵塞，若有必要可进行更换。

4）汽车起动时，起动电流会引起电源电压下降，故有可能会引起排气分析仪电压不足、关机等现象。

5）必须在关机状态下将温度转速传感器连接到排气分析仪后部的数据接口插座上。

## 四、汽车微机控制系统故障检测仪

汽车微机控制系统自身都有一个故障自诊断电路，它能在汽车工作过程中不断监测被控系统各部分的工作情况，并能检测出其中大部分故障，还能将故障以代码的形式储存在微机存储器内。在进行汽车维护和维修时，维修人员可使用汽车微机控制系统故障检测仪将故障码读出，为维修提供依据。431ME 电眼睛汽车电控系统检测仪是国内最常用的故障检测仪，下面以其为例进行介绍。

1. 仪器简介

431ME 电眼睛汽车电控系统检测仪是一种大众化的汽车电脑故障诊断设备，它具有可测车型多、功能齐全、操作简单、价格便宜等优点，由主机、电源线、测试配线、探针及不同车系测试卡等部分组成。主要功能有：故障诊断测试、清除故障码、执行元件测试、阅读数据流、阅读独立通道数据、终止测试通信等。其外观如图 2-11 所示。

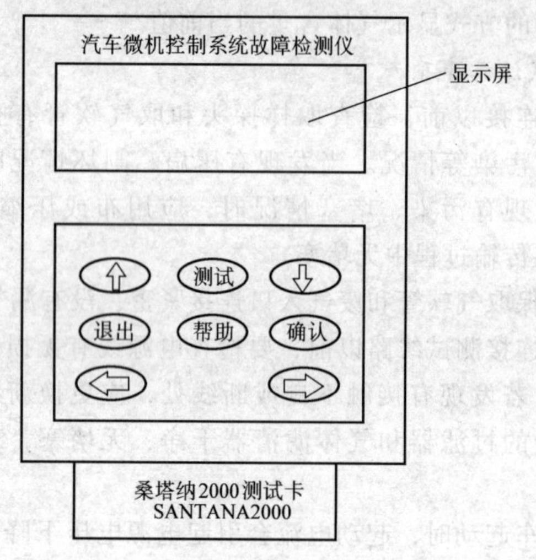


图 2-11 431ME 电眼睛汽车电控系统检测仪外观

2. 使用操作

以上海桑塔纳 2000 为例简要说明操作方法。

(1) 仪器连接

1) 检查蓄电池电压，要求至少应在 11.5V 以上。

2) 将选好的测试卡插入仪器测试卡的插口内。

3) 将车辆测试配线的一端连接仪器，另一端与汽车的诊断座相连。

4) 打开点火开关进入使用状态。

5) 仪器自检后进入测试车系。

6）按［确认］键后仪器与汽车微机控制系统进行通信。

7）进入测试功能选择参数。

(2) 测试操作

1）运用光标键选择相应测试功能，如测试故障码。

2）按［确认］键进行测试，此时屏幕将显示测试结果；通过左、右光标键，将每一个测试结果的内容依次显示在屏幕上。

3）退出上述测试系统，重新选择测试功能进行测试，如选择清除故障码功能，按［确认］键执行清除命令，屏幕显示汽车电脑中的故障码已被清除；此时重新选择测试故障码功能，屏幕会显示“汽车微机控制系统中无故障码储存”的信息；该项功能使得汽车配置中其他元器件免受因取下蓄电池负极线或拔掉主熔体进行故障码清除而带来的工作失常。

4）返回主菜单，选择执行元件测试功能，进入该项目测试。按［确认］键后，执行元件将执行动作命令而进行动作(例如：怠速控制阀或步进电动机、喷油电磁阀等)。但要注意执行元件测试不可运行太长时间以免损坏元器件。

5）返回到主菜单，选择阅读数据流选项，按［确认］键进入该项测试，屏幕会显示输入组号提示，通过上、下、左、右光标键输入组号后，屏幕出现发动机转速、冷却液温度、点火提前角、喷油脉宽等信息。

6）返回到主菜单，选择阅读独立通道数据，按［确认］键进入该项测试。该测试项与上一内容类似。

7）返回到主菜单，选择终止测试通信功能，按［确认］键终止测试。

## 课题2　底盘维护常用设备

### 一、KWA—521无线四轮定位仪

1. 性能及特点

四轮定位仪是用于检测汽车车轮定位参数，并与原厂设计参数进行对比，对车轮定位参数进行相应调整，使其符合原设

计要求，以实现理想的汽车行驶性能，即操纵轻便、行驶稳定可靠、减少轮胎偏磨损的精密测量仪器。KWA—521 无线四轮定位仪是一种常用的四轮定位检测仪器，具有良好的检测性能和独特的结构特点。

（1）性能 测量全面，可以测量前轮前束、前轮外倾角、主销后倾角、主销内倾角、汽车最大转向角、转向 20°时的前张角、后轮前束、后轮外倾角、推力角、轴距差、轮距差等。数据齐全，带有世界上 20000 多种汽车的车轮定位数据及调整方法，还可扩展补充新的汽车定位数据资料。具有汽车转向盘校正功能，免拆转向盘。自带帮助系统，提供实时帮助。

（2）特点 全新图像式自动检测；探测杆与工控机之间采用无线通信方式，不存在通信电缆及接插件连接的不可靠问题；探测杆和轮夹装夹方便，操作简便，卡位精度高；全中文显示，界面清晰，使用方便；使用 Windows 操作系统，直观方便。

2. 仪器结构

KWA—521 无线四轮定位仪由四轮定位仪主机、探测杆、轮夹、转角盘、转向盘固定架、制动板固定架等组成。

（1）四轮定位仪主机 由机柜、计算机、接口电路、电源等部分构成，如图 2-12 所示。

1）计算机部分包括工控机、显示器、键盘、鼠标、打印机等。其中，显示器、鼠标、打印机安装在机柜的上部台面上，工控机安装在机柜内部上层间隔内，键盘安装在键盘抽屉中。

2）接口电路部分包括射频主发射接收盒、视频接收盒、视频捕捉卡等。其中，射频主发射接收盒、视频接收盒放在机柜内部上层间隔内，视频捕捉卡安装在工控机扩展槽内。

3）电源部分包括电源开关、电源引线、电源插座、熔体、开关电源等。其中，电源开关安装在机柜的侧板中部，电源引线、电源插座、熔体、开关电源安装在机柜内部下层间隔的后部。

（2）探测杆 KWA—521 无线四轮定位仪配有四个探测杆，分别为左前探测杆、左后探测杆、右前探测杆、右后探测杆，

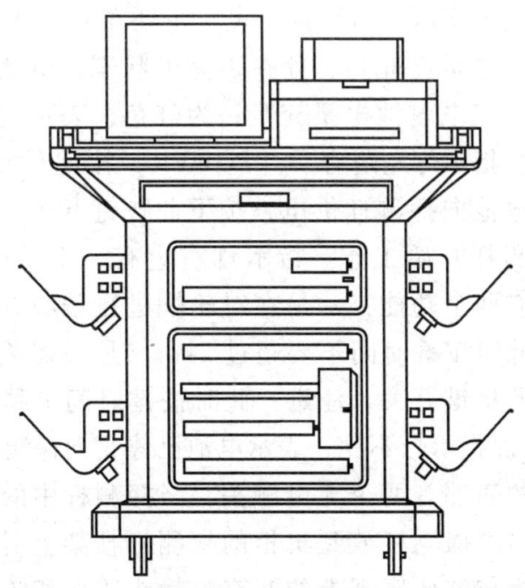

图 2-12　KWA—521 无线四轮定位仪主机

如图 2-13 所示。四个探测杆不能互换，如果更换任一探测杆，则需要对全部四个探测杆重新进行标定。每个探测杆的端部各装有一个图像传感器、一个视频发射器、一个射频发射接收器。图像传感器把获取的图像通过视频发射器无线传输给计算机系统，由计算机系统对图像进行处理。

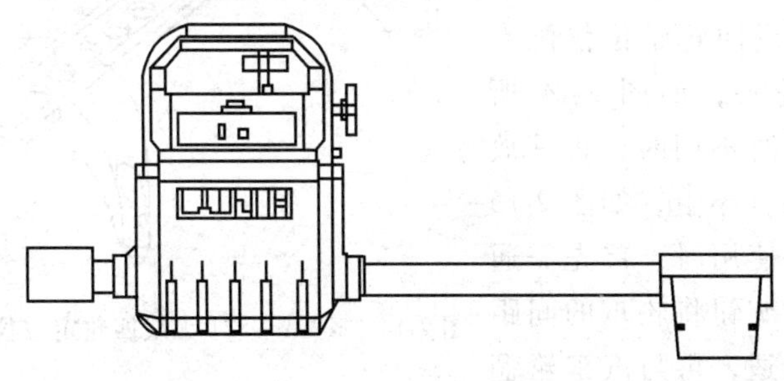

图 2-13　KWA—521 无线四轮定位仪探测杆

每个探测杆的中部有一操作面板，上面有三个指示灯，分别表示电源、充电状态、电池电量。电源指示灯亮，表示电池在向探测杆供电。充电状态指示灯不亮，表示探测杆不在充电状态；充电状态指示灯为红色，表示正处在充电状态；为绿色，表示充电电池电量已充足，处在不充电状态。电池电量指示灯为绿色，表示充电电池电量充足；为红色，表示充电电池电量不足需充电。指示灯左边有一［POWER］按键开关，用以启动探测杆中的电池向探测杆供电，按下此按键开关，当电源指示灯亮时，探测杆开始工作。指示灯右边有一个［OK］按键开关，该按键有两个功能：一是在对轮辋进行偏心补偿操作时使用，注意：此时按键时间不要超过2s；二是当需关闭探测杆电源时，按下此按键开关，注意：此时按键时间应稍长些（约需2s），直至电源指示灯不亮，表示电池已停止向探测杆供电。

探测杆的底部有两个充电触头，当探测杆中的充电电池充电时使用。当把探测杆放到机柜的探测杆挂架上时，探测杆底部两充电触头与挂架底部上的两充电触头正好相连，可实时对充电电池进行充电。当充电电池电量充足时，充电电路会自动停止充电。

探测杆为精密器件，要注意保管。如果发生磕碰将会造成测试结果不准。

（3）轮夹 KWA—521无线四轮定位仪配有四个轮夹，如图2-14所示。平时不用时，将其放在轮夹挂架上，如图2-15所示。使用时，首先需通过调节旋钮将轮爪的间距调整合适，再与汽车轮辋相连。通过调节旋钮使轮夹与汽车轮辋紧密相连，同时利用轮夹绑带把轮夹与轮辋连接起来。

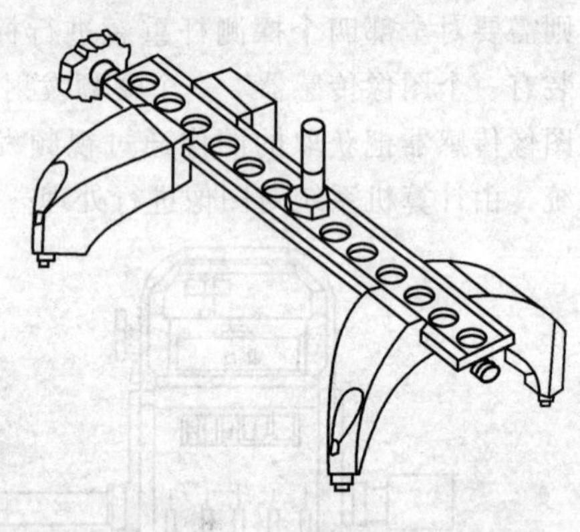

图2-14 KWA—521无线四轮定位仪轮夹

轮夹装配正确与否与测试结果有很大的关系。在装配轮夹时，应使轮爪避开轮辋上配重铅块处；同时务必使四个轮爪与轮辋接触

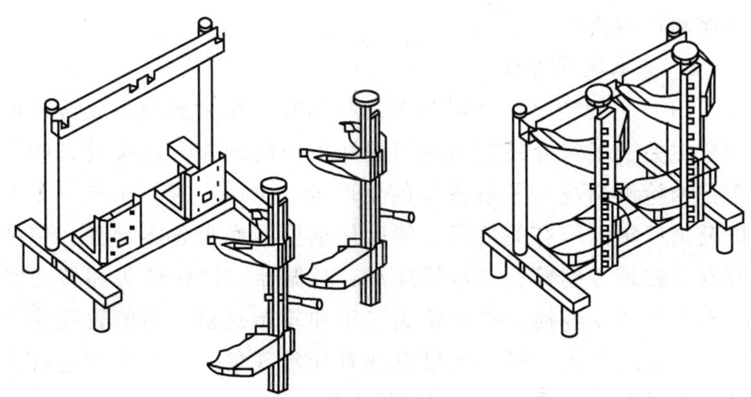

图 2-15　KWA—521 无线四轮定位仪轮夹挂架

均匀。使用过程中严防磕碰，以免造成变形而影响测试精度。

（4）转角盘　KWA—521 无线四轮定位仪配有两个机械转角盘或者两个电子转角盘。转角盘放置于举升机的汽车前轮位置处。汽车驶入前，用锁紧销将转角盘锁紧，防止其转动；汽车驶入后，松开锁紧销。在测试中，要尽量使汽车前轮正对转角盘中心位置。当选用电子转角盘时，将其上的连接线插头插入左前或右前探测杆中部 3PIN 插座中。

（5）转向盘固定架　KWA—521 无线四轮定位仪配有一个转向盘固定架，如图 2-16 所示。在测试中，需根据提示放置转向盘固定架，以保证测试过程中汽车车轮方向不发生变化。

（6）制动板固定架　制动板固定架用来固定汽车制动板，使汽车在测试中不会发生前后移动的现象。

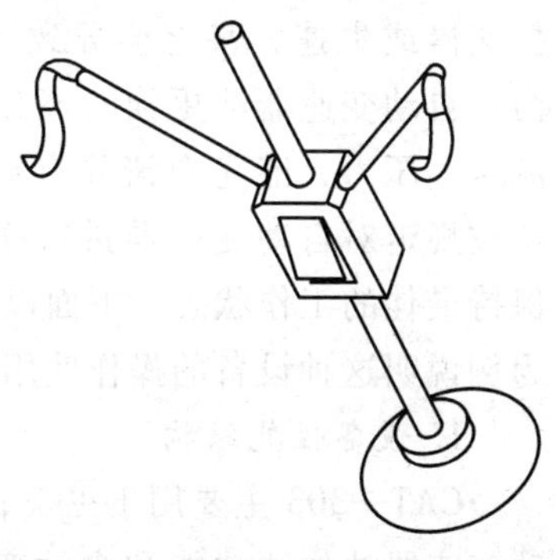

图 2-16　转向盘固定架

（7）轮夹绑带　轮夹绑带用于固定轮夹。轮夹装在轮辋上时，轮夹绑带两端的钩子分别钩在轮辋上，以免意外坠下而损坏探测杆和轮夹。

3. 基本操作流程

(1) 了解情况　在对汽车进行四轮定位检测时，应首先询问车主关于车辆行驶方面的问题和出现的现象，以及过去四轮定位的检测情况，了解汽车的生产地、生产厂家、车款、车型以及出厂年代等有关情况；然后仔细检查底盘各零部件，包括胶套、轴承、摆臂、三角架球头、减振器、拉杆球头和转向盘是否有松动及磨损，检查轮胎气压和轮胎规格，两前轮花纹及两后轮花纹是否一样。如果发现有异常现象，应与车主进行沟通，并采取相应措施，保证测量准确。

(2) 定位检测　当初步情况确定后，便可以开始进行定位检测。

(3) 调整　在定位检测后，若发现所测出的结果不符合标准数据库的要求，则应进行相应的调整。

(4) 试车　四轮定位调整完毕后，应进行试车，以检查车辆的行驶异常情况是否消除。如果未达到标准应重新进行测量调整。

## 二、自动变速器油更换机

自动变速器油（ATF）必须保持清洁，否则极易出现抗磨效果降低，影响系统油压，降低动力传递效率，使自动变速器提速慢或失速，甚至会导致“烧片”，严重影响部件的使用寿命。自动变速器油更换机不仅换油彻底，而且利用设备特有的流速、压力，能完全清除自动变速器内的油泥、积炭。如果坚持按规定对自动变速器进行换油养护，则可使自动变速器长期保持最佳的工作状态。下面以 CAT—303 型自动变速器油更换机为例说明这种设备的操作使用。

1. 设备性能结构

CAT—303 主要用于更换、加注汽车自动变速器油，具有自动变速器油加注功能和自动变速器新旧油更换功能。该装置轻巧方便、操作简单，有多种专用接头，适用于欧、美、亚多种车型。其基本结构如图 2-17 所示。

2. 使用操作

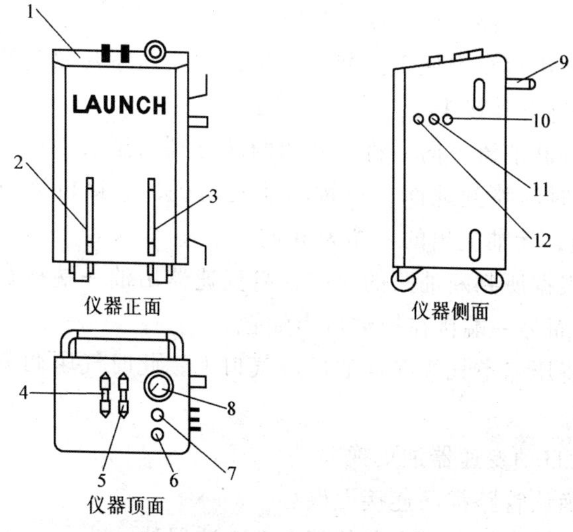


图 2-17　CAT—303 自动变速器换油机
1—控制面板　2—新油桶　3—旧油桶　4—新油视窗　5—旧油视窗　6—回油调节阀　7—气压调节阀　8—压力表　9—扶手　10—出油口　11—回油口　12—进气口

（1）管路连接　CAT—303 管路连接图如图 2-18 所示。

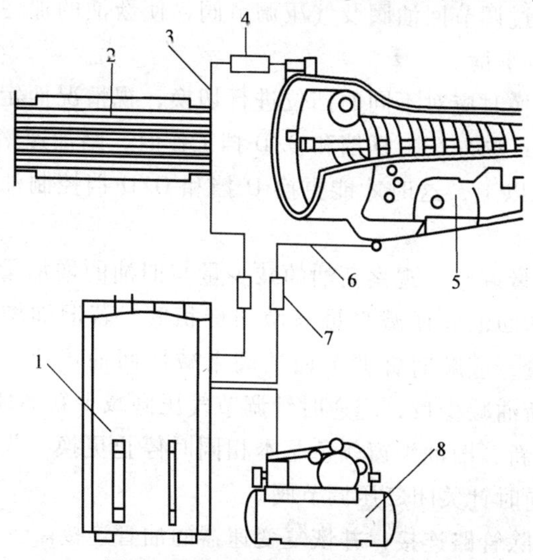


图 2-18　CAT—303 管路连接图
1—CAT—303 主机　2—散热器　3—进油管　4、7—接头
5—自动变速器　6—回油管　8—空气压缩机

1）将车顶高，使驱动轮悬空。

2）找出汽车上便于拆装的一条自动变速器与散热器连接的油管，并拆下其接头。

3）判断油流方向：将断开的两端分别引至旧油桶，以防起动发动机时油喷到地面，短暂起动发动机，从接口流出油的方向为 A 向，无油流出的一端为 B 向。

4）根据所判断油路的流向，将变速器出油一端接在换油机回油管，而另一端接在换油机出油管。

5）将压缩空气接在换油机进气口上，此时气压调节阀处在关闭状态。

（2）自动变速器油更换

1）确认管路都已连接无误。

2）向设备加入一定量的新自动变速器油。

3）适当打开回油阀，顺时针缓慢打开气压调节阀使气压至 68.95～103.425kPa（10～15psi），并起动发动机。

4）通过调节回油阀及气压调节阀，使新油的加注量与旧油回收量保持平衡。

5）更换时应对不同的挡位进行切换，视情况而定，每个挡位停留 1min 左右。在 D 挡和 O/D 挡工作时，踏加速踏板使车速达 60km/h 以上，这时才能更换 D 挡和 O/D 挡控制油路的自动变速器油。

6）等量调整　观察新油的减少量与旧油的增加量，同时调节气压阀和回油阀使减少量与增加量相等。若旧油增加量大于新油减少量，应顺时针调节回油阀来减慢回油流速。若旧油增加量小于新油减少量，应逆时针调节气压阀减少新油加注量。

7）当新、旧油视窗颜色基本相同时停止更换。先将发动机熄火，再逆时针关闭气压调节阀。

8）拆除管路连接，并恢复变速器的油管连接。

9）起动发动机，检查汽车管路是否有渗漏油现象。

10）检查变速器油位，若油位不够时须进行补充加注，操作过程参考添加自动变速器油（直接加注）步骤。

注意：为了保证更换质量，设备内的新油应比汽车变速器所需油量多2～3L。

（3）添加自动变速器油（直接加注）

1）从接头套件中选取一个合适的接头与出油管相接，并插入自动变速器加油口。

2）将新油加入设备内。

3）顺时针缓慢打开气压调节阀，设备开始向变速器加入新油。

4）检查变速器油位，当油位合适时，逆时针关闭气压调节阀。

注意：当气动隔膜泵空载运行后，设备可能会停止工作，只要把气压调节阀关闭3s，拔下进气管，然后再打开，调节气压调节阀，设备将重新工作。

3. 安全注意事项

1）在进行操作之前，应熟悉设备，以便正确操作。

2）自动变速器换挡应正确，以免误操作损坏变速器。

3）汽车尾气中含有一氧化碳、碳氢化合物、氮氧化物等多种有毒有害气体，换油时要保持室内通风良好。

4）汽车发动机排气管和散热器等部件温度较高，勿摸勿碰，以防灼伤。

5）断开油管路接头时要用毛巾捂住接头。

6）在非使用状态下要将气压调节阀关闭、回油调节阀打开。

7）换油时汽车驱动轮必须处于悬空状态。

8）汽车自动变速器油进行更换时，选用的自动变速器油的品质必须符合汽车手册的规定要求。

## 课题3　汽车电气常用维护设备

### 一、指针式万用表

指针式万用表是一种多功能、多量程的测量仪表，一般可测量直流电流、直流电压、交流电压、电阻和音频电平等，有的还可以测交流电流、电容量、电感量及半导体的一些参数（如 $\beta$）。

1. 结构

指针式万用表由表头、测量电路及转换开关三个主要部分组成。500 型万用表的面板结构如图 2-19 所示。

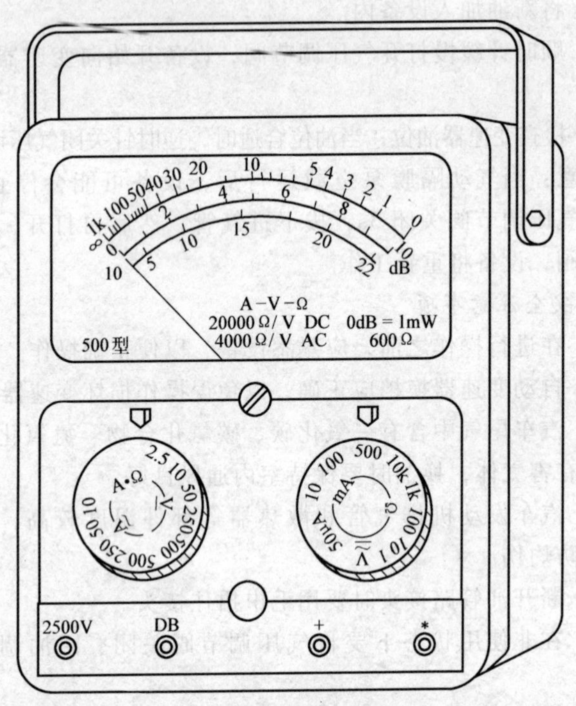


图 2-19 500 型万用表的面板结构

（1）表头 它是一只高灵敏度的磁电式直流电流表，指针式万用表的主要性能指标基本上取决于表头的性能。表头的灵敏度是指表头指针满刻度偏转时流过表头的直流电流值，这个值越小，表头的灵敏度越高。测电压时的内阻越大，其性能就越好。

（2）测量电路 测量电路是用来把各种被测量转换为适合表头测量的微小直流电流的电路，它由电阻、半导体元件及电池组成。它能将各种不同的被测量（如电流、电压、电阻等）、不同的量程，经过一系列的处理（如整流、分流、分压等）统一变成一定量限的微小直流电流送入表头进行测量。

（3）转换开关 其作用是用来选择各种不同的测量电路，以满足不同种类和不同量程的测量要求。

2. 符号含义

（1）≃ 表示交直流。

（2）V—2.5kV 4000Ω/V 表示对于直流电压及2.5kV的直流电压挡，其灵敏度为4000Ω/V。

（3）A—V—Ω 表示可测量电流、电压及电阻。

（4）45—65—1000Hz 表示使用频率范围为1000 Hz以下，标准工频范围为45～65Hz。

（5）2000Ω/V DC 表示直流挡的灵敏度为2000Ω/V。

3. 使用方法

1）熟悉表盘上各符号的意义及各个旋钮和选择开关的主要作用。

2）进行机械调零。

3）根据被测量的种类及大小，选择转换开关的挡位及量程，找出对应的刻度线。

4）选择表笔插孔的位置。

5）测量电压 测量电压时要选择好量程，如果用小量程去测量大电压，则会有烧表的危险；如果用大量程去测量小电压，那么指针偏转太小，无法读数。量程的选择应尽量使指针偏转到满刻度的2/3左右。如果事先不清楚被测电压的大小，应先选择最高量程挡，然后逐渐减小到合适的量程。

① 交流电压的测量：将指针式万用表的一个转换开关置于交、直流电压挡，另一个转换开关置于交流电压的合适量程上，两表笔和被测电路或负载并联即可。

② 直流电压的测量：将指针式万用表的一个转换开关置于交、直流电压挡，另一个转换开关置于直流电压的合适量程上，且红表笔（插入“+”插孔）接到高电位处，黑表笔（插入“-”插孔）接到低电位处，即让电流从红表笔流入，从黑表笔流出。若表笔接反，表头指针会反方向偏转，容易撞弯指针。

6）测量电流 测量直流电流时，将指针式万用表的一个转换开关置于直流电流挡，另一个转换开关置于50μA~500mA的合适量程上，电流的量程选择和读数方法与电压类似。测量时必须先断开电路，然后按照电流从“+”到“-”的方向，将指针式万用表串联到被测电路中，即电流从红表笔流入，从黑表笔流出。如果误将万用表与负载并联，则因表头的内阻很小，会造成短路烧毁仪表。其读数方法如下：实际值=指示值×量程/满偏值。

7）测量电阻 用指针式万用表测量电阻时，应按下列方法进行操作：

① 选择合适的倍率挡：指针式万用表欧姆挡的刻度线是不均匀的，所以倍率挡的选择应使指针停留在刻度线较稀的部分为宜，且指针越接近刻度尺的中间，读数越准确。一般情况下，应使指针指在刻度尺的1/3~2/3之间。

② 欧姆调零：测量电阻之前，应将两个表笔短接，同时调节“欧姆调零旋钮”，使指针刚好指在欧姆刻度线右边的零位，并且每换一次倍率挡，都要再次进行欧姆调零，以保证测量准确。

③ 读数：表头的读数乘以倍率，就是所测电阻的电阻值。

8）注意事项

① 使用前，应将指针式万用表水平放置，检查指针是否停在表盘左端的零位。若有偏离，可用螺钉旋具轻轻转动表头上的机械零位调整旋钮，使指针指零。

② 测量时红、黑色表笔应正确插入万用表插孔。旋转旋

钮应放置在所要测量电参量的量程挡上，决不可误放。

③　如果不清楚被测电路的正、负极性，可将转换旋钮放在最高挡，测量时用表笔轻轻碰一下被测电路，同时观察指针的偏转方向，从而确定出电路的正、负极。

④　在测量电流、电压时，不能带电换量程。

⑤　选择量程时，要先选大的，后选小的。测量电流、电压时，正确的量程应该使表头指针指示在大于量程一半以上的位置，此时所得结果误差较小。

⑥　测量电阻时，不能带电测量。因为测量电阻时，指针式万用表由内部电池供电，如果带电测量则相当于接入一个额外的电源，可能损坏表头。

⑦　测量高阻值电阻时，不要用双手接触电阻的两端，以免将人体电阻并联到待测电阻上。

⑧　测量电阻时，每改变一次量程，都要重新调整零欧姆旋钮。若发现调整零欧姆旋钮不能使指针指零欧姆，不应使劲扭旋钮，而应更换新电池。

⑨　读数时两眼垂直观察指针，不应斜视。

⑩　使用完毕后，应将转换开关置于交流电压最大挡位或空挡上。

⑪　若长期不用，应将表内电池取出，以防电池电解液渗漏而腐蚀内部电路。存放时应将指针式万用表放置在干燥、通风、清洁的环境中。

## 二、数字万用表

现在，数字万用表已成为主流，有取代指针式万用表的趋势。与指针式万用表相比，数字万用表灵敏度高，准确度高，显示清晰，过载能力强，便于携带，使用更简单。下面以DT—830型数字万用表为例，简单介绍其使用方法和注意事项。DT—830型数字万用表的面板结构如图2-20所示。

### 1. 使用方法

1）使用前，应认真阅读有关的使用说明书，熟悉电源开

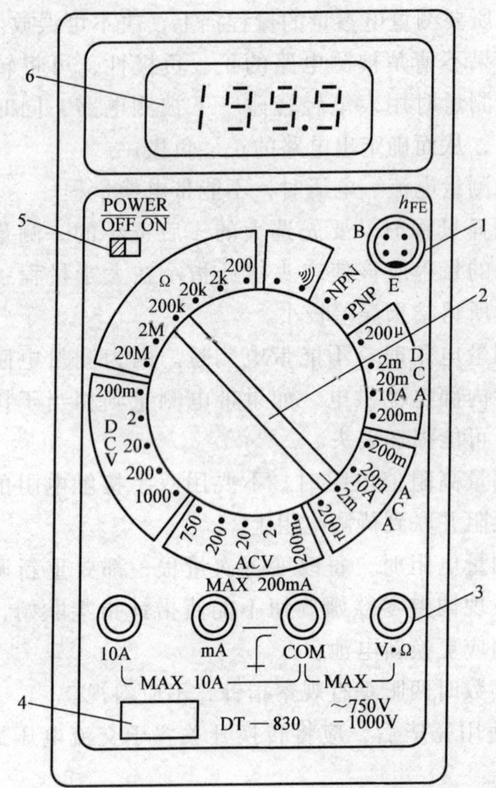


图 2-20 DT—830 型数字万用表的面板结构

1—$h_{FE}$插口 2—量程选择开关 3—输入插孔

4—铭牌 5—电源开关 6—LCD 显示器

关、量程开关、插孔、特殊插口的作用。

2）将电源开关置于 ON 位置。

3）交、直流电压的测量 根据需要将量程开关拨至 DCV（直流）或 ACV（交流）的合适量程，红表笔插入 V·Ω 孔，黑表笔插入 COM 孔，并将表笔与被测线路并联，读数即显示。

4）交、直流电流的测量 将量程开关拨至 DCA（直流）或 ACA（交流）的合适量程，红表笔插入 mA 孔（<200mA 时）或 10A 孔（>200mA 时），黑表笔插入 COM 孔，并将数字万用表串联在被测电路中。测量直流电流时，数字万用表能自动显示极性。

5）电阻的测量　将量程开关拨至Ω挡的合适量程，红表笔插入V·Ω孔，黑表笔插入COM孔。如果被测电阻值超出所选择量程的最大值，万用表将显示“1”，这时应选择更高的量程。测量电阻时，红表笔为正极，黑表笔为负极，这与指针式万用表正好相反。因此，测量晶体管、电解电容器等有极性的元器件时，必须注意表笔的极性。

6）检查线路通断　接通电源，将量程开关拨至蜂鸣器挡，红、黑表笔分别接V·Ω孔和COM孔。若被测线路电阻低于规定值（10~30Ω），蜂鸣器可发出声音，表示线路是通的。

2. 使用注意事项

1）如果无法预先估计被测电压或电流的大小，则应先拨至最高量程挡测量，然后再视情况逐渐把量程减小到合适位置。测量完毕后，应将量程开关拨到最高电压挡，并关闭电源。

2）测量电压时，数字万用表应与被测电路并联；测量电流时，应与被测电路串联。

3）禁止在测量高电压（220V以上）或大电流（0.5A以上）时换量程，以防止产生电弧，烧毁开关触头。

4）当显示“LOW BAT”时，表示电池电压低于工作电压，应更换表内电池。

## 三、汽车前照灯检验仪

### 1. 汽车前照灯检验仪的组成

根据结构特征与测量方法，前照灯检验仪可分为聚光式、屏幕式、投影式和自动追踪光轴式等几种。这些不同类型的前照灯检验仪都是由接受前照灯光束的受光器、使受光器与汽车前照灯对正的校准装置、前照灯发光强度指示装置、光轴偏斜量指示装置、支柱、底板、导轨、汽车摆正找准装置等组成。

### 2. 屏幕式前照灯检验仪

屏幕式前照灯检验仪是把前照灯的光束照射到屏幕上，从而检验发光强度和光轴偏斜量。屏幕式前照灯检验仪的构造如图 2-21 所示。在固定的屏幕 3 上装有可以左右移动的活动屏幕 9，在活动屏幕上装有能上下移动的内部带光电池的受光器 11。检验时，移动受光器和活动屏幕，根据光度计指示值为最大时的位置找到主光轴的方向，然后由固定屏幕和活动屏幕上的光轴刻度尺 10 即可读出光轴偏斜量，同时可从光度计的指示值得出发光强度。

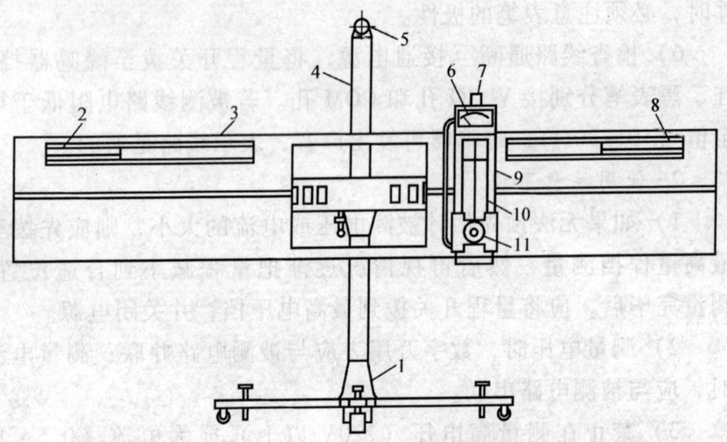


图 2-21　屏幕式前照灯检验仪

1—底座　2、8—光轴刻度尺（左右）　3—固定屏幕　4—支柱　5—汽车摆正找准器　6—光度计　7—前照灯照准器　9—活动屏幕　10—光轴刻度尺（上下）　11—受光器

3. 检测方法

1）将被检车尽可能地与检验仪的屏幕或导轨保持垂直方向驶近检验仪，使前照灯与检验仪受光器相距 3m。

2）用汽车摆正找准器使检验仪与被检汽车对正。

3）开亮前照灯，用前照灯照准器使检验仪与被检前照灯对正。然后把固定屏幕调整到与前照灯一样高，要特别注意使受光器与被检前照灯配光镜的表面中心重合。

4）使固定屏幕上左右光轴刻度尺的零点与活动屏幕上的基

准指针对正，如图 2-22 所示。

5）上下和左右移动受光器，使光度计指示值达到最大值。此时，根据受光器上的基准指针所指活动屏幕上的上下刻度值和活动屏幕上的基准指针所指固定屏幕上的左右刻度值，即可得出光轴偏斜量。根据此时光度计上的指示值，可得出前照灯发光强度，如图 2-23 所示。

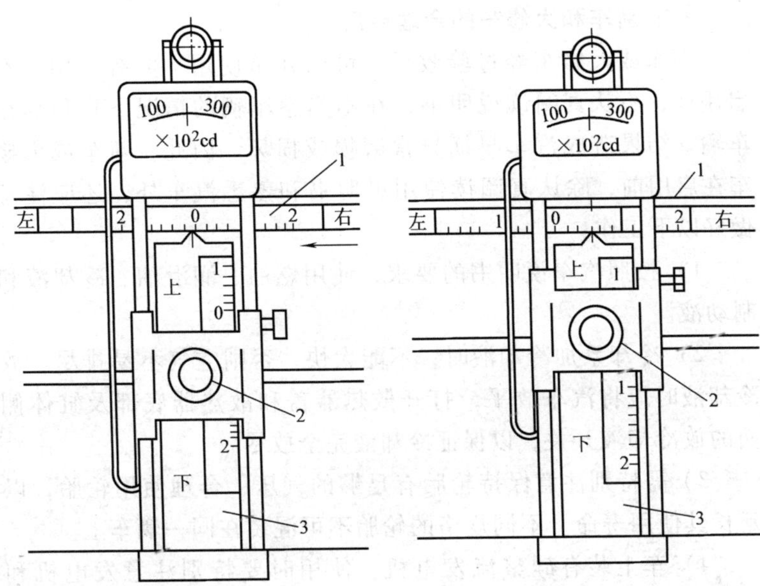


图 2-22　前照灯检验仪左右光轴刻度尺零点校准
1—固定屏幕　2—受光器
3—活动屏幕

图 2-23　前照灯检验仪光轴偏斜量和发光强度的显示
1—固定屏幕　2—受光器
3—活动屏幕

# 单元三　汽车的使用与维护要点

## 课题1　汽 车 使 用

### 一、新车和大修车的合理启用

新车或大修车经过验收后，可以开始使用。但有的用户在启用前，不认真阅读说明书，在不熟悉车辆的情况下盲目启用车辆，结果造成汽车早期异常磨损或损坏。因此，新车或大修车在启用前，除认真阅读使用说明书和熟悉汽车外，还应注意做好以下工作：

1）按照汽车说明书的要求，使用燃油、润滑油、冷却液和制动液。

2）冷却系加冷却液时，不能太快，否则空气不易排尽。放冷却液时应将汽车放平，打开散热器盖和散热器底部及缸体侧面的放冷却液开关，以保证冷却液完全放尽。

3）需特别注意保持轮胎有足够的气压，合理使用轮胎，以延长其使用寿命。不同规格的轮胎不可混装在同一辆车上。

4）车上装有硅整流发电机，使用时要特别注意发电机和蓄电池的搭铁（负极）正确无误，一旦接反，发电机极易损坏。

5）有些汽油车，新车出厂时装有限速片，以避免新车在走合期内车速过高，当走合期结束后，应该拆除限速片。

### 二、汽车走合期内的使用

有的车辆使用、管理部门对汽车走合期的使用和维护存在一些错误认识，有时他们为了眼前的利益，不顾新车或大修车运行初期的磨合，就使车辆在超速、超载工况下运行，造成汽车的经济性、动力性及安全性能下降，缩短了车辆使用寿命。

新车或大修车在初驶里程内的走合和维护，是根据汽车的磨损规律制定的科学措施。因此，应重视汽车在走合期内的正确使用和维护。根据汽车维修的实践经验，提出以下几个常被忽视的问题，以引起大家的注意。

1）新车、大修车或装用大修发动机的汽车，都必须安装上限速片，以控制汽车的行驶速度。最高时速不准超过60km/h（最高挡位时）。汽车在走合期内不能随意拆除限速片。

2）因处于初驶汽车的各连接部位都极易松动，在汽车走合期前，应检查各部位的连接和紧固情况。检查所使用润滑油、齿轮油品质是否符合规定，容量不足时应补加符合规定要求的润滑油。

3）在汽车走合期内，一定要减速、减载（一般按汽车额定装载质量减载20%～25%），不准牵引其他车辆。保持发动机正常的工作温度，是预防汽车行驶和初驶期发动机气缸磨损加剧和发生拉缸的重要措施。

4）正确使用燃料，随时注意观察润滑油压力，选择良好的道路行驶，是防止走合期内发动机拉缸的可靠措施。

5）走合里程一般规定为1000～1500km，但根据经验表明，新车只有在行驶2500km以后才能转入正常使用期。若过早投入正常使用，将造成车辆零件在初驶期内过量磨损，缩短汽车使用寿命。

## 三、汽车在特殊条件下的使用

因运行环境不同，汽车应满足相应的使用要求，以提高汽车在不同使用条件下的适应性，减少故障，避免意外事故的发生。汽车在特殊条件下，应注意以下使用要求：

### 1. 低温条件下的使用要求

1）在低温条件下停放时，应采取必要的防冻、保温措施。

2）各总成和轮毂轴承用润滑油（脂）及制动系用制动液，应符合制造厂的规定要求。

3）蓄电池电解液应保持合适的密度，蓄电池应有保温措施。

4）在冰雪路面行驶时，应采用有效的防滑措施。

2. 高温条件下的使用要求

1）加强冷却系的维护，清除水垢，保持良好的冷却效果。

2）各总成和轮毂轴承用润滑油（脂）及制动系用制动液，应符合制造厂的规定要求。

3）注意检查调整蓄电池电解液的密度，保持液面高度和通气孔的畅通。

4）汽车行驶途中，应经常检查轮胎温度和气压，不允许采取放气或浇泼冷水的办法来降低轮胎的温度和气压。

3. 山区或高原等地区的使用要求

1）加强对制动系和转向系的检查和维护，确保制动和转向装置工作可靠。

2）行驶在长坡及陡坡时，注意换挡，确保行车安全。

3）下坡前，注意检查制动力及制动机构的工作状况。禁止熄火空挡滑行，防止制动鼓过热。

4）在风沙严重地区行驶时，要注意车辆的密封，加强对发动机空气滤清器、机油滤清器和燃油滤清器的维护工作。

## 课题2 汽车维护

### 一、汽车维护的意义与目的

汽车在使用过程中，由于各部机件发生摩擦、振动、冲击以及受自然条件的影响，而使汽车各总成、机构及零件必然逐渐产生不同程度的自然松动、磨损和机械损伤。因此，随着汽车行驶里程的增加，其技术状况会逐渐变坏，使用性能也随之变差。若不采取必要的措施，必然使汽车的动力性、经济性以及可靠性能下降。严重时会发生事故，出现预想不到的损坏。

汽车维护是指维持汽车完好技术状况或工作能力而进行的作业。实践证明，对汽车进行可靠的维护作业，是延长其使用寿命、防止机件早期损坏、减少运行故障的最佳措施。汽车维护的意义就是针对上述客观情况，在以预防为主的思想指导下，结合汽车各部总成、机构、零件发生自然松动和磨损的规律，通过合理的维护而使汽车技术状况或工作能力得以维持，使用寿命得以充分延长。汽车维护的目的在于保持车辆外观整洁，使机件的磨损速度减缓，减少不应有的损坏，而且可以及时查明并消除故障隐患，同时实现下述功能：

1）确保汽车经常处于良好的技术状况，随时可以出车，提高车辆完好率。

2）在正常的使用条件下，汽车在运行中不至于因中途损坏而停歇，同时不至于因机件事故而影响行车安全。

3）确保汽车各部件总成的技术状况尽可能保持均衡状态，从而延长大修间隔里程。

4）确保汽车运行中燃料、润滑材料、零配件及轮胎的消耗费用达到最低程度。

5）减少车辆的噪声与排放污染物对环境的污染。

## 二、我国的汽车维护制度

汽车在运行中，由于受摩擦、振动、冲击以及自然条件等各种运行条件的影响，各部件和零件会产生不同程度的松动、变形、磨损、疲劳、腐蚀、老化和损伤。随着行驶里程的增加，技术状况逐渐变坏，故障率上升。导致动力性、经济性和安全可靠性下降，甚至出现意外的机械事故或交通事故。为此，我国建立了“定期检测、强制维护、视情修理、预防为主”的汽车维修制度。目的是确保车容整洁，及时发现和消除故障与隐患，并防止车辆早期损坏，从而维持车辆技术状况完好。

汽车维护的类别，依据其作业周期和性质的不同可分为：定期维护和非定期维护两种。

汽车定期维护分为：日常维护、一级维护、二级维护。

汽车非定期维护分为：走合期维护、换季维护。此外还有封存和启用维护。

## 课题3 汽车定期维护

汽车定期维护分为：日常维护、一级维护、二级维护。

### 一、汽车定期维护周期及其确定

GB/T18344—2001《汽车维护、检测、诊断技术规范》中明确规定：汽车日常维护的周期为出车前、行车中和收车后。汽车一、二级维护周期的确定，应以汽车行驶里程为基本依据，对于不便于用行驶里程统计、考核的汽车，可用时间间隔确定一、二级维护周期。定期维护间隔里程应依据车辆使用说明书的有关规定，结合汽车使用条件的不同，由各地省级交通行政主管部门确定；按使用时间间隔确定维护周期的车辆可依据汽车使用强度和条件的不同，参照汽车一、二级维护行驶里程周期确定。

汽车一、二级维护周期确定的相关因素和确定方法为：主要依据车辆使用说明书的有关规定，结合汽车使用条件和汽车使用强度等因素来确定。

1. 车辆使用说明书的有关规定与维护周期

在每一辆汽车的随车文件中，车辆使用说明书是一份必不可少的使用技术资料。其中对该车型的强制维护的分级、周期及各级维护的作业内容都有明确规定，并要求车辆在使用过程中应按照使用说明书的要求严格执行，尤其是初驶过程中应到制造厂指定的特约维修站进行车辆维护。

2. 发动机润滑油更换周期与维护周期

发动机润滑油在使用中会有质和量的变化。发动机润滑油的变质，主要是由于受到机械杂质的污染、燃油稀释和高温氧化所致。润滑油被机械杂质污染或氧化产物的积存都会导致不良的后果。机械杂质将引起剧烈的磨料磨损；润滑油高温氧化所生成的各种有机酸对零件有腐蚀作用；氧化聚合物存在时，会导致在发动机零件上产生各种沉积物，影响发动机正常工作。

确定汽车发动机润滑油的合理更换周期，也是确定整车维护周期的重要参照依据。因为润滑油更换合理与否，将直接影响发动机，乃至整车的使用寿命和油品的使用经济性。我国用户对发动机润滑油更换的原则主要是以汽车制造厂推荐的换油周期为标准。部分国产汽车的换油周期见表3-1。

**表3-1 部分国产汽车的换油周期**

| 车型 | 换油周期/km |
|---|---|
| 桑塔纳轿车 | 7500 |
| 富康轿车 | 7500 |
| 东风载货汽车 | 4000 |
| 沃尔沃B10M客车 | 20 000～40 000 |

3. 汽车使用条件与维护周期

汽车使用条件包括汽车运行地区的地理环境、气候、风沙条件，汽车运行强度和燃料、润滑材料的品质等。应根据汽车使用条件的不同，结合汽车使用说明书的要求，确定汽车一、二级维护的周期。

## 二、汽车日常维护

1. 汽车日常维护的定义

汽车日常维护是指以清洁、补给和安全检视为作业中心内容，由驾驶员负责执行的车辆维护作业。

在汽车使用过程中，为确保汽车正常行驶，必须对汽车进行日常维护。日常维护是发挥车辆效率、减少行车事故、节约维修费用、降低能耗和延长车辆使用寿命的重要环节。

2. 汽车日常维护的基本要求

汽车日常维护的目的是保证车辆各部清洁和润滑，各总成、部件工作正常，尤其是要掌握车辆安全部件的技术状况，保证其工作可靠性。具体做到：车容整洁；工作介质（燃油、润滑油、动力传动液、冷却液、制动液及蓄电池电解液等）充足；密封良好，水、电、油、气无泄漏；附件齐全无松动；制动可靠，转向灵敏，灯光、喇叭等工作正常。

3. 汽车日常维护作业内容

汽车日常维护作业的内容和要求主要有三个方面：

（1）清洁要求　对汽车外观、发动机外表进行清洁，保持车容整洁。

保持汽车外观和发动机外表的整洁，不仅是文明生产的需要，也是汽车各部分正常工作的需要。

（2）检视补给要求　对汽车各部润滑油（脂）、燃油、冷却液、制动液及液压油等各种工作介质和轮胎气压等进行检视补给。

汽车油液是各部分正常工作必不可少的工作介质，必须保证其充足、清洁和性能良好，轮胎气压应符合要求，这是保证汽车正常行驶的基本条件，所以对油液和轮胎气压等进行检视补给是汽车日常维护的基本作业内容。

（3）安全装置和发动机状况检查要求　对汽车制动、转向、传动、悬架、灯光、信号等安全部位和装置以及发动机运转状态进行检视、校紧，确保行车安全。

随着道路条件的改善，汽车运行速度不断提高，对汽车安全行驶的要求也越来越高。保证安全部件始终处于完好状态非常重要，是日常维护检查的重点。发动机的技术状况直接影响汽车的动力性、排放净化性能和燃油消耗，随着环保和节能要求的日益提高，对发动机的技术性能要求也在不断提高，因此要重点进行检查。

## 三、汽车一级维护

1. 汽车一级维护的定义

汽车一级维护是指除日常维护作业外，以清洁、润滑、紧固为作业中心内容，并检查有关制动、操纵等安全部件，由维修企业负责执行的车辆维护作业。

一级维护作业的中心内容是在日常维护的基础上增加了润滑、紧固和安全部件检查的要求；一级维护应由专业维修企业负责进行，即应进厂维护。

在汽车使用过程中，随着行驶里程的增加，有些零部件可能会出现松脱，润滑部位出现缺油和漏油等现象，影响汽车的操纵安全性，因此，定期对汽车进行一级维护十分必要。由于一级维护作业中零部件紧固，润滑油添加、更换，安全部件技术状况的检查属于专业性维护作业，需要利用相关专业设备和工具，按技术标准进行，所以，汽车一级维护应由维修企业负责执行。

2. 汽车一级维护的基本要求

汽车一级维护是一项运行性维护作业，即在汽车日常使用过程中的一次以确保车辆正常运行状况为目的的作业，以清洁、润滑、紧固为主要内容，并检查制动、操纵等安全部件。

随着现代汽车技术的发展，使得汽车维护作业的技术含量正在逐步提高。因此，一级维护必须由汽车维修企业的专业维护人员来完成，这对保证车辆技术状况具有十分重要的意义。

3. 汽车一级维护作业内容

汽车一级维护的大量作业内容是检查，同时含有清洁、补给、润滑、紧固和调整等。汽车一级维护的作业内容见表3-2。

表3-2 汽车一级维护的作业内容

| 序号 | 项　目 | 作业内容 | 技术要求 |
|---|---|---|---|
| 1 | 点火系 | 检测、调整 | 工作正常 |
| 2 | 发动机空气滤清器、空气压缩机滤清器、曲轴箱通风滤清器、机油滤清器和燃油滤清器 | 清洁或更换 | 各滤芯应清洁无破损，上下衬垫无残缺，密封良好；滤清器应清洁，安装牢固 |
| 3 | 曲轴箱油面、化油器油面、冷却液液面、制动液液面高度 | 检查 | 符合规定 |
| 4 | 曲轴箱通风装置、三元催化转化净化装置 | 外观检查 | 齐全、无损坏 |

（续）

| 序号 | 项　　目 | 作业内容 | 技术要求 |
| --- | --- | --- | --- |
| 5 | 散热器、油底壳、发动机前后支垫、水泵、空压机、进排气支管、化油器、输油泵、喷油泵联接螺栓 | 检查校紧 | 各联接螺栓、螺母应紧固，锁销、垫圈及胶垫应完好有效 |
| 6 | 空压机、发电机、空调机传动带 | 检查传动带磨损、老化程度，调整传动带松紧度 | 符合规定 |
| 7 | 转向器 | 检查转向器液面及密封状况，润滑万向节十字轴、横直拉杆、球头销、转向节等部位 | 符合规定 |
| 8 | 离合器 | 检查调整离合器 | 操纵机构应灵敏可靠，踏板自由行程符合规定 |
| 9 | 变速器、差速器 | 检查变速器、差速器液面及密封状况，润滑传动轴万向节十字轴、中间轴承，校紧各部位联接螺栓，清洁各通气塞 | 符合规定 |
| 10 | 制动系 | 检查紧固各制动管路，检查调整制动踏板自由行程 | 制动管路接头应不漏气，支架螺栓紧固可靠，制动联动机构应灵敏可靠，储气筒无积水，制动踏板自由行程符合规定 |

（续）

| 序号 | 项　　目 | 作业内容 | 技术要求 |
| --- | --- | --- | --- |
| 11 | 车架、车身及各附件 | 检查、紧固 | 各部螺栓及拖钩、挂钩应紧固可靠，无裂损、无窜动、齐全有效 |
| 12 | 轮胎 | 检查轮辋及压条挡圈，检查轮胎气压（包括备胎）并视情况补气；检查轮毂轴承间隙 | 轮辋及压条挡圈应无裂损、变形，轮胎气压符合规定，气门嘴帽齐全，轮毂轴承间隙无明显松旷 |
| 13 | 悬架机构 | 检查 | 无损坏，连接可靠 |
| 14 | 蓄电池 | 检查 | 电解液液面高度应符合规定，通气孔畅通，电桩夹头清洁、牢固 |
| 15 | 灯光、仪表、信号装置 | 检查 | 齐全有效，安装牢固 |
| 16 | 全车润滑点 | 润滑 | 各润滑嘴安装正确，齐全有效 |
| 17 | 全车 | 检查 | 全车不漏油、不漏水、不漏电、不漏气、不漏尘，各种防尘罩齐全有效 |

注：技术要求栏中“符合规定”指符合实际应用中有关技术规定或技术要求。

4. 汽车一级维护的实施

汽车一级维护是由汽车维修企业负责执行的强制维护作业，目的是使汽车在二级维护周期内能始终保持良好的技术状况，减少磨损，降低故障率，保证车辆正常运行，同时为汽车二级维护附加作业项目的确定提供依据。

## 四、汽车二级维护

1. 汽车二级维护的定义

汽车二级维护是指除完成一级维护作业外，以检查、调整转向节、转向摇臂和悬架等经过一定时间使用后容易磨损或变形的安全部件为主，并拆检轮胎，进行轮胎换位，检查调整发动机工况和排气污染控制装置等，由维修企业负责执行的车辆维护作业。

当汽车行驶到一定里程后，汽车的磨损和变形会增加，为了延长汽车的使用寿命和保证行车安全，必须按期进行汽车二级维护。

汽车二级维护是汽车维护作业中的最高一级。二级维护要求在维护前进行不解体检测诊断，确定附加作业项目，强调对安全部件的检查、调整，检查调整发动机工况和排气污染控制装置的工作情况。

2. 汽车二级维护的基本要求

汽车二级维护的目的是消除隐患，恢复车辆性能，尤其是排放和安全性能。所以二级维护作业应该进行得非常全面和彻底。

(1) 汽车二级维护检测诊断　应该全面完成二级维护检测诊断项目，这关系到对该车的技术状况能否真正掌握，关系到二级维护附加作业的确定是否合理、是否到位，关系到汽车潜在的故障隐患能否通过这次维护得到彻底地排除。

(2) 汽车维护作业过程检验　这是控制二级维护作业质量的重要环节。汽车二级维护是否达到预期目的，取决于二级维护的基本作业和附加作业项目是否到位，是否按技术要求完成作业任务。只有加强对维护作业过程的检验，才能对汽车维护质量进行有效控制，以确保汽车二级维护达到应有的目的。

（3）汽车维护竣工出厂检验 企业应有明确的针对具体车型的汽车维护竣工检验技术标准，根据该标准配备相应的检测设备及掌握现代汽车检测诊断技术的质量检验员。这是保证汽车维护质量的关键。

3. 汽车二级维护工艺过程

汽车二级维护是维护制度中规定的最高级别维护，其目的是维持汽车各总成、机构的零件具有良好的工作性能，及时消除故障和隐患，保证汽车动力性、经济性、排放净化性、操纵性及安全性能满足要求，确保汽车在二级维护间隔期内能正常运行。

汽车二级维护首先要进行检测，汽车进厂后，根据汽车技术档案的记录资料（包括车辆运行记录、维修记录、检测记录、总成修理记录等）和驾驶员反映的车辆使用技术状况（包括汽车动力性、异响、转向、制动及燃、润料消耗等）确定所需检测项目，依据检测结果及车辆实际技术状况进行故障诊断，从而确定附加作业。附加作业项目确定后与基本作业项目一并进行二级维护。二级维护过程中要进行过程检验，过程检验项目的技术要求应满足有关的技术标准或规范；二级维护作业完成后，需要经过维护企业进行竣工检验，竣工检验合格的车辆，由维护企业填写《汽车维护竣工出厂合格证》后方可出厂。二级维护工艺过程如图 3-1 所示。

4. 汽车二级维护检测、诊断及附加作业项目的确定

汽车二级维护检测项目，按检测目的和范围可分为七个方面。发动机动力性能检测；排气净化性能检测；电控燃油喷射系统检测；柴油机工作性能检测；安全性能检测；操纵和行驶系统检测；底盘传动系统技术状况检测。具体检测项目见表 3-3。

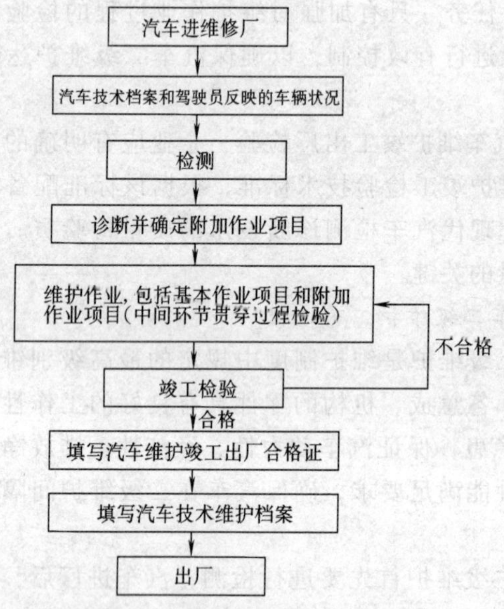


图 3-1　二级维护工艺过程图

**表 3-3　汽车二级维护检测项目**

| 序　　号 | 检　测　项　目 |
|---|---|
| 1 | 发动机功率，气缸压力 |
| 2 | 汽车排气污染物，三元催化转化装置的作用 |
| 3 | 电控燃油喷射系统 |
| 4 | 柴油机检查供油提前角、供油间隔角和喷油泵供油压力 |
| 5 | 制动性能，检查制动力 |
| 6 | 转向轮定位，主要检查前轮定位角和转向盘自由转动量 |
| 7 | 车轮动平衡 |
| 8 | 前照灯 |
| 9 | 操纵稳定性，有无跑偏、发抖、摆头 |
| 10 | 变速器有无泄漏、异响、松脱、裂纹等现象，换挡是否轻便灵活 |
| 11 | 离合器有无打滑、发抖现象，分离是否彻底，接合是否平稳 |
| 12 | 传动轴有无泄漏、异响、松脱、裂纹等现象 |
| 13 | 后桥、主减速器有无泄漏、异响、松脱、裂纹、过热等现象 |

汽车二级维护附加作业项目的确定，要根据检测结果进行。附加的作业项目和内容，以消除汽车故障为目的，恢复汽车的正常技术状况。附加作业项目确定后与基本作业项目一并进行二级维护。

5. 二级维护基本作业项目

汽车“强制维护”的原则要求汽车二级维护基本作业项目无论车辆技术状况如何都必须完成。汽车二级维护基本作业项目见表3-4。

**表3-4 汽车二级维护基本作业项目**

| 序号 | 维护项目 | 作业内容 | 技术要求 |
| --- | --- | --- | --- |
| 1 | 发动机润滑油、机油滤清器 | 1. 更换润滑油<br>2. 视情况更换机油滤清器 | 1. 润滑油规格性能指标符合要求<br>2. 液面高度符合规定<br>3. 机油滤清器密封良好，无堵塞，完好有效 |
| 2 | 检查润滑油油面高度 | 检查转向器、变速器、主减速器等润滑油规格和液面高度，不足时按要求补给 | 符合出厂规定 |
| 3 | 空气滤清器 | 清洁空气滤清器 | 1. 空气滤清器清洁有效，安装可靠<br>2. 恒温进气装置真空软管安装可靠，进气转换阀工作灵敏、准确 |
| 4 | 燃油箱及油管、燃油滤清器、燃油泵 | 1. 检查接头及密封情况<br>2. 清洁燃油滤清器，并视情更换<br>3. 检查燃油泵，必要时更换 | 1. 接头无破损、渗漏，紧固可靠<br>2. 燃油滤清器工作正常<br>3. 燃油泵工作正常，油压符合规定 |
| 5 | 燃油蒸发控制装置 | 检查、清洁，必要时更换 | 工作正常 |

（续）

| 序号 | 维护项目 | 作业内容 | 技术要求 |
|---|---|---|---|
| 6 | 曲轴箱通风装置 | 检查、清洁 | 清洁、畅通，连接可靠，不漏气，各阀门无堵塞、卡滞现象，灵敏有效，符合规定 |
| 7 | 散热器、膨胀箱、百叶窗、水泵、节温器、传动带 | 1. 检查密封情况、箱盖压力阀、液面高度、水泵密封<br>2. 检视传动带外观，调整传动带松紧度 | 1. 散热器及软管无变形、破损及渗漏；箱盖接合表面良好，胶垫不老化，箱盖压力阀开启压力符合要求；水泵不漏水，无异响；节温器工作性能符合规定<br>2. 传动带应无裂痕和过量磨损，表面无油污，传动带松紧度符合规定 |
| 8 | 进、排气支管、消声器、排气管、气缸盖 | 1. 检查、紧固，视情补焊或更换<br>2. 按规定次序和扭紧力矩校紧气缸盖 | 1. 无裂纹、无漏气，消声器性能良好<br>2. 扭紧力矩符合规定 |
| 9 | 增压器、中冷器 | 检查、清洁 | 符合规定 |
| 10 | 发动机支架 | 检查、紧固 | 连接牢固，无变形和裂纹 |
| 11 | 化油器及联动机构 | 清洁、检查、紧固 | 化油器及联动机构清洁，联动机构运动灵活，连接牢固，无漏油、漏气现象，工作系统和附加装置工作正常 |
| 12 | 喷油器、喷油泵 | 检查喷油器和喷油泵的作用，必要时检测喷油压力和喷油状况，视情况调整供油提前角 | 1. 喷油器雾化良好，无滴油、漏油现象，喷油压力符合规定<br>2. 供油提前角符合规定 |
| 13 | 分电器、高压线 | 清洁、检查 | 分电器无油污，调整触头间隙在规定范围内无松旷、漏电现象，高压线性能符合规定 |

（续）

| 序号 | 维护项目 | 作业内容 | 技术要求 |
| --- | --- | --- | --- |
| 14 | 火花塞 | 清洁、检查或更换火花塞，调整电极间隙 | 电极表面清洁，间隙符合规定 |
| 15 | 气门间隙 | 检查、调整 | 符合规定 |
| 16 | 电控燃油喷射系统供油管路 | 检查密封状况 | 密封良好，作用正常 |
| 17 | 三元催化装置 | 检查三元催化装置的作用，必要时更换 | 作用正常 |
| 18 | 离合器 | 检查、调整离合器踏板自由行程 | 离合器踏板自由行程符合规定 |
| 19 | 前轮制动 | 检查前轮制动器调整臂的作用 | 作用正常 |
| | | 拆卸前轮毂总成、制动蹄、支承销；清洗转向节、轴承、支承销；清洁制动底板等零件 | 清洁，无油污 |
| | | 检查制动盘、制动凸轮轴，校紧装置螺栓 | 1. 制动底板不变形，按规定力矩扭紧装置螺栓<br>2. 凸轮轴转动灵活，无卡滞，转向间隙符合规定 |
| | | 检查转向节及螺母、保险片及油封、转向节臂，校紧装置螺栓 | 1. 转向节无裂纹，螺纹完好，与螺母配合应无径向松旷，保险片作用良好，油封完好不漏油<br>2. 转向节轴径与轴承的配合间隙符合要求，转向节臂装置螺栓扭紧力矩符合规定 |
| | | 检测内外轴承 | 滚柱保持架无断裂，滚柱不脱落，无裂损和烧蚀，轴承内圈无裂损和烧蚀 |

（续）

| 序号 | 维护项目 | 作业内容 | 技术要求 |
| --- | --- | --- | --- |
| 19 | 前轮制动 | 检查制动蹄及支承销 | 1. 制动蹄无裂纹及明显变形，摩擦片无破裂，铆接可靠，摩擦片厚度符合规定<br>2. 支承销无过量磨损，支承销与制动蹄承孔衬套配合间隙符合规定 |
| | | 检查制动蹄复位弹簧 | 复位弹簧应无明显变形，自由长度、拉力符合规定 |
| | | 检查前轮毂、制动鼓及轴承外座圈，校紧轮胎螺栓内螺母 | 1. 轮毂无裂损<br>2. 轴承外座圈无裂纹，无麻点，无烧蚀<br>3. 制动鼓无裂纹，外边缘不得高出工作表面，检视孔完整，内径尺寸、圆度误差、左右内径差符合规定<br>4. 轮胎螺栓齐全完好，规格一致，按规定力矩扭紧 |
| | | 装复前轮毂、调整前轮轴承松紧度及制动间隙 | 1. 装复支承销，制动蹄支承销孔均应涂润滑脂，开口销或卡簧齐全有效<br>2. 润滑轴承<br>3. 制动鼓、制动片表面清洁，无油污<br>4. 制动片与制动鼓的间隙应符合规定，转动无碰擦现象或声响，检视孔挡板齐全<br>5. 轮毂转动灵活，用拉力计测量时可转动，且无轴向间隙<br>6. 锁紧螺母按规定力矩扭紧<br>7. 保险可靠，防尘罩、衬垫完好，螺栓垫圈齐全紧固（螺栓规格一致） |

（续）

| 序号 | 维护项目 | 作业内容 | 技术要求 |
| --- | --- | --- | --- |
| 20 | 后轮制动 | 拆半轴、轮毂总成、制动蹄、支承销，清洗各零件及制动底板、半轴套管 | 1. 轮毂通气孔畅通<br>2. 各零件及制动盘、后桥套管清洁无油污 |
| | | 检查制动底板、制动凸轮轴，校紧联接螺栓 | 制动底板不变形，联接螺栓按规定力矩紧固<br>凸轮轴转动灵活，无卡滞，轴向间隙和径向间隙符合规定 |
| | | 检查后桥半轴套管、螺母及油封 | 1. 套管无裂纹及明显松动，与螺母配合无径向松旷<br>2. 油封完好，无损坏，无漏油<br>3. 套管颈与轴承配合间隙符合规定 |
| | | 检查内外轴承 | 1. 轴承保持架无断裂，滚柱无脱落、无裂损和烧蚀<br>2. 轴承内圈无裂纹、烧蚀 |
| | | 检查制动蹄及支承销 | 1. 制动蹄无裂纹及变形，摩擦片无破裂，铆接可靠，摩擦片厚度符合规定<br>2. 支承销与制动蹄承孔衬套之间配合间隙符合规定<br>3. 支承销无过量磨损 |
| | | 检查制动蹄复位弹簧 | 复位弹簧应无变形，自由长度符合规定，拉力良好 |
| | | 检查后轮毂、制动鼓及轴承外座圈，检查扭紧半轴螺栓，检查轮胎螺栓，校紧内螺母 | 1. 轮毂无裂损<br>2. 轴承外座圈不松动，无损坏<br>3. 制动鼓无裂纹，内径、圆度误差、左右内径差值符合规定，外边缘不得高出工作面，制动鼓检视孔完整<br>4. 半轴螺栓齐全有效 |

（续）

| 序号 | 维护项目 | 作业内容 | 技术要求 |
| --- | --- | --- | --- |
| 20 | 后轮制动 | 检查半轴 | 半轴无明显弯曲，不磨套管，无裂纹，花键无过量磨损或扭曲变形 |
|  |  | 装复后轮轮毂，调整制动间隙 | 1. 装复支承销、制动蹄片时，承孔均应涂润滑脂，开口销或卡簧齐全可靠<br>2. 润滑轴承<br>3. 套管轴颈表面应涂润滑油后再装上轴承<br>4. 制动蹄片、制动鼓表面应清洁，无油污<br>5. 制动蹄片与制动鼓的间隙应符合规定，转动无碰擦现象或声响，检视孔挡板齐全紧固<br>6. 轮毂转动灵活，拉力符合规定<br>7. 锁紧螺母按规定力矩扭紧 |
| 21 | 转向器、转向传动机构 | 1. 检查转向器传动机构的工作状况和密封性，校紧各部位螺栓<br>2. 检查调整转向盘的自由转动量 | 转向盘的自由转动量符合规定，转向轻便、灵活，无卡滞、漏油现象，垂臂及转向节臂无弯曲及裂损，各部螺栓联接可靠 |
| 22 | 前束及转向角 | 调整 | 符合规定 |
| 23 | 变速器、差速器 | 检查密封状况和操纵机构，清洁通气孔 | 密封良好，通气孔畅通，操纵机构作用正常，无异响、跳动、乱挡现象 |

（续）

| 序号 | 维护项目 | 作业内容 | 技术要求 |
|---|---|---|---|
| 24 | 传动轴、传动轴承支架、中间轴承 | 1. 检查防尘罩<br>2. 检查传动轴万向节工作状态<br>3. 检查传动轴支架<br>4. 检查中间轴承间隙 | 1. 防尘罩不得有裂纹、损坏，卡箍可靠，支架无松动<br>2. 万向节不松旷，无卡滞，无异响<br>3. 传动轴承支架无松动<br>4. 中间轴承间隙符合规定 |
| 25 | 空气压缩机、储气筒、安全阀 | 检查、校紧 | 清洁、连接可靠，无漏气，安全阀工作正常 |
| 26 | 制动阀、制动管路、制动踏板 | 1. 检查制动踏板自由行程<br>2. 检查紧固制动阀和管路接头<br>3. 检查制动管路内是否有空气 | 1. 制动踏板自由行程符合规定<br>2. 制动阀和管路接头连接可靠，无漏气<br>3. 制动管路内无空气 |
| 27 | 驻车制动 | 检查驻车制动性能，检查驻车制动器自由行程 | 符合规定，作用正常 |
| 28 | 悬架 | 检查、紧固，视情况补焊、校正 | 不松动，无裂纹，无断片，按规定扭紧力矩紧固螺栓 |
| 29 | 轮胎（包括备胎） | 检查、紧固，补气，进行轮胎换位，磨损严重时更换轮胎 | 气压符合规定，清洁，无裂损、老化、变形，气门嘴完好，轮胎螺栓紧固，轮胎的装用符合规定 |
| 30 | 发电机、发电机调节器、起动机 | 清洁、润滑 | 符合规定 |
|  | 蓄电池 | 清洁，补给，检查 | 清洁，安装牢固，电解液液面高度符合规定 |

（续）

| 序号 | 维护项目 | 作业内容 | 技术要求 |
| --- | --- | --- | --- |
| 31 | 前照灯、仪表、喇叭、刮水器、全车电器线路 | 检查、调整，必要时修理或更换 | 1. 前照灯、喇叭、各仪表及信号装置功能齐全有效，符合规定<br>2. 刮水器电动机运转无异响，连动杆连接可靠<br>3. 全车线路整齐、连接可靠、绝缘良好 |
| 32 | 车身、车架、安全带 | 检查、紧固 | 性能可靠，工作良好，无变形、断裂、脱焊，联接螺栓、铆钉紧固 |
| 33 | 内装饰 | 检查、紧固 | 设备完好，无松动 |
| 34 | 空调装置 | 检查空调系统工作状况、密封状况 | 1. 制冷系统密封，制冷效果良好<br>2. 暖气装置工作正常 |
| 35 | 润滑 | 全车加注润滑脂的部位全部润滑 | 润滑脂嘴齐全有效，润滑良好 |

注：技术要求栏中“符合规定”指符合实际应用中有关技术规定或技术要求。

6. 汽车二级维护过程检验

在二级维护过程中，要始终贯穿过程检验，并作检验记录。二级维护作业项目执行过程中要全面自始至终实施质量检验；要作检验记录，特别是对有配合间隙、调整数据或拧紧力矩等技术参数要求的作业项目，要有检验数据记录，作为作业过程质量监督的依据。二级维护基本作业项目表中“技术要求”一栏是过程检验的技术标准。

7. 汽车二级维护竣工检验

汽车维护竣工检验是一项对汽车维护质量进行的检测评定工作。汽车在维修企业进行二级维护后，必须进行竣工检验；各项目参数应符合国家或行业及地方标准；竣工检验合格的车辆填写维护竣工出厂合格证后方可出厂；检验不合格的车辆应进行进一步的检测、诊断和维护，直到达到维护竣工技术要求为止。二级维护竣工要求见表3-5。

**表3-5　汽车二级维护竣工要求**

| 序号 | 检测部位 | 检测项目 | 技术要求 | 备注 |
|---|---|---|---|---|
| 1 | 整车 | 清洁 | 汽车外部、各总成外部、三滤应清洁 | 检视 |
| | | 面漆 | 车身面漆、腻子无脱落现象，补漆颜色应与原色基本一致 | 检视 |
| | | 对称 | 车体应周正，左右对称 | 汽车平置检查 |
| | | 紧固 | 各总成外部螺栓、螺母按规定力矩扭紧，锁销齐全有效 | 检查 |
| | | 润滑 | 发动机、变速器、转向器、减速器润滑符合规定 | 检视 |
| | | 密封及电器 | 全车无油、水、气泄露，密封良好，电器装置工作可靠，绝缘良好 | 检视 |
| | | 前照灯、信号仪表、刮水器、后视镜等装置 | 稳固、齐全、有效，符合有关规定 | 检视 |
| 2 | 发动机 | 发动机工作状况 | 发动机能正常起动，低、中、高速运转均匀及稳定，冷却液温度正常，加速性能良好，无断缸、回火、放炮等现象，发动机运转稳定后无异响 | 路试 |

（续）

| 序号 | 检测部位 | 检测项目 | 技术要求 | 备注 |
|---|---|---|---|---|
| 2 | 发动机 | 发动机功率 | 无负荷功率不小于额定值的80% | 检测 |
| | | 发动机装备 | 齐全有效 | 检视 |
| 3 | 离合器 | 踏板自由行程 | 符合原厂规定 | 检测 |
| | | 离合情况 | 接合平稳，分离彻底，无打滑、抖动及异响 | 路试 |
| 4 | 转向系 | 转向盘的最大转动量 | 符合规定 | 检查 |
| | | 横直拉杆装置 | 球头销无松旷现象，各部螺栓、螺母紧固，锁止可靠 | 检查 |
| | | 转向器构 | 操作轻便、转动灵活，无摆振、跑偏等现象，车轮转到极限位置时，不得与其他部件有碰擦现象 | 路试 |
| | | 前束及最大转弯 | 符合规定 | 检测 |
| | | 侧滑 | 符合GB7258—2004中的有关的规定 | 检测 |
| 5 | 传动系 | 变速器、传动轴、主减速器 | 变速器操作灵活，不跳挡，不乱挡；变速器传动轴、主减速器各部无异响，传动轴装配正确 | 路试 |
| 6 | 行驶系 | 轮胎 | 轮胎磨损应在规定范围内，同轴轮胎应为相同的规格和花纹，转向轮不能使用翻新轮胎，轮胎气压符合规定，后轮辋孔对齐 | 检查 |

（续）

| 序号 | 检测部位 | 检测项目 | 技术要求 | 备注 |
| --- | --- | --- | --- | --- |
| 6 | 行驶系 | 钢板弹簧 | 钢板弹簧无断裂、位移、缺片，U形螺栓紧固，前后钢板支架无裂纹及变形 | 检查 |
| | | 减振器 | 稳固有效 | 路试 |
| | | 车架 | 车架无变形，纵横无裂纹，铆钉无松动，拖车钩、备胎架齐全，无裂纹及变形，连接牢固 | 检查 |
| | | 前后架 | 无变形及裂纹 | 检查 |
| 7 | 制动系 | 制动性能 | 应符合GB7258—2004中的有关规定 | 路试或检测 |
| | | 制动踏板自由行程 | 符合规定 | |
| | | 驻车制动性能 | 应符合GB7258—2004中的有关规定 | 路试或检测 |
| 8 | 滑行 | 滑行性能 | 符合规定 | 路试或检测 |
| 9 | 车身、车箱 | 车身 | 驾驶室装置紧固，门锁灵活无松旷，限动装置齐全有效，驾驶室门关闭牢靠、无旷动，风窗玻璃完好，窗框严密，门把、门锁、玻璃升降器齐全有效，发动机罩锁扣有效，暖风装置工作正常 | 检查 |
| | | 车箱 | 车箱不歪斜，整体不变形，底板无损坏，边板、后门平整无变形，铰链完好，关闭严密，前后锁扣作用可靠 | 检视 |
| 10 | 排放 | 尾气排放测量 | 符合有关标准的规定 | 检测 |

# 课题4 汽车非定期维护

## 一、汽车走合维护

为保证汽车的使用寿命，新车、大修车以及装用大修发动机的汽车必须进行走合期的磨合，在走合期结束时进行一次走合维护，其作业项目和深度按汽车生产厂家的要求进行。

走合期间，汽车磨合状况的好坏，直接关系着汽车寿命的长短。除了必须按生产厂家的规定驾驶汽车外，做好这个期间的维护工作，会更有利于汽车机件的磨合。

新车走合期结束后的维护，一般是由生产厂家免费提供服务。汽车走合期的里程为1500～3000km（部分进口汽车将首次维护里程定为7500～10000km），维护内容主要是清洁、润滑、紧固等。

### 1. 走合前的维护

走合前维护是为了防止汽车出现事故和损伤，保证汽车顺利地完成走合期的磨合。其主要作业内容为：

（1）清洁　清洁全车，检查全车各部位的连接情况，全车外露的螺栓、螺母必须紧固。

（2）检查、添加燃油和润滑油料　驾驶新车前，应将各润滑部位按规定加注足够的润滑脂。使用规定标号的汽油或柴油，若不得已改变燃油标号时，需对供油系和点火系作相应调整。

（3）检查、补充冷却液，排除“四漏”现象　检查补充散热器内的冷却液，并检查、排除全车的漏油、漏气、漏水和漏电现象。

（4）检查底盘的技术状况　检查变速器各挡能否正确变换；检查转向器构各部位有无松旷和发卡现象；检查和调整轮胎气压。发现变速器或转向系统等底盘故障时，应及时将车进厂维修。

（5）电气系统的检查　检查电气设备、灯光和仪表工作是否正常，并检查蓄电池电解液密度及液面高度。

（6）检查制动效能　检查制动系统的性能，试车检查汽车的制动距离，检查是否有跑偏和制动拖制现象。若不符合要求，应查明原因，及时排除。

2. 走合中的维护

走合中维护是在汽车行驶500km左右时进行的，主要是对汽车各部分技术状况开始发生变化的部分进行一次及时的维护，以恢复其良好的技术状况，保证下阶段走合顺利进行。其主要作业内容有：

（1）润滑　充分润滑全车的各个润滑点。在最初行驶30～40km时，应检查变速器、驱动桥、轮毂和传动轴等处是否发热或有异响。若发热或者有异响应查明原因，予以调整或修理。

（2）检查　检查制动效能和各连接处、制动管路的密封程度，必要时加以调整和紧固，认真做好总成和机件的检查、调整工作。

（3）紧固　新车行驶150km后，需检查一次全车外部螺栓、螺母紧固情况；行驶500km时，应将前、后轮毂螺母紧固一次。

有些国产汽车需要对缸盖螺栓进行紧固。在紧固时，应按规定顺序由中部开始，依次向两边对角线交叉进行。注意：铸铁缸盖可在发动机升温后拧紧；铝合金缸盖则必须在发动机冷态下进行。拧紧力矩的大小，应符合具体车型使用说明书的规定。

汽车在走合行驶过程中，要注意观察各总成的温度情况，并要随时检查和排除“四漏”（漏油、漏水、漏气、漏电）。

3. 走合后的维护

汽车走合期结束后，应及时将汽车送到厂家指定的维修站进行走合后的维护。这次汽车走合维护的目的，一方面是对汽车进行全面的检查、紧固、调整和润滑作业，使汽车达到良好的行驶状态；另一方面也是生产厂家对汽车售后服务的身份认定。

汽车走合后维护的主要内容有：

1）更换润滑油、更换润滑油滤芯。

2）检查、补充发动机冷却液。

3）检查、调整发动机传动带松紧度。

4）检查、校正点火正时。

5）检查、调整发动机尾气排放。

6）检查、调整制动系统。

7）检查、调整离合器踏板自由行程。

8）检查、紧固悬架和转向器构。

9）检查全车各部泄漏情况并进行排除。

10）润滑各部铰链。

11）检查轮胎技术状况。

12）检查调整电气系统的技术状态。

汽车虽然已经过走合期，但汽车在走合期后开始的一段时间内，实质是汽车由走合期到使用期的过渡阶段。因此，发动机仍不要以很高的转速运转，车速不宜过快，汽车不要超载，并尽量避免在恶劣路面上行驶。

4. 桑塔纳轿车走合期维护内容介绍

桑塔纳轿车在走合期结束后，应进行一次走合维护，其维护内容以清洁、润滑、紧固为主，并检查有关制动、操纵等安全部件。具体内容如下：

1）更换发动机润滑油和润滑油滤芯。

2）检查发动机和变速器有无漏油现象。

3）检查发动机冷却液液面高度、制动液液面高度、风窗玻璃洗涤器液面高度，若有不足，应进行补充。

4）检查、调整发动机传动带松紧度。

5）检查并添加变速器、传动轴的润滑油（脂），清洗通气阀。

6）检查并紧固发动机悬置件及底盘各重要螺栓（例如：转向器构各联接螺栓、左右半轴联接螺栓等）。

7）润滑转向拉杆球头销、离合器分离轴承、前后轴及悬架机构。

8）检查转向系统、制动系统、传动轴及前后悬架、轮胎等有关行车安全的系统或部位，并进行必要的调整和紧固。

9）检查轮胎气压。

10）清洁蓄电池，检查电解液液面并添加蒸馏水。

## 二、夏季汽车的车况特点与维护

高温季节，车辆因充气系数下降、润滑油容易变质、机器零件易烧损、制动性能变差，驾驶员因高温易困，道路因行人增多、雨水打滑等原因易造成车辆受损，事故频频增多。所以做好夏季车辆的维护，保持车辆性能是一项十分重要的工作。

### 1. 高温下汽车的车况特点

（1）润滑油容易变质和烧损　发动机在高温下运转时，润滑油的抗氧化安定性变坏，加剧其热分解、氧化和聚合。同时，干燥空气中的灰尘和潮湿空气中的水分通过进气系统和曲轴箱通风口进入发动机油底壳，造成润滑油污染，引起润滑油变质。另外，润滑油通过气缸壁、活塞、活塞环、轴颈及油底等过热区域时，容易引起蒸发和烧损。

（2）零件磨损加剧　发动机在高温下运转，金属零件受热膨胀较大，零件之间正常配合间隙变小，磨损加剧。除此之外，由于发动机过热，润滑油变稀，润滑油压力降低，润滑油膜不易形成，也会加速机件的磨损。

（3）发动机充气系数下降　高温条件下，因空气密度减小，进入气缸的空气量减少，使充气系数下降，从而导致发动机功率下降，使车辆行驶无力。试验证明，当气温由15℃上升到40℃时，发动机的功率下降6%～8%。

（4）制动性能变差　高温影响制动蹄片及制动轮鼓，频繁制动后，制动力很快下降。特别是汽车在山区坡陡、道路狭窄等情况复杂的条件下行驶时，使用制动次数增多，制动摩擦片温度会急剧升高，使制动性能变差。

（5）供油系统产生气阻　供油系统受热后，部分汽油以气体状态存于油管与汽油泵中，不仅增大汽油流动阻力，同时由于气体的可压缩性，使汽油泵出油管中的汽油蒸气随着汽油泵的脉动压力不断被压缩和膨胀，这样，时间一长就破坏了汽油泵吸油过程中所形成的负压力，造成发动机供油不足或中断，即形成供油系气阻。

（6）可燃混合气燃烧不正常　随着大气温度的增高，进入气缸的混合气温度也升高，发动机的温度将更高，使窜入气缸中的润滑油在高温缺氧的情况下生成胶质和积炭。积炭积存于活塞顶部、燃烧室壁、气门顶部和火花塞上，形成炽热点，引起发动机炽热点火，从而产生自燃或爆燃。

2. 进入夏季时汽车的检查与维护

进入高温季节时，应对汽车全车进行一次必要的技术检查和调整，其维护的主要内容有：

（1）检查冷却系机件，保证齐全有效　主要是检查冷却系的密封情况、风扇传动带的松紧度、散热器盖上的通风口和通气口是否畅通，检查冷却液量是否充足、节温器的工作性能等。另外，还要及时清除水垢，保证水路畅通。为减少水垢，发动机冷却液要尽量使用软水或经过处理过的硬水，最好使用该型汽车指定型号的冷却液。

（2）改善润滑条件，减轻机件磨损　首先要保证润滑油的数量充足和质量良好，使机件得到充分良好的润滑；其次要加强对空气滤清器和机油滤清器的维护，保证工作正常。对于在尘土较多条件下使用的车辆，要适当缩短润滑油的更换周期。在高温条件下行驶时，发动机要添加优质润滑油，变速器、主减速器和转向器中换用夏季厚质齿轮油，轮轴承换用滴点较高的润滑脂。

（3）防止爆胎　汽车在高温条件下行驶时，由于外界气温高，轮胎散热慢，并且轮胎气压也随之相应地增高而易引起轮胎爆破。因此，在高温条件下行驶时，要注意轮胎的温度和气压，要经常进行检查，保证轮胎规定的气压标准。若发现气压不足，应及时补充。长途运行的汽车，要适当降低车速，切不可用冷水泼浇的办法来降低轮胎温度，这样会因胎面和胎侧胶层收缩不均而发生裂纹。

（4）防止爆燃 根据发动机的压缩比选用辛烷值合适的汽油，特别注意不能选用辛烷值低于要求的汽油。当使用辛烷值较低的汽油时，要注意保持发动机的正常工作温度，适当推迟点火提前角和加浓混合气。

（5）防止蓄电池损坏 进入高温季节时，要经常检查蓄电池电解液液面高度，及时补充蒸馏水，保持通气孔畅通。为防止因温度高造成电解液消耗量过大，需适当调整发电机调节器，减少发电机充电电流。

（6）防止制动失效 液压制动的车辆，要检查制动总泵和分泵，更换制动油，彻底排净制动管路中的空气，并检查、调整制动踏板的高度。气压制动的车辆，要注意检查制动皮碗和软管，发现损坏及时更换。

## 三、冬季汽车的车况特点与维护

### 1. 低温下汽车的车况特点

汽车在低温条件下的使用特点是：

1）润滑油黏度增高，曲轴转动阻力增大，蓄电池工作能力降低，燃料汽化性能变坏。造成发动机起动困难。

2）以水为冷却液的汽车，在寒冷季节时，因水温低，增加发动机机件磨损和燃料消耗；每次收车要及时放水，以免冻裂气缸体和散热器。

3）如果电解液密度较小，便有冻结的危险。因此，要注意蓄电池的保温，保持蓄电池经常处于良好的充电状态。

4）在冬季，橡胶和塑料制品的强度降低。使用中易裂纹、脆化，受到冲击时易损坏。

5）对安全行车有较大影响。寒冷地区冰雪多，行车时易滑溜。刮风下雪时，视野差，驾驶操作困难，制动性能差，有碍行车安全。

2. 进入冬季时汽车的检查与维护

(1) 更换各种油液

1）使用凝点低、流动性好的燃油 低温时燃油的黏度增加，流动性变差，雾化不良容易使燃油的燃烧过程恶化，发动机的起动性、动力性、经济性明显下降，因此，在有条件的情况下应选用凝点较低的燃油。一般选用原则是：燃油的凝点比环境温度低5℃左右。

2）更换润滑油 选用黏度较小的发动机润滑油。在低温条件下，发动机润滑油的黏度随着温度下降而增大，流动性变差，摩擦阻力增大，发动机起动困难，因此应通过及时更换黏度较小的润滑油来弥补或消除这种不良影响。

3）更换适宜于冬季使用的各种润滑油和润滑脂 进入冬季，应对变速器、主减速器、转向器等换用冬季润滑油，轮毂轴承换用低滴点润滑脂。

(2) 维护发动机冷却系统

1）检查节温器工作状况，保证节温器工作良好，防止发动机冷却液温度过低或过高。若发动机经常处于低温运行，会导致机件磨损的加速。

2）对于以水为冷却液的汽车，应清除水套内水垢。对发动机水套进行清洗，清除内部水垢，防止水垢积聚过多，影响发动机散热使润滑油温度过高，若水垢堵塞放水开关，会导致放水不净。

3）加注冷却液。在气温过低而条件又允许时，可使用冷却液，在使用前应对冷却系进行彻底清洗，并应选择质量好、腐蚀性低、规定型号的冷却液，避免因冷却液质次而腐蚀机件的现象发生。

(3) 维护电器设备

1）检查调整电解液密度 可适当调高电解液密度，防止因电解液密度过低，而发生冻裂蓄电池外壳的事故。

2）调高发电机充电电压 由于低温下蓄电池放电量增大，

因此发电机充电量必须提高，可适当调高调节器限额电压，一般情况下，冬季时调节器的限额电压比夏季时高0.6V比较合适。

3）维护起动机　冬季时，发动机起动困难，起动机的使用次数频繁，若起动机功率不足，又会进一步增加发动机起动难度。因此应对起动机进行一次彻底的维护，保持起动机各部清洁、干燥，尤其是电刷与换向器之间应接触良好。

4）加强蓄电池的保温　为防止蓄电池过冷发生冻结及影响起动性能，冬季时，可给蓄电池做一个夹层保温电池箱，以提高蓄电池的温度。

（4）调整燃料供给系和点火系　冬季时，可通过适当提高化油器浮子室内油的平面高度与调整加速油泵行程，使混合气适应低温工作的需要。为了便于低温起动，应适当增加断电器触头闭合角度，触头间隙调整为0.30～0.40mm，以增强火花强度。

（5）维护预热装置　对带有预热装置的发动机（大多为柴油机），入冬之前应对预热装置进行一次检查维护，确保技术状况良好。维护时重点检查电路和油路，防止因预热装置工作不良而影响发动机的起动性。

（6）维护制动系统

1）检查更换制动液　有些车辆使用的制动液，含水分较多，在夏季还勉强可以使用（但会加剧对制动系统部件的腐蚀），但到了冬季，制动液就可能会发生冻结，使制动不灵，出现严重事故。因此必须更换质量好的冬用制动液。

2）检查油水分离器、放污开关能否正常工作　这些部件在冬季时，可以保证制动系统管路内的水分被及时排出，防止制动管路发生冻结故障。对性能不良的机件要及时维修更换。

（7）调整点火系统　根据冬季的特点，及时检查并调整供油（点火）提前角（时间），便于发动机的顺利起动，减少机件磨损及油料的消耗。

## 四、汽车封存和启用维护

汽车若长期不用，极易影响汽车的寿命，因此，此时需要做特别的维护。

汽车究竟停驶多久对汽车的寿命有损害呢？我国一般有两种说法，一种是15天不用称为“停驶车”；另一种是3个月不用才称为“停驶车”。汽车长期停放会使润滑油、制动油、冷却液、电解液氧化变质，轮胎及轮辋变形，还有诸如虫害、鼠害等意想不到的问题，所以汽车尽量不要长期停驶。

1. 汽车停驶的危害

（1）油封老化　车辆停驶时，油封四周的接触受力总是不均匀，受力大的方向，油封变量就大；车辆停驶时间越长，其变量就越不容易恢复，直到油封发生永久变形，这样非常容易漏油。

（2）润滑油氧化腐蚀机件　车辆长期停驶时，润滑油氧化的现象会很严重。润滑油氧化后，一是润滑效果会变得很差；二是一些酸性物质还会对机件造成腐蚀。车辆停驶时间越长，变质越严重。当发动机再次起动时，气缸与活塞间会形成干摩擦或半干摩擦，加速零件的磨损，而且起动阻力大大增加，造成起动困难。

（3）蓄电池提前报废　现在，汽车上用的一般是铅酸蓄电池，其特点是一旦汽车停驶就会产生自放电。在正常条件下，蓄电池每昼夜自放电可使电容量下降1%以上。尤其严重的是：蓄电池长期自放电后，极板表面产生硫化物，影响蓄电池再充电的效果，最终导致蓄电池提前报废。

（4）轮胎变形　汽车停驶时，汽车质量由四个轮胎接触地面的部位承受，从而造成接触部位受压收缩变形。汽车停驶时间越长，变形部位越不容易恢复，使轮胎四周的质量分布发生变化，滚动半径不均匀，造成轮胎不平衡。一旦汽车进入高速行驶后，就会发生车身抖振，可加速轮胎的磨损，还可给行车安全带来隐患。

（5）电子元器件出故障　汽车上的电子元器件及连接件有一个共同的特点，即要防水、防潮和防腐蚀，否则就会引发故障。对于停驶车辆的电子元器件或插线插头，受潮的可能性就会大大增加，并且停驶时间越长，发生故障的概率就越高。

2. 汽车停驶期间的维护措施

汽车长期停驶有诸多的危害，所以就要尽量避免长期停驶。但是，在有些情况下，有些车主不得已必须要将车停驶一段时间，这时车主应提前做好预防工作，采取必要的维护措施，以使车辆处于良好的状态。

（1）清洗整理汽车　汽车停放前，应将全车清洗整理干净，不要留下泥渍。胎压要调到上限，油箱内加满油，并关闭全车电路。若停放期超过一个月以上，不但要将胎压调到上限，而且应每隔一周定时移动车辆数厘米，以免车胎因固定一个位置受压着地，造成该部位辐射钢丝变形。

（2）放净冷却液　汽车在停驶前，应放净冷却系统中的全部冷却液及润滑油；蓄电池应在充足电后拆下连接线，在停放期间还应定期充电。

（3）用千斤顶将汽车架起　汽车在停驶前，应用牢靠的千斤顶架起，使轮胎和悬架元件不再受力。

（4）车库内保持通风　停放车辆的车库内应经常保持通风，使空气相对湿度保持在70%以下。在易锈蚀的部位和机件表面应涂以润滑油、润滑脂或者用油纸包扎起来。对于各总成机构上的孔隙，应加以密封，避免空气、水分和灰尘进入内部。

（5）晾晒车内的地毯　车上的棉麻制品，如地毯等很容易吸收水分，特别是在潮湿地区和阴雨季节，更易受潮霉变。因此，车主最好委托家人对车上的棉麻制品经常进行检查，适时晾晒，保持干燥。

（6）汽油油箱要严密封闭　汽车长期停驶，汽油的辛烷值会随着轻质成分的损失和胶质含量的增加而下降，从而使其抗爆性随之降低。因此，汽油油箱要严密封闭，并且避免温度过高，汽油储存的时间最好不要太长。

(7) 每月起动发动机一次　汽车若长期不用，最好委托家人每月起动发动机一次，检查发动机的运转情况。若有异常现象，需及时调整、维修。

(8) 每周行驶一段里程　当车主一段时间内不使用车辆时，最好委托别人每周将车开到公路上高速行驶一段里程，以保持车辆的各种使用性能。

(9) 经常检查蓄电池　蓄电池的电解液液面必须高于极板10~15mm，不足时应及时添加蒸馏水，应保持电量充足，必要时应对蓄电池充电。

(10) 特别提醒　汽车在长期停放期间，要特别注意防潮湿和鼠害。潮湿不仅会使金属部件锈蚀，还会损坏电气元器件，这对于自动化程度较高的汽车是致命的；而鼠害会侵蚀电线、轮胎、内饰件。所以，一定要避免以上的破坏，不给潮湿、鼠害可乘之机。

## 课题5　汽车维护作业中的工艺组织、注意事项和安全规则

### 一、工艺组织

正确地组织汽车技术维护，有利于保证汽车维护质量，缩短停车时间，提高车辆的完好率。

1. 作业方式

汽车维护作业方式一般有定位作业法和流水作业法两种。

(1) 定位作业法　汽车在一个全能工位上进行维护作业的方法称为汽车维护定位作业法。在整个维护作业过程中，汽车停放的地点不动，维护作业人员按照综合作业或专业分工等不同的劳动组织形式，围绕汽车交叉进行其分工范围内的作业项目。

(2) 流水作业法　汽车在作业线的各个工位上按规定的工艺顺序和节律进行维护作业的方法称为汽车维护流水作业法。

当汽车间歇、有序地通过整个作业线后，汽车即完成了全部的维护作业项目。

2. 组织形式

汽车维护的劳动组织形式可分为综合作业和专业分工作业两种。

(1) 综合作业　组织一定人数的维护作业人员组成一个维护作业小组，共同担负某辆汽车定期维护作业的全部作业项目及维护中发现的小修项目，这种劳动组织形式称为综合作业。

综合作业主要适用于定位作业法，由于维修作业人员较少，进度慢，工作效率相对较低，因而适用于车辆较少、车型复杂、维修设备简单、规模较小的企业采用。

(2) 专业分工作业　组织人数较多的维护作业人员组成一个维护作业小组，每一个维护作业人员均按固定分工的作业项目进行作业，这种劳动组织形式称为专业分工作业。

专业分工作业法既适用于定位作业法，也适用于流水作业法。这种劳动组织形式适用于车辆较多、车型单一、维修设备齐全、规模较大的企业采用，可以大大提高劳动效率和维护质量。

## 二、注意事项

1. 零件拆卸注意事项

在汽车维护中，有些机体需要拆卸，有些总成需要分解。在拆卸与分解时应按照一定的程序和操作规范进行，同时在拆卸过程中应注意以下几点：

1）在拆卸有配合要求或不能互换的配合机件时，应检查有无相互配合标记，无标记时应作好标记，并且拆下后应放置有序。

2）拆卸时，应根据具体结构，选用合适工具，严禁直接敲打零件的工作表面。

3）拆卸带有调整垫片的机件时，应注意调整垫片不能错乱、丢失或损坏，最好装回原位。

4）拆卸滚动轴承或过盈配合机件时，应使用专用工具。

5）因机件锈蚀造成难拆卸时，可用汽油、煤油浸润或加温，然后再进行拆卸，切忌乱敲打而将机件损坏。

6）拆下的螺栓、螺母，在不影响操作的条件下，应装回原位，以防丢失。

2. 零件清洗注意事项

零件拆下以后，要进行清洗，以便检修。由于零件的材料和性质不同，其清洗方法也不同。因此在清洗零件时，应注意根据材料的不同，按以下所述方法进行清洗，同时对有关问题加以注意。

（1）金属油污的清洗

1）冷洗法　用煤油、柴油、汽油作清洗剂。这种方法简便并迅速，但浪费燃料，而且成本高，安全性差。

2）热洗法　用碱水作清洗剂。把配制好的碱水在碱水炉中加热到70～90°C，将零件装在金属丝筐内放入炉中煮10～15min，取出用清水清洗干净。

① 钢铁零件清洗剂配方：苛性钾100g；碱性肥皂2g；水1000g。

② 铝质零件清洗剂配方：碳酸钠10g；重铬酸钾0.5g；水1000g。

（2）非金属材料的清洗

1）橡胶件清洗　用酒精或制动液作清洗剂。

2）皮质件清洗　用肥皂水作清洗剂，洗后用清水冲洗。

3）离合器、制动蹄摩擦片类清洗　将干净的布浸上汽油，然后进行擦洗。

（3）注意事项

1）清洗好的零件应用压缩空气吹干或置于空气中自然风干，然后再装回车上或放到架上存放。

2）对于橡胶件，严禁与油类或碱水接触，以防变质后零件产生发胀、变形。

3）在清洗时应严格按照安全操作规范进行，确保安全生产。

3. 零件安装注意事项

1）安装前，零件工作表面有突起或锤击伤痕时，应修磨平整。联接螺纹有变形、断牙或滑牙时，应将其修整好，严重时应更换。

2）安装有配合要求的零件时，应注意装配标记的位置、调整垫片的厚度、螺栓紧固的规定顺序与力矩是否符合要求。

3）安装螺栓、螺母时应使各种垫圈、开口销、锁片按规定配齐。用铁丝锁紧的螺栓，铁丝拉紧方向应与螺栓方向一致。主要螺栓的螺纹均应露出螺母1~3牙，一般拧紧螺栓的螺纹应不低于螺母。

4）安装皮质油封时，应先将其浸入加热到60℃的润滑油和煤油各占一半的混合油液中5~8min。对于橡胶油封，应在工作部位涂以润滑油，外壳上涂锌白漆后再安装。

## 三、安全规则

1. 维护作业安全规则

1）在维护作业中，应严格遵守操作规程，做到安全生产。

2）维护作业场地应保持清洁，做到文明生产。

3）在维护作业中，工量具、机件、机具等应放置有序、稳固、整齐。

4）零件在清除污物与尘土时，不要直接用手清除，更不能用嘴吹，以避免划破手指或伤害眼睛。

5）维护工作结束时，应清洁工量具、设备、场地。

2. 发动机作业安全规则

1）在发动机热状态作业时，应防止烫伤事故。

2）在打开油底壳转动曲轴时，不得将手指插入气缸体内，以防挤伤手指。

3）起动发动机前，应先检查润滑油与冷却液液面是否合适。然后检查变速器操纵杆是否在空挡位置，同时拉紧驻车制动器。

4）用手摇柄起动发动机时，手指均应置于手摇柄的一侧，以防止发动机发动时反转伤人。

5）在室内发动机运转时，应将门窗打开，使空气畅通，必要时将排气管接出室外，将废气排出室外。

6）在发动机运转中工作时，操作者应注意安全，防止风扇叶片伤人。

7）发动机起动后，应及时检查各仪表、报警灯、警报器的显示是否正常。

8）在实验发动机时，车下严禁有人。

3. 底盘作业安全规则

1）在进行底盘维护作业的汽车上，应悬挂一块“车下有人”的标牌。如果不调整驻车制动器，应将其拉紧并用三角木塞好车轮。

2）架车时，应在坚硬平坦的地面上，放稳千斤顶。顶起后，须用专用支架将车辆支撑牢固，禁止使用易碎物体支撑汽车。

3）严禁在用千斤顶顶起车架、已经卸下车轮的汽车下进行作业。

4）放下用千斤顶顶起的汽车时，千斤顶开关开得不可过急，而且打开前应观察周围是否有障碍物和是否存在压伤自己的危险。

5）在车下作业时，不要直接躺在地上，应尽量使用垫板或“爬车垫”。

6）在装配总成时，不能用手试探螺纹孔、销孔、齿轮或垫的间隙，也不能用手拨动齿轮，以免损伤手指。

7）需要路试检验底盘工作状况时，应由执有机动车驾驶证的人员在专门的道路或宽畅安全的场地试车。

4. 使用汽油的安全规则

1）维护场地应通气充分，以减少汽油蒸发量，保障安全。

2）采用机械方法清除积炭时，应用煤油将积炭浸湿，以防将刮下的粉末吸入体内。

3）一般汽油中加有四乙基铅液，这种物质能破坏皮肤，而且吸入人体后会导致中毒。因此应尽可能用压缩空气或打气筒吹通燃料系的油管和孔道，不能用嘴吹吸。此外，作业结束后要用肥皂将手洗干净。

4）装有四乙基铅汽油的容器应标明“有毒”字样，并注意做好防火工作。

5. 电器作业安全规则

1）对蓄电池应轻拿轻放，而且不可让其倾斜，避免电解液溅到衣服上或皮肤上。若出现飞溅，应立即用清水冲洗。

2）检查电解液密度和液面高度时，不要将检测仪器提得过高，以免液滴溅在人体或其他物品上。

3）不允许将装油料的容器与各种金属物品放在蓄电池壳体上。

4）应采用陶瓷或玻璃容器来配制电解液，配制时应先倒入水，然后再慢慢地将硫酸倒入水中；绝对不允许将水倒入硫酸中。因为这样做会产生大量蒸气，使硫酸飞溅烧伤皮肤和衣物，甚至使容器炸裂。

# 单元四　典型汽车的使用与维护方法

## 课题1　典型轿车的使用与维护

（以桑塔纳2000型轿车为例）

### 一、典型轿车整体结构简介

1. 供油系统

2000GSL型轿车的AFE型发动机采用化油器，2000GLI型轿车的AFE型发动机采用M1.5.4多点顺序汽油喷射系统，2000GSL型轿车的AJR型发动机采用M3.8.2多点顺序汽油喷射系统。采用电控燃油喷射系统后，提高了发动机的输出功率和转矩，改善了排放及燃油经济性。

2. 活塞连杆组

化油器式发动机活塞，顶面有单侧弓形上凸起；而电喷式发动机的活塞，顶面两侧均有弓形上凸起，使余隙容积更小。

3. 配气系统

AJR型发动机的同步正时齿形带采用圆弧或抛物线形齿形，改善了应力状况。同步正时齿形带材料采用氢化丁腈橡胶，提高了抗拉强度、耐油性及耐湿热性能。

4. 润滑系统

AJR型发动机的机油泵采用内外转子泵，提高供油能力。

5. 冷却系统

AJR型发动机水泵的叶轮采用塑料注型闭式叶轮，水泵轴承为滚子轴承，风扇采用独立的电动机驱动。

6. 点火系统

JV型发动机、AFE型发动机采用分电器，有真空提前与离心提前装置，采用霍尔传感器的无触头晶体管点火系统。AJR型发动机点火正时、点火能量全都由Motronic系统的ECU装置控制。

## 二、化油器式发动机燃油供给系统的维护内容和操作方法

1. 化油器式发动机燃油供给系统的维护

(1) 进油系统的检查调整

1) 浮子室油面的检查、调整　拆下化油器上体并倒置，测量从浮子底部至化油器上体接合面之间的距离 $a$。标准距离主腔为 $a=(28\pm1)$ mm，副腔 $a=(30\pm1)$ mm。

2) 浮子针阀密封性的检修　检查针阀密封性，通常用嘴吸吮便可判断好坏。若针阀密封不严密，应更换或研磨。

(2) 怠速的调整　化油器怠速的调整应在发动机冷却液温度达到60℃以上，远光灯打开，其他电器都关掉，拔掉气缸盖上曲轴箱与空气滤清器连接的通风软管，关掉空调，点火正时调整装置正常。观察转速表显示数值，应保持发动机转速为 $(800\pm50)$ r/min。若转速高于规定值，可以调整怠速调整螺钉，如图4-1所示，此时散热器的风扇不得工作。

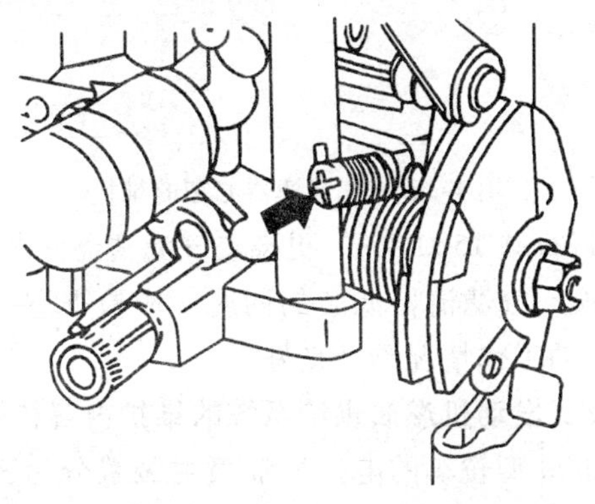

图4-1　化油器怠速的调整

(3) 汽油箱的清洗和检查　汽油箱经过较长时间的使用或加入不清洁的燃油后，油箱底部就会聚集沉积物和水，应定期进行清洗，清除油箱内的沉积物和积水。清除的方法如下：

1) 将拆下的油箱放置到安全地方，晃动油箱，将剩余的油

水从燃油表传感器安装座孔中排出。

2）用清水洗涤油箱，晃动油箱彻底清除沉淀物，将油箱内部的水全部排出，用压缩空气或自然通风将其吹干。

3）发现油箱内部锈蚀时，应将其清除干净，重新镀锌、挂锡或喷涂环氧树脂。若锈蚀严重应予更换。

(4) 空气滤清器的检查与维护

1）汽车每行驶5000km，用压缩空气吹去滤芯上的尘埃。操作如图4-2所示。

图4-2　空气滤清器滤芯的维护

2）汽车每行驶15000km，更换空气滤清器滤芯。

3）在更换空气滤清器滤芯的同时，应检查空气滤清器上的恒温进气装置的工作情况是否良好。

## 三、电喷式发动机燃油供给系统的维护内容和操作方法

桑塔纳2000型轿车的电控燃油喷射装置分为三个部分：供油系统、进气系统和控制系统，如图4-3所示。

1. 传感器的检测

(1) 进气温度传感器的检测　桑塔纳2000型轿车进气温度传感器与进气压力传感器合为一体，如图4-4所示。

1）电阻值检测　拔下进气温度传感器插头，用欧姆表测插座上的端子1与2之间的电阻值（见图4-4），当温度为20℃时，

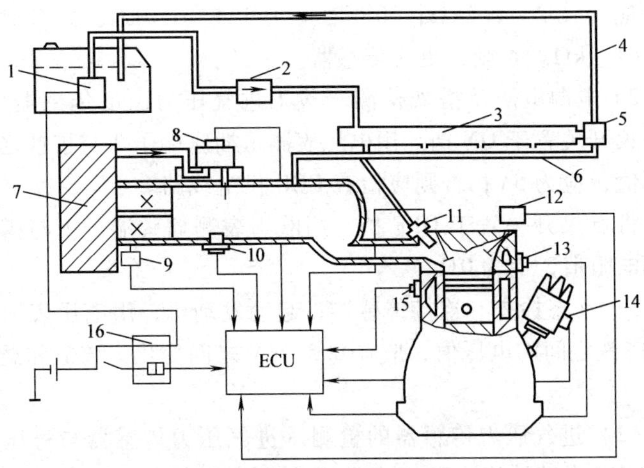


图 4-3　桑塔纳 2000 型轿车燃油喷射系统示意图

1—电动汽油泵　2—汽油滤清器　3—燃油分配管　4—回油管　5—油压调节器　6—真空管　7—空气滤清器　8—怠速控制阀　9—节气门位置传感器　10—进气压力温度传感器　11—喷油器　12—氧传感器　13—冷却液温度传感器　14—霍尔传感器　15—爆燃传感器　16—油泵继电器

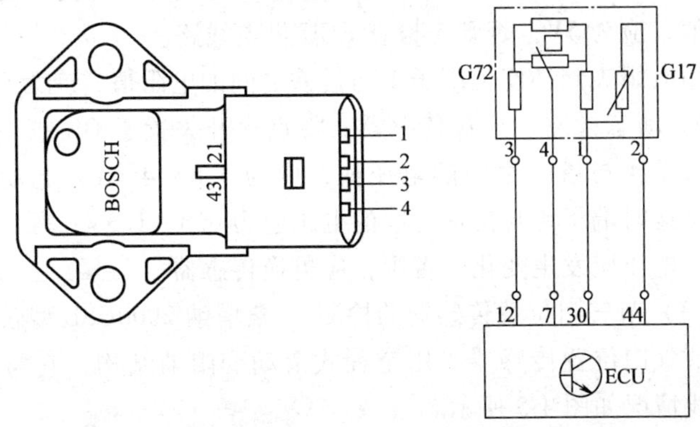


图 4-4　进气温度传感器、进气压力传感器及其连接示意图

1—搭铁　2—接进气温度信号　3—接 +5V　4—接进气压力信号

阻值应为 2.2～2.7kΩ；30℃时应为 1.4～1.9kΩ；40℃时应为 1.1～1.4kΩ。否则，更换传感器。

2）电源电压及搭铁检测　拔下进气压力温度传感器插头，将点火开关置于 ON 挡。用电压表测量插座端子 2 与搭铁之间的电压值，应为 5V；否则应检查 ECU 供电线路。

将点火开关置于 OFF 挡，用欧姆表测插头端子 1 与搭铁之间的电阻值，应为 0Ω。

3）动态检查　连接传感器，起动发动机，用电压表测端子 2 与搭铁之间的电压值，应在 0.5～3V 之间变化，该值和温度有关。

（2）进气压力传感器的检测　进气压力传感器与稳压箱相连，用以将进气管内的压力转变为电信号，它与转速信号一起输送到 ECU 作为决定喷油器基本喷油量的依据。

进气压力传感器与 ECU 连接方式如图 4-4 所示。ECU 的 12 脚提供 5V 电压给传感器端子 3，传感器端子 1 通过 ECU 的 30 脚搭铁，端子 4 为传感器信号输出端，与 ECU 的 7 脚相连。

1）电源电压及搭铁检测　拔下进气压力温度传感器插头，将点火开关置于 ON 挡，用电压表测插座上端子 3 与搭铁之间的电压值，应为 5V；否则应检查 ECU 供电线路。

用欧姆表测插座上端子 1 与搭铁之间的电阻值，应为 0Ω。

2）动态检测　连接传感器，将点火开关置于 ON 挡，检测插头端子 4 与搭铁之间的电压值，应为 3.8～4.2V；起动发动机，怠速时端子 4 与搭铁之间的电压应为 0.8～1.3V；踩下加速踏板，电压应发生变化。否则，应更换传感器。

（3）节气门位置传感器的检测　桑塔纳 2000GSL 型轿车发动机节气门位置传感器采用全程式滑动变阻器结构，它与 ECU 的接线情况如图 4-5 所示。

ECU 的 12 脚提供 5V 电压给传感器端子 1，端子 2 为信号输出，端子 3 通过 ECU 的 30 脚搭铁。当节气门开度变化时，传感器内的滑针便随之处于变阻器上的不同位置，端子 2 便输出不

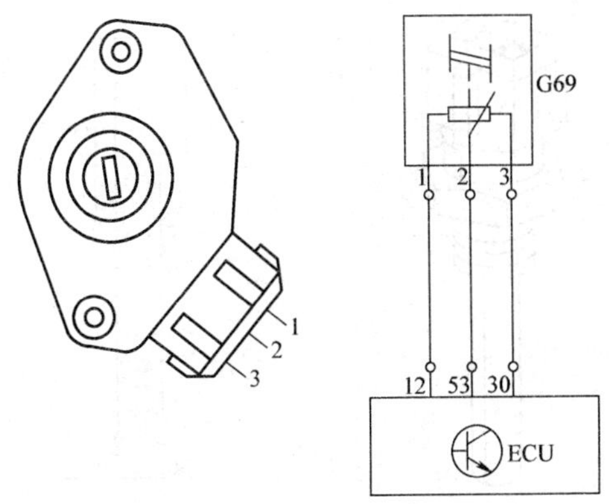


图 4-5　AFE 型发动机节气门位置传感器及其连接示意图

1—接 +5V　2—接节气门位置传感器信号导线　3—搭铁

同的电压信号。

1）电阻值检测　拔下传感器插头，用欧姆表测插座上端子 1 与 3 之间的电阻值，应为 1.95 ~ 2.10kΩ；转动节气门，当节气门由全闭至全开时，端子 2 与 3 之间的电阻值应在 1.10 ~ 2.80kΩ 之间连续变化。

2）电源电压及搭铁检测　拔下传感器插头，将点火开关置于 ON 挡，测插座端子 1 与搭铁之间的电压值，应为 5V；否则应检查 ECU 供电线路。

测插座端子 3 与搭铁之间的电阻值，应为 0Ω。

3）动态检测　连接传感器，将点火开关置于 ON 挡，用插针测端子 2 的输出电压。当节气门关闭时，电压应为 0.1 ~ 0.9V；当节气门全开时，电压应为 3.0 ~ 4.8V。

（4）冷却液温度传感器的检测　冷却液温度传感器与 ECU 连线如图 4-6 所示。

1）电阻值检测　拔下冷却液温度传感器插头，用欧姆表测传感器端子 1 与 2 之间的电阻值，检测方法如图 4-7 所示。其电

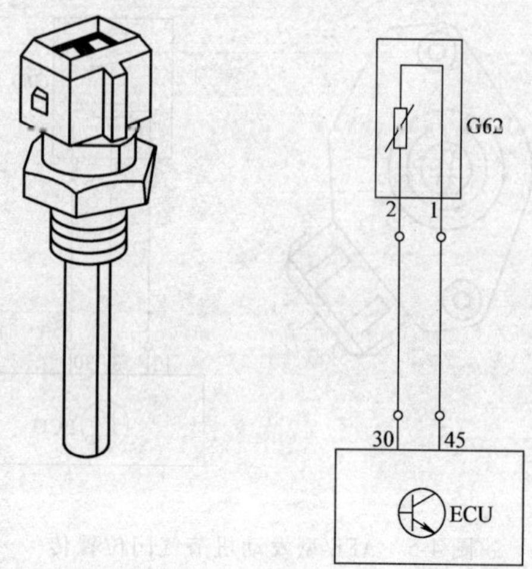


图 4-6　冷却液温度传感器 G62 及其连接示意图

1—冷却液温度传感器信号输入　2—冷却液温度传感器负极

阻值应符合表 4-1 中的规定。

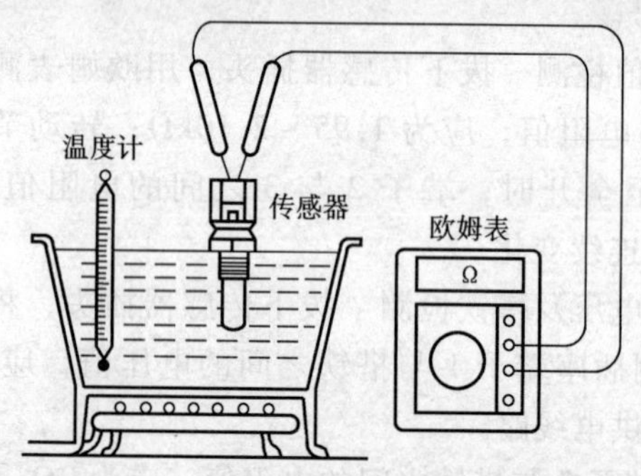


图 4-7　冷却液温度传感器的检测方法

**表 4-1　冷却液温度传感器电阻值**

| 水温/℃ | 电阻值/Ω |
| --- | --- |
| 50 | 740 ~ 900 |
| 60 | 540 ~ 650 |
| 70 | 390 ~ 480 |

（续）

| 水温/℃ | 电阻值/Ω |
|---|---|
| 80 | 290～360 |
| 90 | 210～270 |
| 100 | 160～200 |

2）电源电压及搭铁检测　拔下冷却液温度传感器插头，将点火开关置于 ON 挡，测插座上端子 1 与搭铁之间的电压值，应为 5V；否则应检查 ECU 供电线路。

测插座端子 2 与搭铁之间的电阻值，应为 0Ω。

3）动态检测　连接传感器，起动发动机，检查传感器端子 1 与搭铁之间的电压值，应为 0.5～2.5V，该值与水温有关。

（5）氧传感器的检测　氧传感器安装在发动机排气总管上，如图 4-8 所示，伸入到废气流中，可以探测废气中含氧量的多少，把供油量转变为电信号传给 ECU，并对喷油量进行修正。氧传感器的连接电路如图 4-9 所示。

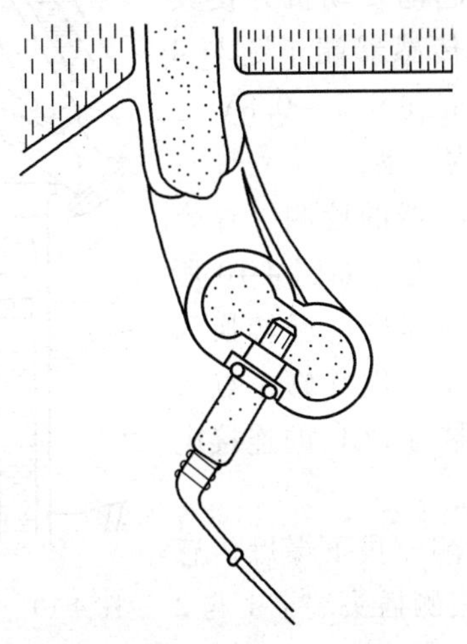

图 4-8　氧传感器的安装位置

1）加热线圈电阻值的检测　拔下氧传感器插头，测端子 1 与 2 之间的电阻值，应为 0.50～20Ω，该值与温度有关。

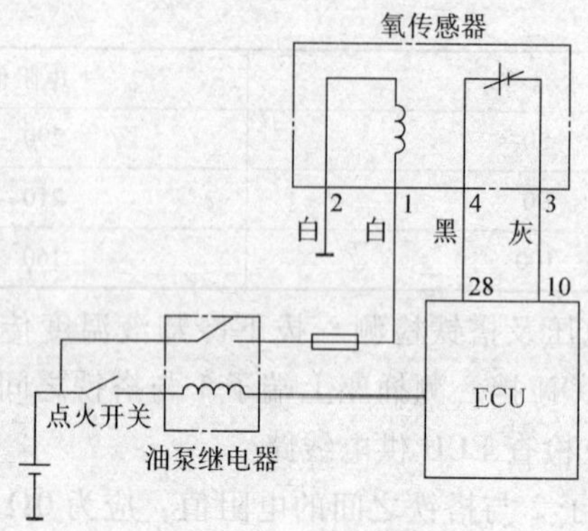


图 4-9 氧传感器连接图

2）加热线圈电源电压的检测 连接氧传感器，起动发动机并使其怠速运行，测氧传感器两根白线之间（即 1 与 2 端子之间）的电压值，应为 12V；否则应检查油泵继电器线路。

3）氧传感器信号电压的检测 连接氧传感器，起动发动机并使其怠速运行，测氧传感器端子 3 与 4 之间的电压值，应在 0.2～0.8V 之间，并在此区间内摆动。

(6) 爆燃传感器的检测 爆燃传感器安装在缸体上，如图 4-10 所示，可将发动机的爆燃情况转换为电信号，输入 ECU，供其修正点火时刻。爆燃传感器与 ECU 的连接电路如图 4-11 所示。

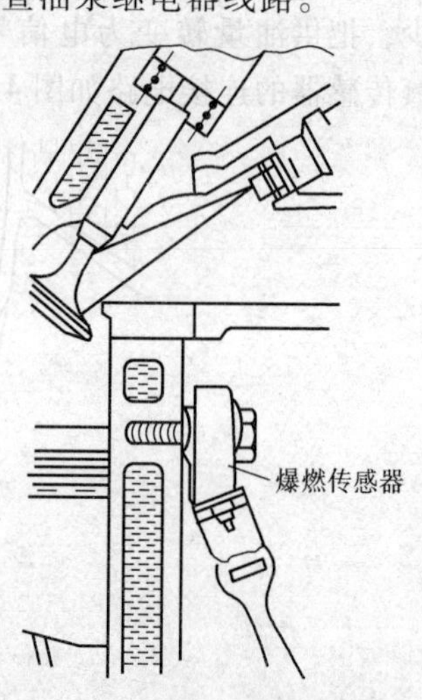


图 4-10 发动机爆燃传感器的安装位置

1）电阻值检测 拔下爆燃传感器插头，用欧姆表测插头端子 1 与 2 之间的电阻值，应大于 $1.0\times10^{6}\Omega$。

2）搭铁检测 拔下爆燃传感器插头，分别测端子 2、3 与搭铁之间的电阻值，均应为 0Ω；否则应检查 ECU 搭铁线路。

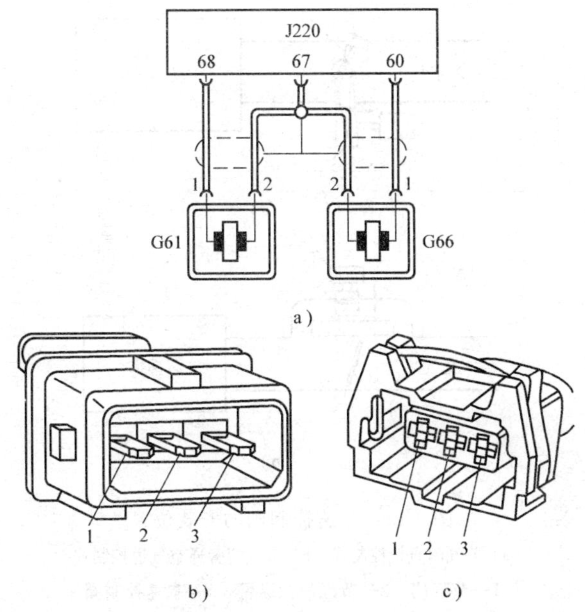


图4-11　桑塔纳2000GSI型轿车发动机爆燃传感器与ECU连接电路

a）电路连接　b）传感器插座　c）传感器插头

1—传感器信号端子正端　2—传感器信号端子负端　3—传感器屏蔽端子（搭铁）

3）动态检测　连接爆燃传感器，起动发动机，怠速、冷却液温度正常后，测端子1与接地之间的电压值，应在0.15～0.28V之间。

2. 空气供给系统的检测

发动机怠速时进气量的控制方式有节气门直接控制式和节气门旁通空气道控制式两种，怠速电磁阀安装在节气门体上，如图4-12所示。

怠速控制阀的检测方法如下：

1）电阻值检测　拔下怠速控制阀插头，测插头上两端子之间的电阻值，应为17.7～20.0Ω；否则应更换怠速控制阀。

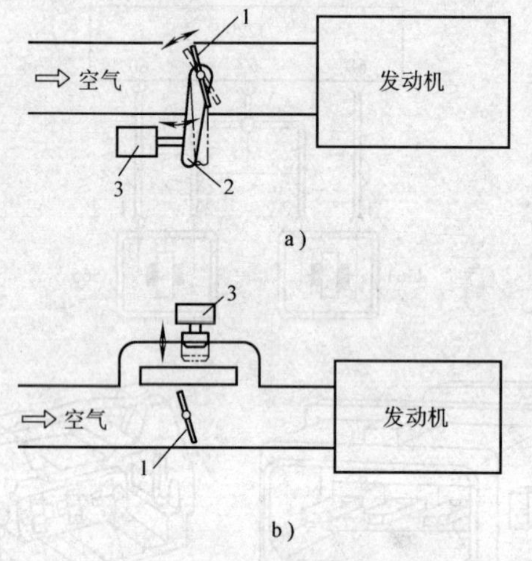


图 4-12 怠速控制阀的安装位置

a）节气门直接控制式 b）节气门旁通空气道控制式

1—节气门 2—节气门操纵臂 3—怠速控制阀

2）供电电压检测 拔下怠速控制阀插头，将点火开关置于 ON 挡，测插座上端子 1 与搭铁之间的电压值，应为 12V；否则应检查 ECU 供电线路。

3）动态检测 连接怠速控制阀，冷车起动发动机，怠速时检查端子 1 与搭铁之间的电压值，电压值应从 12V 降至某一电压值，随着发动机的升温，电压逐渐升高，怠速稳定后，该值基本稳定。若打开空调开关，则电压值略有下降，怠速上升 200r/min 左右。

3. 供油系统的检测

桑塔纳 2000 型轿车燃油供给系统如图 4-13 所示。

（1）燃油泵的检测

1）电阻值检测 拔下燃油泵插头，测油泵的电阻值，应为 2 ~ 7Ω，此值与温度有关。

2）供电电压检测 拔下燃油泵插头，将点火开关置于 ON 挡，同时测插座上黑色线对应端子与搭铁之间的电压值，应有

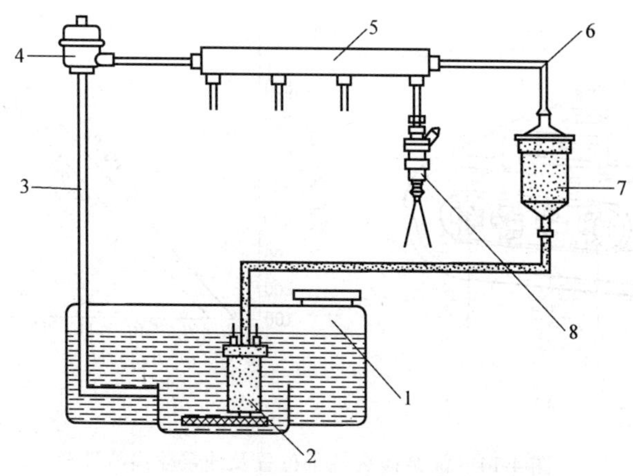


图 4-13 桑塔纳 2000 型轿车燃油供给系统

1—汽油箱 2—电动汽油泵 3—回油管 4—油压调节器 5—汽油分配管 6—进油管 7—汽油滤清器 8—喷油泵

12V 的瞬时显示。

3）继电器检测 从中央继电器盒上拔下 2 号位继电器（油泵继电器），给其端子 85 与 86 加 12V 电压，若能听到触头的吸合声，则表明继电器良好；否则应更换继电器。

4）检查输油量 检查燃油输油量时，断开点火开关，从燃油分配管上卸下进油管，将油压表连接到进油管一端，油压表出油管伸入量瓶内。接通油泵（将蓄电池正极接到燃油泵继电器“4”端子上 30s），泵油量与电源电压的关系如图 4-14 所示，单位为 mL/30s。当蓄电池电压正常，油压为 300kPa 时，泵油量应为 490 ~ 670mL。若油压过高，应更换油压调节器；若油压过低，则检查油管是否弯折，油路或汽油滤清器是否堵塞。

（2）喷油器的检查 喷油器是发动机电控汽油喷射系统执行机构中的一个关键部件，其功用是根据发动机 ECU 发出的喷油脉冲信号，将计算精确的燃油喷入进气门附近的进气支管内。

1）电阻值检测 拔下各喷油器插头，分别测其线圈的电阻值，应符合规定值；具体见表 4-2；否则应更换喷油器。

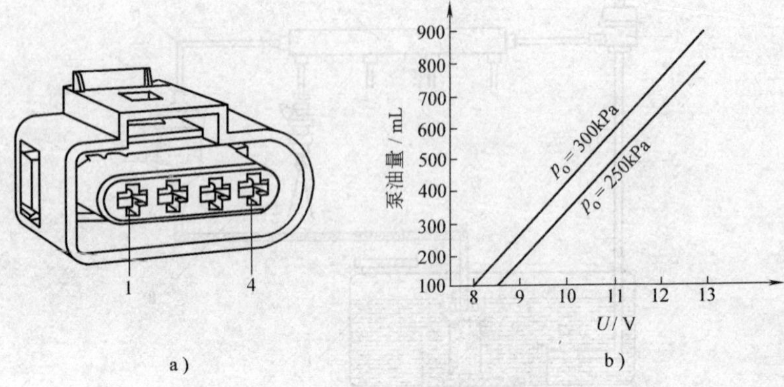


图 4-14　油泵插头端子位置及油泵输出特性

a）端子排列　b）油泵输出特性

2）供电电压检测　拔下各喷油器插头，起动发动机，同时测各插座上红/蓝线对应端子与搭铁之间的电压值，应为12V。

**表 4-2　桑塔纳系列轿车喷油器技术参数**

| 项　　目 | 桑塔纳 GLI | 桑塔纳 2000GLI | 桑塔纳 2000GSI |
|---|---|---|---|
| 电阻值/Ω（20℃） | 15.9±0.35 | 15.9±0.35 | 13~18 |
| 发动机工作时电阻的增量/Ω | 4~6 | 4~6 | 4~6 |
| 30s 喷油量/mL | 78~85 | 78~85 | 78~85 |
| 燃油喷雾形状 | 小于 35°圆锥雾状 | | |
| 正常油压下漏油量 | 每分钟不多于 2 滴 | | |

## 四、润滑系统的维护内容和操作方法

### 1. 润滑系统的使用参数

润滑油容量：2.5L（包括机油滤清器滤芯 3.0L)。

发动机润滑油比耗量：≤1.0~1.5L（1000km 行驶里程）。

润滑油牌号：API—SF 级、SG 级和 SG 级以上的润滑油，VW50000 型改良润滑油，SAE15W—40 号润滑油。

轿车润滑油更换周期：7500km。

机油泵输出压力：齿轮泵为 $6\times10^5$Pa；转子泵为 $10\times10^5$Pa。

机油滤清器额定流量：30L/min。

机油滤清器原始阻力：≤0.04MPa。

机油滤清器尺寸：总长为121.5mm，筒体外径为76mm，底座外径为80mm。

机油压力开关：低压开关压力为30kPa；高压开关压力为180kPa。

2. 润滑系统的使用

(1) 正确选用润滑油　发动机在不同使用环境温度下，对其润滑油的黏度要求不同。润滑油的黏度级别可根据图4-15进行选择，当环境温度短时间内高于所示温度时，不必更换润滑油。

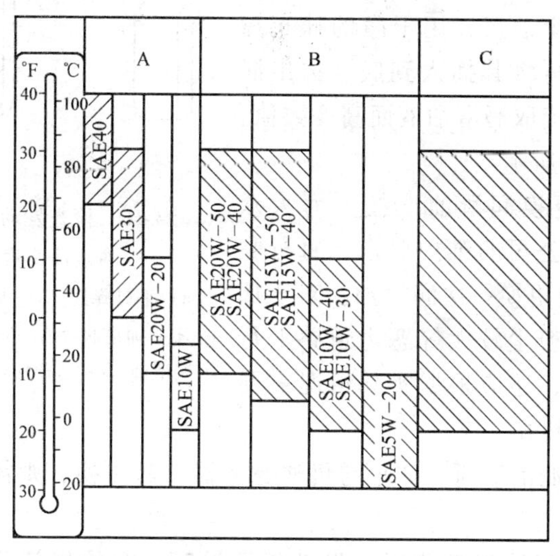


图4-15　发动机润滑油的选择

A—单级润滑油　B—多级润滑油　C—改良润滑油

桑塔纳轿车发动机使用的润滑油是优质多级润滑油API—SF或SE。也可以使用改良润滑油VW5000。

目前，由上海炼油厂生产的多级润滑油SAE5W—40已得到“大众”的认可，属API-SE/CC级，获准在上海桑塔纳轿车的发动机上使用。同时也可使用上海炼油厂生产的牌号为EEC9528

的润滑油。

（2）检查润滑油油面高度与更换润滑油

1）检查润滑油油面高度　在每次出车之前，都要检查润滑油油面高度。要求油面在“MAX”和“MIN”标记之间。最小与最大标记之间油量差额为1.0L。

具体检查方法如下：车辆处于水平位置，发动机预热至润滑油温度高于60°C。发动机熄火后等待几分钟，拔出油尺，用干净的抹布擦干，然后再将其插入到底。拔出润滑油尺，读取润滑油液面高度数值，如图4-16所示。

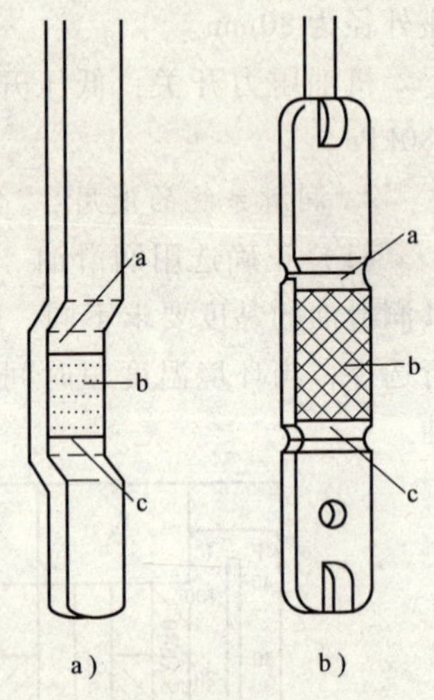


图4-16　检查发动机润滑油液面高度

a）平口旋具　b）十字旋具

a—不必加注润滑油　b—可以加注润滑油　c—必须加注润滑油

2）更换润滑油　按上海大众汽车有限公司的维护要求，每行驶7500km应更换一次润滑油。对于那些经常在粉尘较大等恶劣道路上行驶的车辆，还应根据实际情况需要及时进行更换。

更换润滑油时，如果与机油滤清器一起更换，则需3.5L润滑油。

（3）保持正常油压　发动机运转时，必须保持正常油压，如果油压过低，各摩擦表面得不到充分的润滑会使磨损加快；如果油压过高，易使油封、油管损坏。汽车行驶时，润滑油压力一般应保持在196～490kPa。

3. 机油滤清器的检查

1）检查滤清器壳体有无损伤或变形，若有损伤或变形，应进行更换。

2）检查旁通阀是否良好，若配合不良，应更换。

3）机油滤清器的滤芯每行驶 1500km 更换一次，对于经常行驶在恶劣道路条件下的车辆，每行驶 1200km 就应更换，必要时更换机油滤清器总成。

更换机油滤清器的方法如下：

1）趁热放出发动机润滑油。

2）用专用工具拆卸机油滤清器，如图 4-17 所示。更换时，注意清洗机油滤清器安装表面。

3）安装机油滤清器时，应在密封圈上涂上干净的润滑油，如图 4-18 所示。

4）用手轻轻拧进机油滤清器，直到感觉有阻力为止，再用专用工具重新拧紧机油滤清器 3/4 圈，如图 4-19 所示。

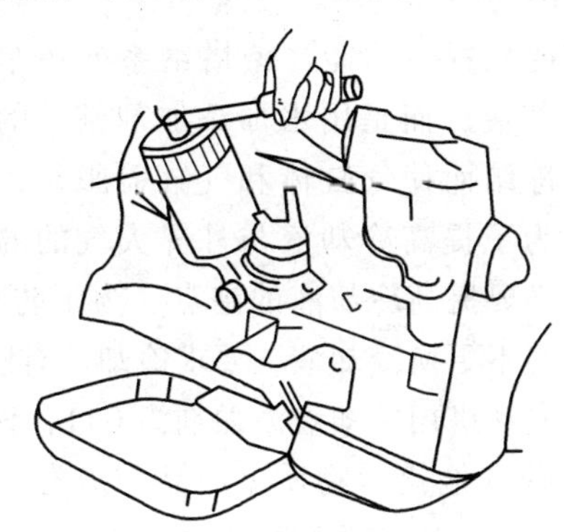

图 4-17　拆卸机油滤清器

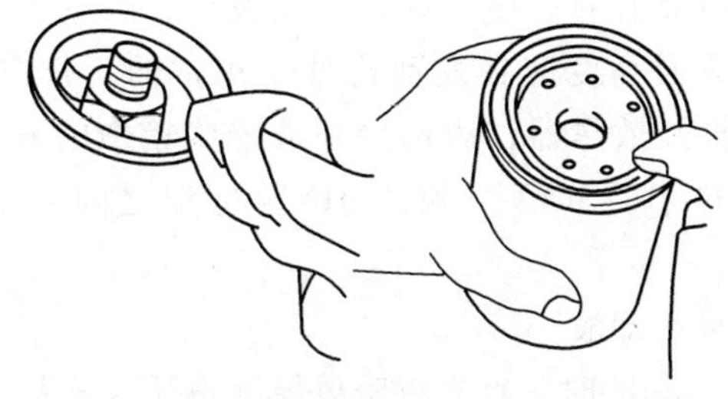

图 4-18　密封圈上涂润滑油

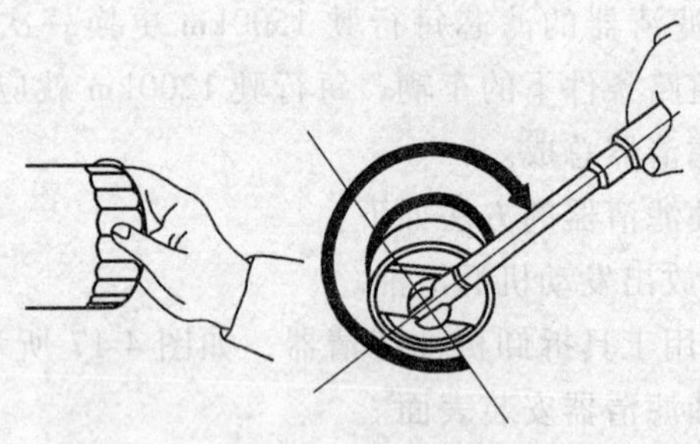

图 4-19 用专用工具拧紧机油滤清器

## 五、冷却系统的维护内容和操作方法

1. 冷却液的使用

(1) 冷却液的配置与功能　桑塔纳系列轿车的各种发动机不直接用水作冷却液，而是用水加添加剂制成的冷却液。冬季往往会因冷却液冻结而使气缸体和气缸盖胀裂，所以必须降低冷却液的冰点。为了提高冷却液与外界大气的温度差，从而提高散热效率，有必要提高冷却液的沸点。为了防止冷却液泄漏，能使发动机长时间不更换冷却液，要求冷却液有防腐蚀性能。

桑塔纳轿车发动机用冷却液添加剂为G11，该产品以乙二醇为基料，配有多种其他化学物质，产品为液态，呈深绿色。两年内不必更换冷却液，冷却系统内不会产生结垢、锈蚀。

(2) 检查冷却液液面高度　在正常的使用中，每月应至少检查一次冷却液液面高度。如果气候炎热，检查的次数应更多一些。检查液面高度应在发动机处于正常的工作温度下进行。检查时不必打开散热器，观察冷却液膨胀箱中的液面即可。正常的液面应位于“MAX”和“MIN”标记之间，如图 4-20 所示。

(3) 更换冷却液

1）排放冷却液时，首先将暖风控制阀开至最大。

2）打开冷却液膨胀箱盖。

3）按图 4-21 所示，松开管道的夹箍，放出冷却液。

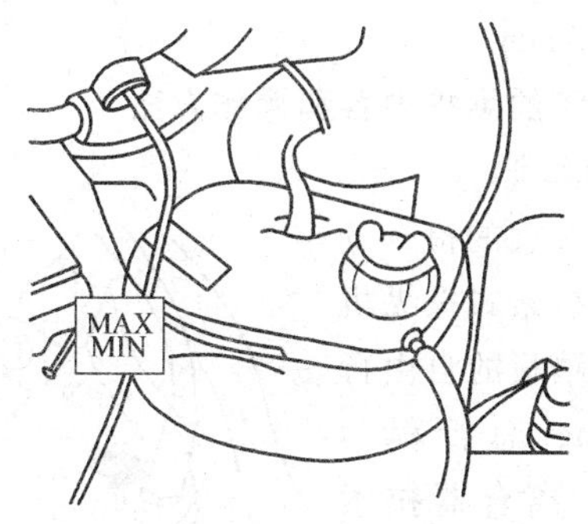


图 4-20 冷却液膨胀箱中的液面

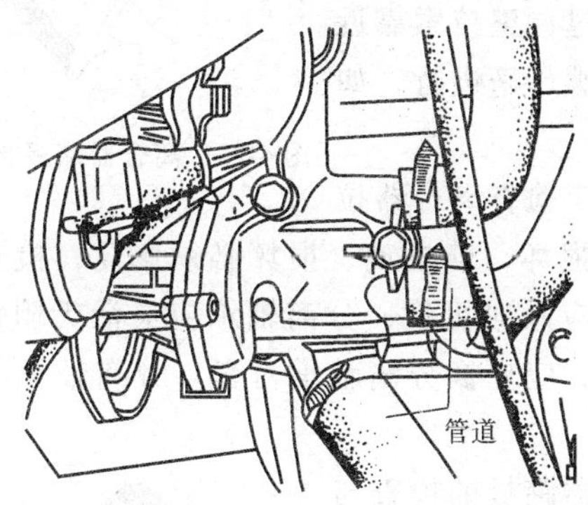


图 4-21 拆下管道的夹箍

4）在冷却液膨胀箱中加入混合好的冷却液至最高标记“MAX”处。

5）拧紧冷却液膨胀箱盖。

2. 冷却系统的技术数据

冷却系统容量（AFE 型发动机）：带冷却液膨胀箱约为 6.0L。

冷却液型号：N 052 774 B0 或改进型 N 052 774 C0。

风扇：风扇一挡工作转速为 2300r/min，工作温度为 92 ~ 97℃，关闭温度为 84 ~ 91℃；风扇二挡工作转速为 2800r/min，工作温度为 99 ~ 105℃，关闭温度为 93 ~ 98℃。

节温器：开始打开时的温度为（87 ±2）℃，（102 ±3）℃时的升程应不小于7mm。

## 六、传动系统的维护内容和操作方法

1. 离合器的维护

(1) 离合器拉索的检查及调整 采用机械拉索式操纵机构的离合器，其踏板的自由行程为15～20mm，总行程为(150±5) mm。离合器拉索的调整，也就是踏板自由行程的调整，可通过调整拉索靠近离合器一端的螺母来进行，如图4-22所示

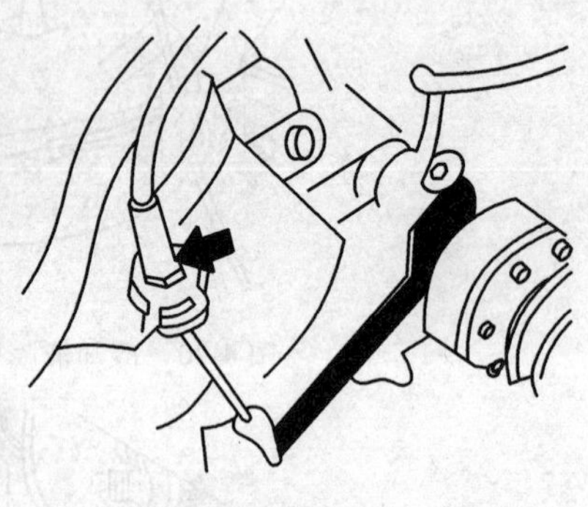

图4-22 离合器踏板自由行程的调整

检查时，应检查离合器拉索是否松动、损坏，若松动、损坏必须修复；检查弹簧是否失效，若已失效应及时更换；分离轴承应灵活无阻滞，若发现卡滞或过度松旷，应更换分离轴承衬套。分离轴承的检查如图4-23所示。

(2) 离合器踏板的检查与调整 检查时，应检查踏板臂是否磨损或变形，限位块是否磨损或损坏，若有磨损或损坏应及时更换。装复后，应检查调整踏板高度和踏板自由行程。

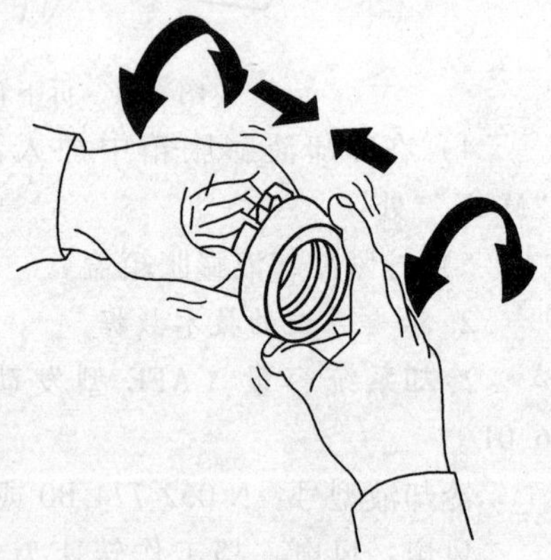

图4-23 离合器分离轴承的检查

2. 手动变速器的使用与维护

(1) 正确使用同步器

1) 采用两脚离合器减挡。减挡时，若用一脚离合器，则减挡的车速和时机必须正确适时，必要时采用两脚离合器并加

油的方法来减挡，这样的减挡操作方法可以减少啮合齿轮之间的圆周速度差，从而减小同步器的磨损，延长同步器的使用寿命。

2）换挡时严禁使用拍打方法，即一推一松操作。应该始终用手按住变速杆，这样能大大地减少同步器锁环的摩擦时间并减少磨损。

3）严禁在空挡熄火状态下，利用同步器强行挂挡起动发动机。因为发动机的转动惯量很大，同步器的摩擦力矩又很小，当同步过程时间过长时，摩擦力剧增，使锁环温度急剧增高，很容易烧毁同步器。

4）严禁用同步器代替离合器起步（即不使用离合器而利用同步器的摩擦作用挂挡起步），严禁用同步器控制车速和制动。

（2）变速器齿轮油的检查　在车辆每行驶15000km或12个月后所进行的常规维护中，应对变速器齿轮油的质量、油面高度及渗漏情况进行检查。油面高度的检查方法是：将车辆停放于水平位置，拆下变速器壳体上的加油螺塞，油面高度应与加油口下边缘平齐，油面过低时应进行添加补充。变速器齿轮油变质、稀释或脏污时，应予以更换。桑塔纳轿车变速器使用的齿轮油牌号为：齿轮油API—GL4，SAE80等级以上。如果需要更换或添加变速器齿轮油时，一定使用正规厂家生产的规定等级的齿轮油。

3. 自动变速器的维护与保养

（1）自动变速器油的检查、补充与更换

1）油面的检查与补充　变速器油面应定期（1500～2000km）检查，过低时应及时补充。若需经常补油，说明有渗漏，应查明渗漏部位，予以排除。油面检查应先通过运转使油液达到正常工作温度（50～80℃），然后将轿车停在水平位置，发动机在怠速下刹住轿车，操纵手柄逐个换入所有挡位运转一段时间，使有关部位充油正常，再回到P挡或N挡，然后拔出油尺检查。油面应保持在油尺所示的上、下限（F、L或F、A）

之间。

2）油质的检查与更换　在油面检查时可同时检查油质。油质应清洁，不含杂质或颗粒，若油色变成黑色或黑褐色并有烧焦气味，说明离合器或制动器损坏，油已过热。若呈现乳色，则是水通过油散热器进入变速器。有上述情况时均应换油。油底壳内若有少量金属颗粒或摩擦材料属于正常现象；有大量杂质、金属颗粒或摩擦材料时，不仅应换油，且应检查变速器的技术状况。

多数变速器要求定期换油。换油周期一般为2000～4000km。换油前应先预热，并拔出油尺，取下放油螺塞彻底放油。放油后应视需要拆下并彻底清洗油底壳和集油器滤网。加油时应过滤，可先加至低于最高液面。起动发动机于怠速下在各挡运转，使油液加热至工作温度后再加至最高液面。变速器油必须使用规定牌号的液压油。

（2）自动变速器的调整

1）发动机怠速和节气门全开的检查调整　怠速过高，变速器换挡时会发生冲击和振动；怠速过低，挡位转换时轻则车身振动，重则发动机熄火，因此必须将发动机怠速调至规定值（700～850r/min）。加速踏板踩到底时，节气门应全开，不符合要求时，应调整其传动系统。

2）节气门阀拉索的检查调整　加速踏板踩到底时拉索的止动锁或油漆标记应位于漏出防尘套0～1mm处，不符合要求时可通过调整螺母调整。

3）操纵手柄的检查调整　操纵手柄依次换入各挡应无卡滞现象。操纵手柄与手控制阀之间各挡联动位置应正确对应。若需调整应使用专用调整装置，一般是将操纵手柄和手控制阀均置于P挡位置，调整拉杆或拉线的长度使之适应。

4）空挡起动开关的检查调整　操纵手柄应只在N挡和P挡位置时发动机能起动，其他挡位均不能起动，否则应调整空挡起动开关、调整时松开空挡起动开关、调整螺母栓即可转动起动开关进行调整。正常时开关的位置标记应对开。

5）换挡杆拉索的检查与调整　如图4-24所示，换挡杆及换挡杆轴都在P挡，驻车锁止被激活，且能同方向转动两个前轮，此时应能够把换挡杆拉索推到换挡杆轴上去，若有必要，则要调整换挡杆拉索。调整的方法是：

① 将换挡杆拉索与换挡杆轴脱开。

② 把换挡杆和换挡杆轴移动到P挡，驻车锁止被激活，且不能同方向转动两个前车轮。

③ 松开支撑支架4上的固定螺栓，将换挡杆拉索连接在换挡杆2上（见图4-24）。

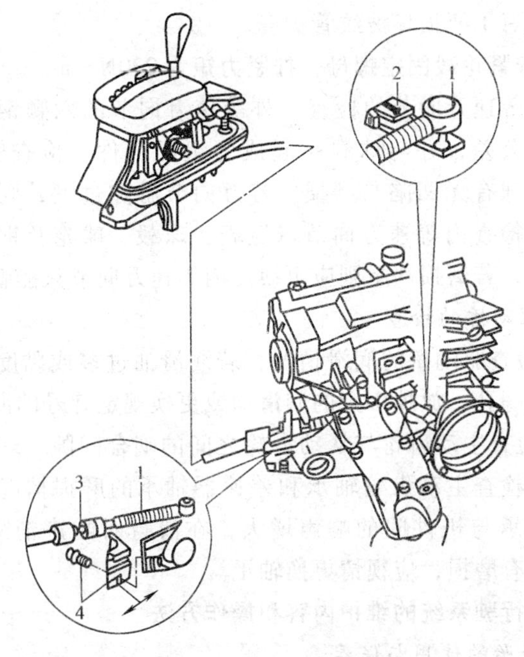


图4-24　换挡杆拉索的调整

1—换挡杆拉索　2—换挡杆　3—拉索支撑支架　4—变速器支撑支架

④ 将换挡杆拉索与支撑支架对齐，使其不受到压迫，拧紧支撑支架的固定螺栓至23N·m。

⑤ 检查换挡机构。

4. 传动轴的检查

(1) 传动轴的安装

1) 擦净传动轴与轮毂花键上的油污。

2) 将等速万向节的花键涂上一层防护剂D6，然后装上传动轴花键套。注意：涂上防护剂后，应停车1h，方可使用。

3) 将球形接头重新装置在原位置，并拧紧螺母，拧紧力矩为20N·m。

4) 必要时检查前轮外倾角，在前悬架下臂上固定球形接头时，应注意不要损坏波纹管护套。

5) 拧紧轮毂固定螺母，拧紧力矩为230N·m。

(2) 等速万向节的检查　外等速万向节的六颗钢球要求一定的配合公差，并与球毂一起成为组配合件。检查轴、球笼、球毂与钢球有无凹陷与磨损。若万向节游隙过大，则必须更换万向节。检查内等速万向节球笼壳、球毂、球笼及钢球有无凹陷与磨损，若磨损严重则应更换。内等速万向节只能整体更换。

5. 驱动桥的检查

1) 检查驱动桥的润滑情况，若润滑油过多或黏度过小，应拆下检视螺孔，放掉多余的润滑油或更换规定牌号的润滑油。

2) 检查主动齿轮与从动齿轮之间的啮合间隙，若间隙过大应调整。检查主动齿轮轴承和差速器轴承的磨损情况，若车速提高时轴承与机件间的响声增大，在滑行时响声消失或减弱，表明轴承有磨损，应视情更换轴承。

## 七、行驶系统的维护内容和操作方法

1. 轮胎的使用与保养

(1) 更换轮胎注意事项

1) 更换时机　在新轮胎的花纹上有12mm宽、1.6mm厚的磨损指示条，指示条若已磨去，则应立即更换轮胎。

2）轮胎应成对更换，并且花纹深的轮胎应放在前轮。轮胎换位时，应在轿车的同一侧进行，并应保持原来的滚动方向，如图 4-25a 所示；当考虑备胎时，可按图 4-25b 所示进行。

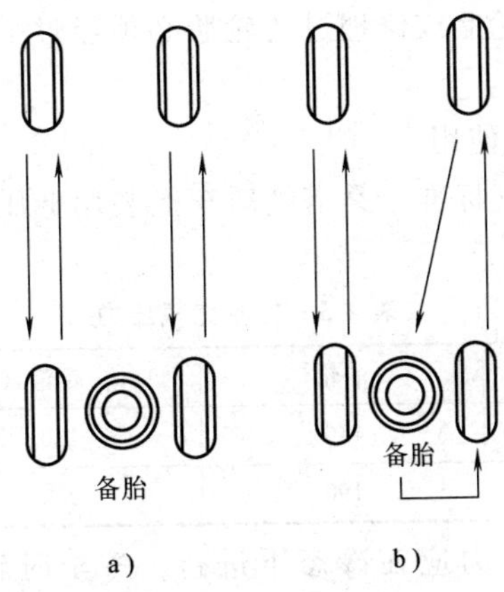


图 4-25 轮胎循环换位图

a）不考虑备胎 b）考虑备胎

3）必须保证轮胎螺栓的拧紧力矩为 110N · m。

4）用千斤顶顶起轿车时，千斤顶应在指定的位置上，如图 4-26 所示。

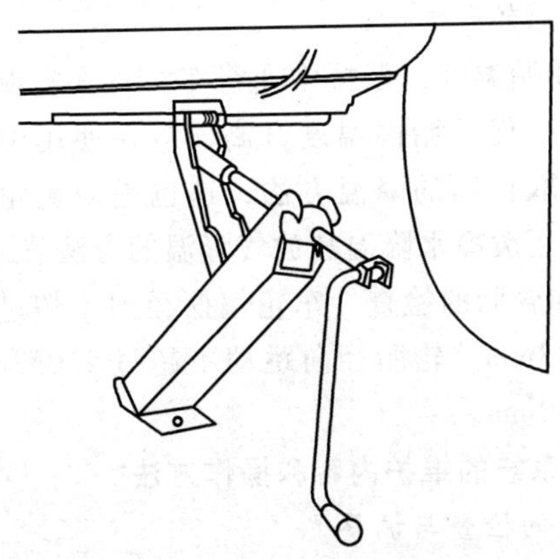

图 4-26 顶起汽车拆装轮胎

5）轮胎与轮辋必须成套使用，拆装时需要用轮胎拆装机，不允许对轮辋进行敲击和使用撬棒，以防止其变形而破坏轮胎的气密性，影响行车安全。

6）更换的轮胎或修理过的轮胎必须经过平衡试验后才能使用。

（2）轮胎的使用

1）掌握充气标准　桑塔纳轿车上装用低压胎，其充气压力见表4-3。

表4-3　轮胎充气压力　（单位：kPa）

| 载重状况 | 前轮 | 后轮 | 备胎 |
| --- | --- | --- | --- |
| 半载 | 180 | 180 | 230 |
| 全载 | 190 | 230 | |

检查轮胎压力应在冷态下进行，冬季时轮胎压力应增高20kPa。

2）正确选配安装，定期进行换位　在同一轿车上最好使用类型、花纹与新旧程度一样的轮胎。当使用类型、花纹和新旧程度不同的轮胎时应按以下原则正确搭配：同轴或对应位置的轮胎应完全一致；部分换用新胎时应先装在前轮上使用；修复轮胎最好装在后轮。

3）控制轮胎温度，保持中速行车　汽车行驶时，轮胎因变形摩擦而发热，促使胎内温度升高，应在使用中控制轮胎的温度，并及时采取正确的降温方法，这也是防止轮胎损坏的重要措施。严禁采用泼冷水降温和放气降温的方法。

4）车轮和轮胎的检查　车轮偏摆径向不超过0.889mm，横向不超过1.143mm。轮胎径向跳动不超过2.032mm，轮胎横偏摆不超过2.540mm。

## 八、转向系统的维护内容和操作方法

### 1. 转向盘的检查与调整

轿车处于直线行驶时，在转向盘边缘处测量自由行程，应为15～20mm。调整弹簧压力可使齿条微量变形，实现无侧隙或小侧隙啮合。

用双手握住转向盘，在轴向和直角方向上用力摇动，观察此时转向盘是否移出，由此了解转向盘与转向管柱的装置情况、主轴承的松旷量及转向柱支架的连接状况。

2. 转向器的检查

1）检查转向器外壳有无破裂及磨损，若破裂或磨损严重，则予以更换。

2）检查波形管是否完好，若有破损应更换。

3）检查各密封圈和密封环，若有泄漏必须更换。

4）自锁螺母和螺栓一经拆卸，安装时必须更换。

5）为保证转向装置安全可靠，不允许对转向器零件进行焊接和整形。

3. 转向器的调整

转向器装配后必须检查调整齿轮齿条间隙。调整时，将车辆处于直线行驶位置，松开锁紧螺母，转动调整螺栓至接触止推垫圈挡块为止。固定锁止螺母时，应用内六角扳手固定，以防止调整螺栓转动。

4. 动力转向器的检查

1）检查动力转向器是否漏油，盖板螺栓是否松动，若螺栓松动，应拧紧。

2）如果转向轴轴承松旷，应进行调整或更换损坏、磨损的轴承。

3）动力转向器啮合副间隙过大或过小，通过螺栓改变补偿弹簧的预紧力，可调整齿条、主动齿轮的啮合间隙。注意：补偿弹簧的弹力出厂时已经调好，一般不需要另行调整，只有在确实有问题时才进行调整。

4）转向器若有龟裂，应采用磁性探伤仪进行检查。

5. 储液罐液体的检查

(1) 液面高度的检查　使发动机怠速运转，反复将转向盘从一侧极限位置转到另一侧极限位置，以提高液压油温度，使油温达到40~80℃。这时检查储油罐内油量，油面应在储油罐的“MAX”处。油量不足时，在检查各部位无泄漏后，按规定牌号补充液压油至“MAX”处。

（2）液压系统的排气　检查液面高度，必要时添加液压油。

使发动机怠速运转，反复使转向盘从左极限位置转到右极限位置，直至储油罐内无气泡和泡沫为止。若液面有下降，应继续添加液压油直至达到规定液面高度“MAX”处为止。

（3）液压油的更换

1）顶起轿车前桥，从储油罐及回流管中排出液压油。

2）使发动机怠速运转，一面排油，一面将转向盘转到极限位置，直至液压油排净。

3）添加液压油。

4）排净液压系统中的空气。

6. 液压泵的维护

（1）液压泵（叶轮泵）泵送压力的检查

1）将压力表装到连接阀体和软管之间的压力管中。

2）起动发动机。如果需要，向储油罐补充液压油。

3）急速关闭截止阀（不超过5min），并读出压力值。泵送压力额定值为6.8~8.2MPa。如果没有达到额定数值，应检查限压阀和溢流阀是否完好。若不正常，应更换限压阀和溢流阀或者叶轮泵。

（2）液压泵V带的调整

1）松开液压泵支架上的固定螺栓，如图4-27所示。

2）松开张紧螺栓的螺母。

3）通过张紧螺栓把V带张紧，如图4-28所示。压在V带中间处，有10mm的挠度时为合适。

4）拧紧张紧螺栓的螺母。

5）拧紧液压泵支架上的固定螺栓。

7. 转向系统各联接螺栓的拧紧力矩

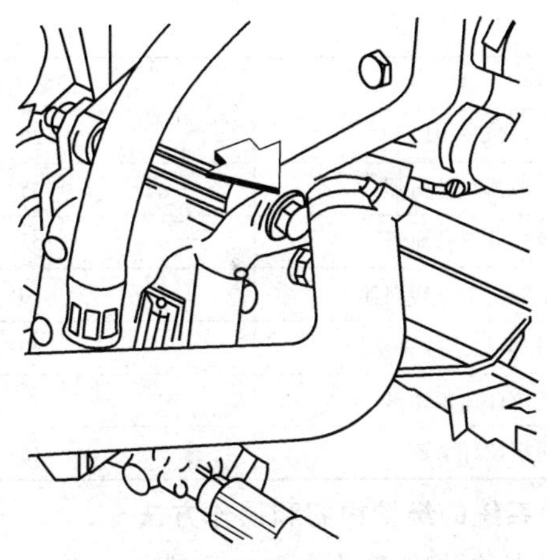

图 4-27　松开液压泵支架上的固定螺栓

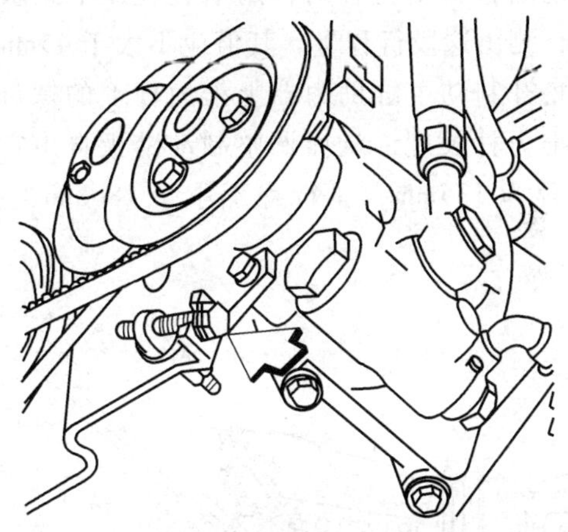

图 4-28　张紧 V 带

桑塔纳轿车转向系统各联接螺栓的拧紧力矩见表 4-4。

**表 4-4　桑塔纳轿车转向系统各联接螺栓的拧紧力矩**

（单位：N·m）

| 项　　目 | 拧紧力矩 |
|---|---|
| 凸缘管至转向器 | 25 |
| 转向盘至转向柱 | 40 |

（续）

| 项　　目 | 拧紧力矩 |
|---|---|
| 转向器至车身 | 20 |
| 转向减振器至转向器 | 35 |
| 转向横拉杆至转向器 | 55 |
| 转向减振器支架至转向器 | 20 |
| 转向横拉杆至柱式独立悬架 | 30 |
| 转向横拉杆锁紧螺母 | 40 |
| 转向横拉杆卡箍 | 15 |

## 九、制动系统的维护内容和操作方法

### 1. 制动踏板自由行程的检查和调整

检查制动踏板自由行程时，用手轻轻压下踏板，直至手感明显变重时，测出这段行程量，其值应不大于45mm。如果不符合规定，可松开制动主缸助力器上推力杆上的螺母，通过旋动叉头来调整推力杆长度，从而调整制动踏板自由行程，且保证踏板有效行程为135mm，总行程不小于180mm，如图4-29所示。

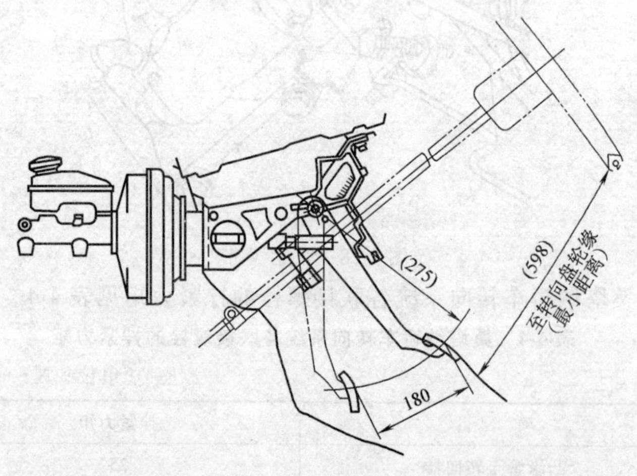


图4-29　制动器踏板自由行程的调整

2. 前轮制动器的检查

(1) 前轮盘式制动器的拆卸与分解

1) 将车架起，将车轮和制动管路拆下。

2) 拆下制动钳体。

3) 拆下弹簧、制动摩擦片、垫片及支承板等。

(2) 制动摩擦片的检查 外侧摩擦片可以通过轮辋上的孔进行目测检查其厚度（见图4-30），内侧摩擦片可以利用反光镜进行目测，摩擦片的使用极限为7mm。同时还应检查摩擦片磨损的均匀度。更换制动盘时，同一车辆两个制动盘必须同时更换，以确保两轮所产生的制动力相等。修理时，还应检查制动盘有无偏摆，如果偏差大于0.06mm，应予以更换。

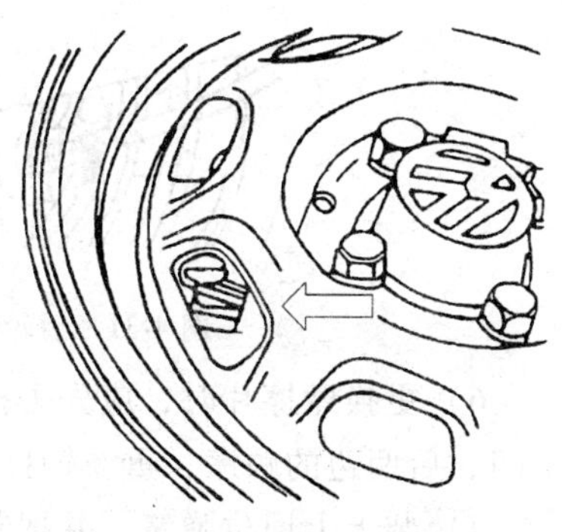

图4-30 前轮摩擦片的检查

3. 后轮鼓式制动器的检查

利用制动器底板上的观察孔检查制动摩擦片的厚度和拖滞情况（见图4-31）。新的摩擦片厚度为5mm，磨损极限为2.5mm。制动摩擦片是用铆接的方式与底板连接固定在一起的。更换时，可以连同底板一起更换，也就是更换整个制动蹄，也可以只更换制动摩擦片。

更换后轮制动摩擦片，可按如下方法进行：

1) 撬下轮毂盖，松开轮胎螺母，拆下车轮。

2) 通过车轮螺栓孔，向上拨动楔形调整块，使制动蹄松开，然后取下制动器。

3) 用钳子拆下制动蹄保持弹簧及座圈。

4) 用旋具或撬棒取出驻车制动器拉索，拆下驻车制动器。

5) 用钳子拆下楔形调整块弹簧以及上回位弹簧，取出制动蹄，并拆下回位弹簧，取下制动蹄。

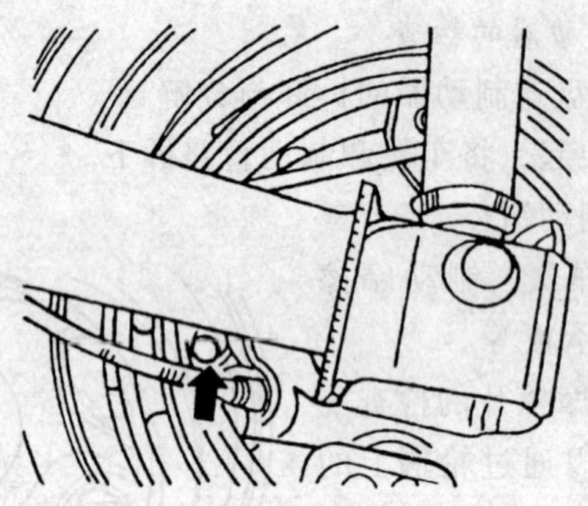

图 4-31 后轮摩擦片的检查

6）更换摩擦片时，应先去掉旧铆钉及孔中的毛刺，并按先中间、后两边的顺序，重新铆接新摩擦片。

7）装上上回位弹簧，并把制动蹄与推杆连接好。

8）装上楔形调整块，凸出的一边朝向制动底板。

9）将另一制动蹄装到推杆上，并装入下回位弹簧。

10）装驻车制动拉索。

11）将制动蹄装到支架中，并装上制动蹄保持弹簧和座圈。

12）装入制动鼓及后轮轴承，并调整轴承间隙。

13）用力踩制动踏板一次，使后制动器能正确到位。

4. 真空助力器的检查与更换

一般情况下，在发动机怠速时产生的负压力为0.5，在增大节气门时负压力为0.1；在抬起加速踏板，踩下制动踏板时，负压力为0.8；此时真空助力器的增强系数为3.0。

（1）真空助力器的检查 将发动机熄火，然后用力踩制动踏板若干次，以清除真空助力器中留有的空气。用适中的力踩下制动踏板，并保持在一定位置，然后起动发动机。如果真空助力器工作正常，则制动踏板的位置应有所下降，否则应检查真空管路。如果真空助力器已损坏，则应换新。

（2）真空助力器的更换 更换真空助力器时，将制动总泵与支架一起从车身上拆下，这样比较方便。各螺母的拧紧力矩为 15N·m。

5. 驻车制动系统的检查与调整

1）松开驻车制动。

2）用力踩制动踏板一次。

3）将驻车制动拉杆拉紧两齿。

4）拧紧调整螺母（见图 4-32），直到用手不能拨动两个被制动的后轮为止。

5）松开驻车制动，观察两个后轮是否都能运转自如。

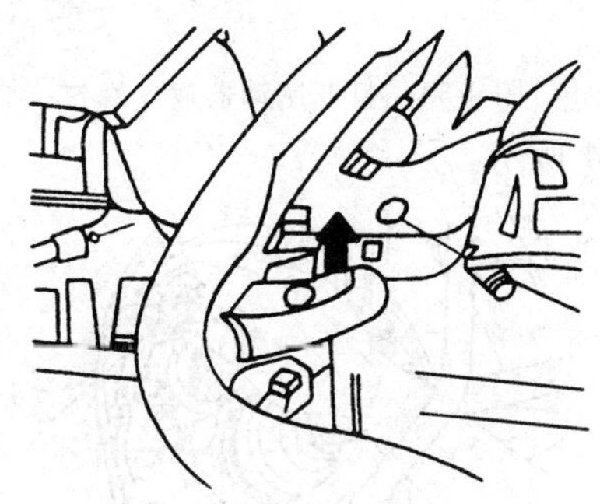

图 4-32　驻车制动杆自由行程的调整

6. 制动系统放气

制动系统检修、更换制动液之后，或者制动踏板无力有弹性时，需要对制动系统进行放气。放气时可以使用专用的 VW1238—1 型制动液充放机，也可以人工进行放气。放气以制动总泵为中心，先远后近，顺序如下：右后轮分泵；左后轮分泵；右前制动分泵；左前制动分泵。

（1）使用专用工具放气

1）接通 VW1238—1 型制动液充放机。

2）按规定顺序打开放气螺钉，如图 4-33 所示。

3）排出制动分泵中的气体。

4）用专用的容器盛放排出的制动液。

（2）人工放气

1）将一根软管的一端接到放气螺钉上，另一端插入透明容

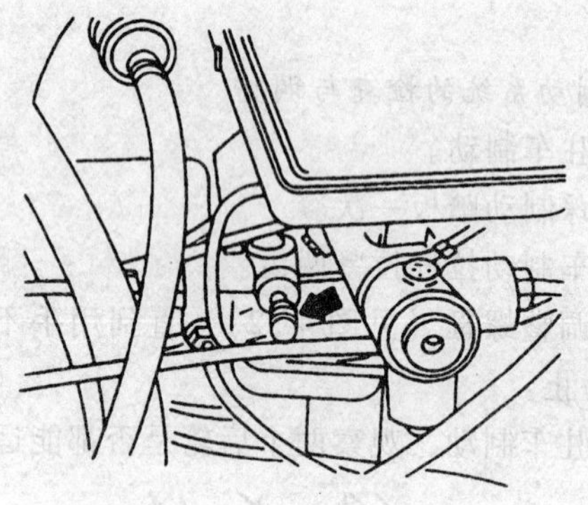

图 4-33　打开制动器放气螺钉

器中，如图 4-34 所示。

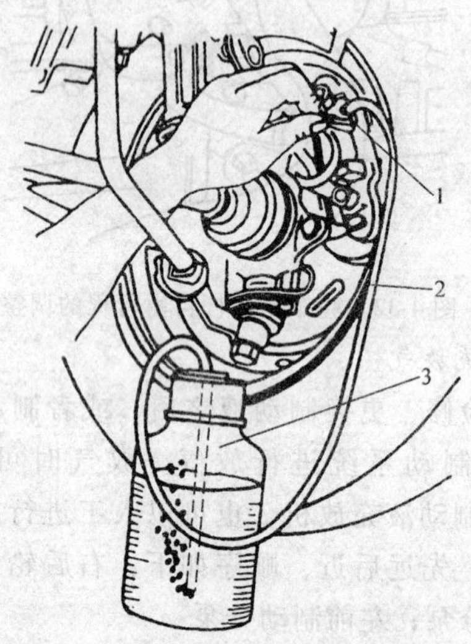


图 4-34　制动系统放气
1—放气管　2—放气螺钉　3—透明容器（装 1/2 制动液）

2）一人用力迅速踩下并缓慢放松制动踏板，如此反复数次后，踩下制动踏板，并保持一定高度使之不动。

3）另一人拧松放气螺钉，管路中的空气随制动液顺着胶管排出制动系统，排出空气后再将放气螺钉拧紧。

4）重复上述步骤多次，直至容器中制动液里无气泡为止。

5）取下胶管，套上防尘罩。

6）观察储液罐制动液液面高度，必要时添加制动液。

7. 制动液的补充和更换

位于前制动总泵上方的制动液储液罐上有制动液液面的最高（MAX）和最低（MIN）标记。

制动液有毒性和腐蚀性，不可与油漆相接触，同时它还具有较强的吸湿性，能吸收周围空气中的水分，过多的水分会降低制动液的制动效能。所以，每两年或行驶 5 万 km 应更换制动液。

不论是添加还是更换制动液，都应使用规定型号的制动液，桑塔纳汽车规定使用的制动液型号为 No527600。

8. 防抱死制动系统（ABS）的使用

能否合理地使用带 ABS 的制动系统直接影响到轿车制动性能的好坏，影响到驾驶员、乘员和车辆的安全，因此要正确地使用 ABS。使用 ABS 应注意以下事项：

（1）制动时要始终踩住制动踏板不放松　这样操作，才能保证足够和连续的动力，使 ABS 有效地发挥作用。

（2）要保持足够的制动距离　当在良好路面上行使时，至少要保证离前面的车辆有 3s 的制动时间；在不好的路面上行使时，要留给制动更长一些的时间。

（3）要事先练习使用带 ABS 的轿车　ABS 工作时，制动踏板会有振颤和 ECU 工作噪声，不必怀疑制动系统有故障。对此应有所准备和适应能力。

（4）不要比驾驶非 ABS 轿车更随意　即使对于 ABS 轿车，急转弯和快速变道以及其他急打转向盘的做法，也是不适当的和不安全的。

（5）不要反复踩制动踏板　在驾驶 ABS 轿车时，反复踩制动踏板会使 ABS 时断时通，导致制动效能减低和制动距离增加。

（6）不要忘记转动转向盘　ABS 为驾驶员提供了转向盘的

可控能力，但它本身并不能自动完成轿车自动转向操作，所以在行驶过程中驾驶员不要忘记转动转向盘。

## 十、电源系统的维护内容和操作方法

1. 蓄电池的使用与维护

(1) 定期检查电解液液面高度　使用中应保持电解液液面在规定的高度上。若电解液液面过高，在大负荷工作时会引起电解液沸腾而外溢；电解液液面过低会缩短蓄电池的使用寿命。蓄电池的外壳上有液面位置标记，液面位置应保持在最大与最小刻度线之间或在蓄电池内隔板以上 15mm 处，当发现电解液不足时，只能用蒸馏水补充。

(2) 保持电压调节器正常工作　充电电压的高低是由调节器控制的，因此要定期对调节器进行检查，按规定进行调整。电压规定在 13.5 ~ 14.5V 范围内。

(3) 正确使用起动机　蓄电池大电流放电时间过长，容易引起极板弯曲损坏，因此每次使用起动机时间不宜过长（5s 内），连续起动时要间隔一定的时间且次数不宜过多。

2. 发电机与调节器的使用与维护

1) 要定期对发电机进行保养。保养时不必拆开前后端盖，仅需拆下尼龙防护罩便可更换电刷等易损件，并对整流元件、电容器、调节器等零件进行检查和必要测试。

2) 蓄电池的搭铁极性必须与交流发电机的极性相一致，都是负极搭铁。

3) 发电机运转时，禁止将发电机电枢接柱与搭铁接柱短路检查发电机是否发电。

4) 蓄电池正极（+）与发电机正极（+）之间线路的连接要牢固可靠。

5) 经常检查发电机 V 带的张紧度和损坏程度。检查张紧度的方法是：用拇指或弹簧加力器在水泵轮与张紧轮或张紧轮与发电机带轮之间传动带的中部放加 100N 的压力将 V 带下压，新 V 带的挠度约为 2mm，旧 V 带的挠度为 5mm（1.6L 发动机为 10

~15mm），若不符合要求应重新调整。检查方法如图4-35所示。发现有损坏迹象时要及时更换。

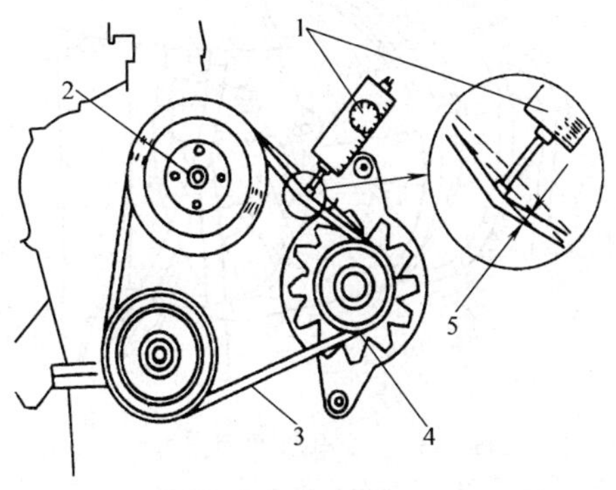


图4-35　检查发电机V带的松紧度

1—弹簧加力器　2—水泵　3—V带

4—发电机　5—挠度

3. 发电机的拆卸和安装

（1）发电机的拆装　发电机在不同发动机上的固定方式略有不同。国内生产的1.8L桑塔纳轿车发电机支架为齿条式，其安装与调整如图4-36所示。1.6L发动机上的发电机固定方法如图4-37所示。

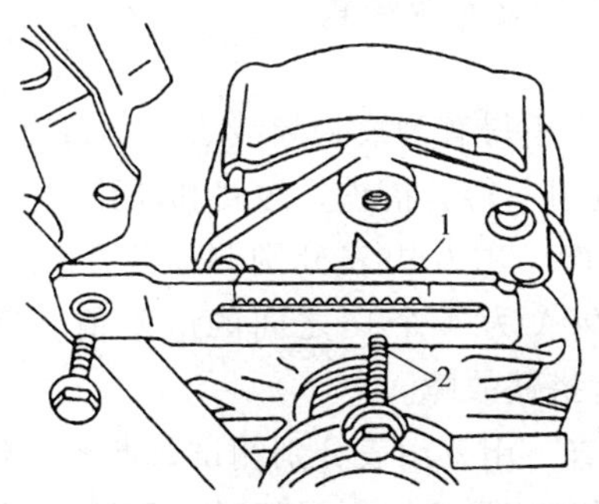


图4-36　支架为齿条式发电机的安装与调整（1.8L发动机）

1—支架　2—螺栓及螺母

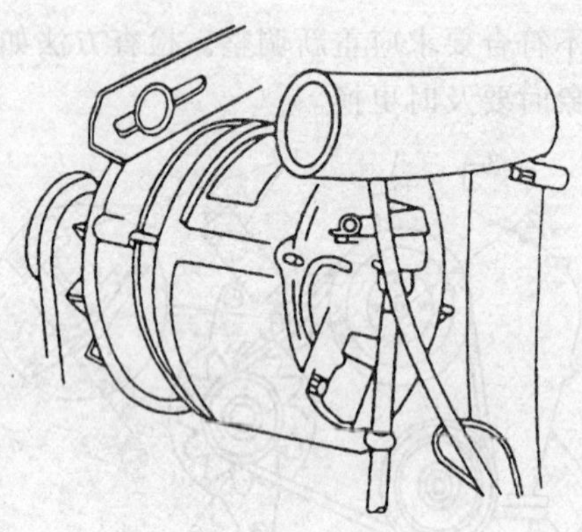

图 4-37 发电机的固定方法

（1.6L 发动机）

（2）调整 V 带张紧度 拆卸后的发电机在安装时，应同时调整 V 带的张紧度，其调整方法如图 4-36 所示。松开固定齿条支架和发电机的螺栓及螺母。用力矩扳手转动张紧螺母使 V 带张紧，拧紧力矩为（9±1）N·m，用 35 N·m 的力矩拧紧张紧螺母的紧固螺钉，用 35N·m 的力矩拧紧连接发动机支架的螺栓，以 20N·m 为力矩将张紧器装到支架上。最后应将连接发动机的导线固定牢固，避免导线脱落引起故障。

4. 发电机与调节器的检查

（1）检查定子

1）定子表面不得有刮痕，导线表面不得有碰伤、绝缘漆剥落现象，线圈绕组不得有搭铁、短路和断路现象。

2）搭铁检查 用万用表分别测试定子铁心与绕组各端头（75A 为 3 个，90A 为 4 个）之间的电阻值，其数值应为无穷大，否则说明有搭铁故障。

3）断路检查 用万用表分别测试每两个绕组端头之间的电阻值，每次测得的电阻值均不得超过 0.1Ω，否则说明有断路故障。

对有故障的定子应进行检修或更换。

（2）检查转子

1）转子表面不得有刮痕，否则表明轴承松旷，应更换前、后轴承。集电环表面应光洁平整，两集电环之间的槽内不得有油污和异物，转子绕组不能有搭铁、短路或断路故障。

2）搭铁检查　用万用表检查集电环与转子之间的电阻值，其数值应为无穷大，否则说明有搭铁故障。

3）断路及短路检查　用万用表检查两集电环之间的电阻值，其数值应为3～4Ω，大于4Ω（如为无穷大）表明有断路故障；小于3Ω时，说明有短路故障。

对有故障的转子应进行修理或更换。

（3）检查二极管底板　为防止测量时发生事故，在接线前应首先将万用表选择键置于电阻测量位置。

1）检查二极管正向电阻　将万用表的负极触头接二极管底板上的粗螺栓（B+），正极触头依次接与定子绕组相接的各结合点（75A为3点，90A为4点），每次测量的电阻值均应为50～80Ω。

2）检查二极管反向电阻　将万用表正极触头接散热架（负极），负极触头依次与各接合点相接（75A为3点，90A为4点），每次测量的电阻值均应为50～80Ω。

3）检查励磁二极管　将万用表负极触头接二极管底板上的细螺栓（D+），正极触头接各结合点（75A为3点，90A为4点），每次测量的电阻值均应为50～80Ω。

以上各项测量若不符合要求，必须更换二极管底板（二极管底板只能整体更换）。

（4）检查调节器　调节器的好坏可用蓄电池或直流电源与直流试灯来检查。接12V电压时试灯应亮；接16～18V电压时，试灯应不亮。否则应更换调节器。

（5）检查电刷及电刷架　新电刷的长度为13mm，允许磨损极限为5mm，超过此极限时应予以更换。电刷表面若有油污应用干布擦拭干净，电刷在电刷架内应滑动自如。电刷架不能有裂纹，若弹簧折断或有锈蚀现象应更换。

(6) 集电环的检查　集电环表面若烧蚀严重或失圆，可用车床进行修整，其最大偏摆量应不超过0.05mm，最后用细砂布抛光，吹净粉屑。

(7) 其他部件的检查　发电机壳体不得有裂纹，若轴承内缺油应更换轴承，不宜加油后继续使用。V带槽内不能有毛刺，以免损坏V带。V带轮轴孔与轴的配合过盈为0.01~0.04mm，若松旷，应加工修复。转子轴承的轴向和径向间隙不应大于0.20mm，否则应予以更换。

## 十一、起动系统的维护内容和操作方法

### 1. 起动系统的使用注意事项

1) 起动机每次连续工作时间不得超过5s，若第1次不能起动，应停歇15s左右，再进行第2次起动。当连续3次不能起动时，应查明原因并排除故障后再进行起动。

2) 蓄电池应处于充足电的状态。

3) 各导线插头要连接牢固，接线柱应保持清洁。

4) 起动机各部件应保持清洁，接触良好。

5) 转动部位应保持良好的润滑。

6) 轿车每行使12000~15000km，要用检测仪检查起动电流和起动电压。桑塔纳轿车起动机稳定运转5s，电流应为110A左右，蓄电池电压不得低于9.6V。

7) 冬季起动时，应采取预热措施。

### 2. 起动机零部件的检查

(1) 检查电磁开关　主要检查保持线圈和吸拉线圈是否断路或短路以及弹簧的复位功能。电磁开关接线柱如图4-38所示。

1) 吸拉线圈　用万用表测量电磁开关的端子50与电磁开关端子C之间的电阻值。电阻值应为2.6~2.7Ω。

2) 保持线圈　用万用表测量电磁开关的端子50与电磁开关外壳之间的电阻值。桑塔纳轿车起动机的电阻值应为1.5~1.6Ω。

3) 复位弹簧　用手先将挂钩及活动铁心压入电磁开关，然

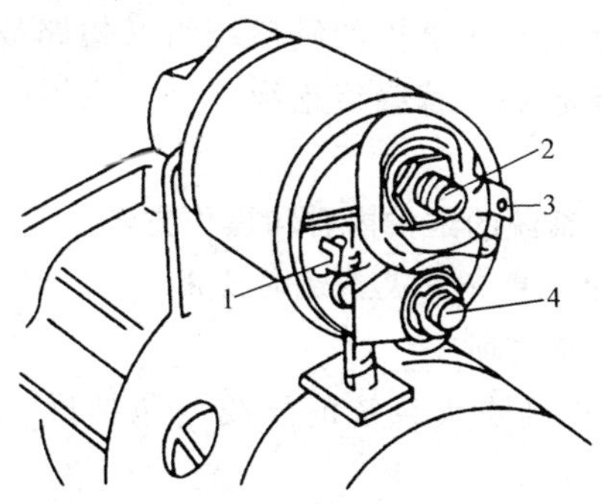


图 4-38　起动机电磁开关接线柱

1—接线柱 15a（空）　2—接线柱 30

3—接线柱 50　4—磁场绕组接线柱

后松开。若活动铁心能迅速返回复位，说明弹簧复位功能良好；若铁心不能复位或出现卡滞现象，则应更换复位弹簧或电磁开关。

（2）检查电枢绕组和磁场绕组

1）检查电枢绕组是否搭铁，可用万用表的欧姆挡检测换向器铜片和电枢轴之间的电阻，电阻应为无穷大，否则说明有搭铁故障。检查电枢绕组匝间短路可在电枢检验仪上进行，将电枢放在检验仪的 V 形槽内，接通检验仪的电源，并将铜片放在电枢铁心上方的线槽上。若电枢中有短路，则在电枢绕组中将产生感应电流，钢片在交变磁场的作用下，在槽上振动，由此可判断电枢绕组中的短路故障。绕组断路一般由绕组接头与换向器铜片脱焊引起，在拆下电枢时应该能看到。

2）励磁绕组的常见故障有接头脱焊、绕组短路、断路或搭铁等。接头脱焊故障，解体后可直接看到。绕组搭铁与否可用万用表的欧姆挡测量绕组端子与外壳之间的电阻，如果电阻为无穷大，则说明无搭铁故障。用万用表的欧姆挡测量绕组两端间的电阻，当电阻为无穷大时，则说明绕组断路。短路检查时，可在励磁绕组的两端接通 2V 的直流电源，用铁片触试各磁极，各磁极的吸力应相等，如果感觉到某一磁极的电磁吸力明显小于其他磁极，则说明该磁极的励磁绕组有短路故障。若绕组连接脱焊，应重新施焊；若绕组绝缘不良，应拆除绝缘层重新包扎并浸漆、烘干。

## 十二、点火系统的维护内容和操作方法

1. 普通霍尔式电子点火系统的使用

(1) 使用注意事项

1）若需要拆装点火系统的导线（包括拆、接测试仪器），应先关闭点火开关。

2）当利用起动机带动发动机旋转时，而又不想使发动机起动（如进行气缸压力检查时），应拔下分电器盖上的中央高压线，并将其搭铁。

3）如果点火系统有故障或怀疑其有故障，而又必须拖动轿车时，应先拆开点火器的插接件。

4）为防止对无线电产生干扰，应使用 1kΩ 电阻的高压导线、1~5kΩ 电阻的火花塞插头和 1kΩ 电阻的分火头。

5）使用带快速充电设备的起动辅助装置起动时，电压不得超过 16.5V，使用时间不得超过 1min。

6）在车上进行点焊式电焊作业时，应先拆去蓄电池的搭铁线。

7）清洗发动机时，必须切断点火开关。

(2) 点火系统各部件检查与维护

1）火花塞　若发现火花塞绝缘体顶端起疤、破裂或电极熔化、烧蚀，则都表明火花塞已烧坏，应更换。

在安装火花塞时，为保证密封性，不能使火花塞槽内有异物。火花塞不能拧得太紧，其拧紧力矩为 20N·m，以免损坏密封垫片而影响导热性能。

火花塞的螺纹直径为 14mm，其国产型号为 T4196J。火花塞电极间隙：JV/AFE 为 0.7~0.9mm；AJR 为 0.9~11mm。当不符合要求时可进行调整，检查调整方法如图 4-39 所示。

2）分电器　应保持分电器清洁，要定期除尘并检查分电器盖是否有裂纹。如果触头磨损严重，应更换分电器盖。断电

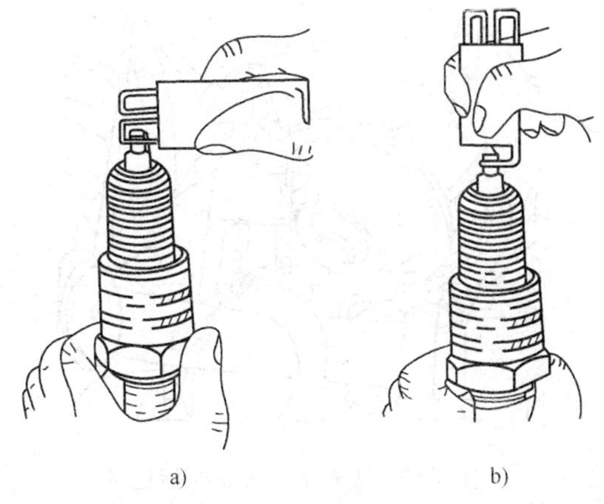


图 4-39　检查调整火花塞间隙

a）火花塞间隙的检查　b）火花塞间隙的调整

器的触头距离额定值为（0.4 ±0.05）mm，可用塞尺进行检查。所有高压线外表均要保持清洁、干燥，必要时可将分电器上的高压线全部拔出，清洁所有接线端头并进行检查。若导线末端有缺陷，不能剪短，只能整条更换。

3）点火线圈　为防止漏电，应保持各部件清洁、干燥。若发现点火线圈的填料冒出，应予以更换。

2. 普通霍尔式电子点火系统的调整与检查

（1）分电器的安装　在安装分电器时，为保证点火正时，应按下列步骤及条件进行：

1）将发动机飞轮上的点火正时标记与飞轮壳上的标记对齐，使发动机第 1 缸活塞处于上止点，如图 4-40 所示。

2）使凸轮轴带轮上的配气定时标记与气门罩盖平面对齐，如图 4-41 所示。

3）使油泵驱动轴与分电器轴相接的偏端部与发动机曲轴方向平行，如图 4-42 所示。

4）将分火头指向分电器壳上第 1 缸的标记，装入分电器，如图 4-43 所示。

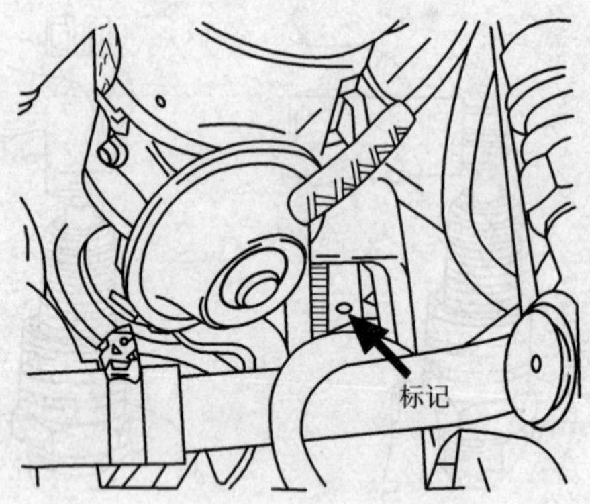


图 4-40 飞轮上点火正时标记

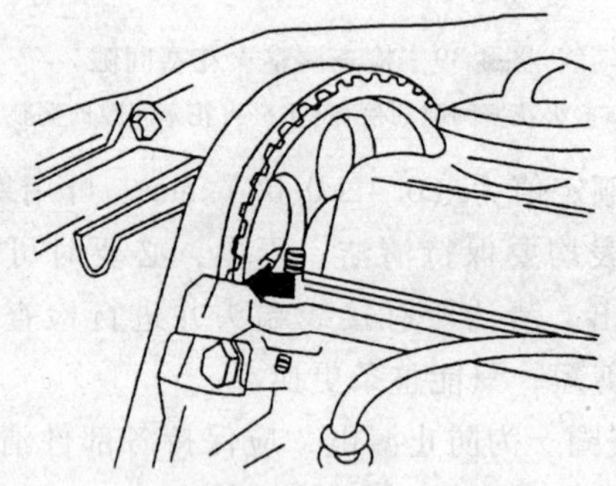

图 4-41 凸轮轴带轮配气定时标记

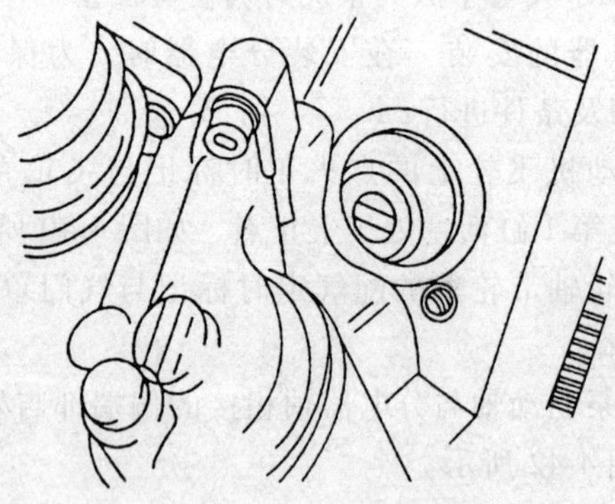

图 4-42 油泵驱动轴安装方位

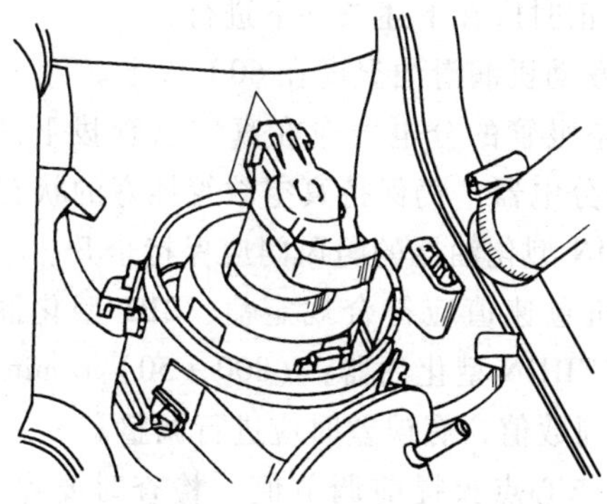

图 4-43　分电器安装方位

（2）调整点火正时　安装上分电器后要对点火正时进行测试与调整，这需要借助某些专用仪器，如点火正时测试仪或频闪灯进行检测。检测时应按照仪器的使用说明书接线及操作。如果使用桑塔纳的专用检测仪 V. A. G1367 进行测试，其连接方式如图 4-44 所示。

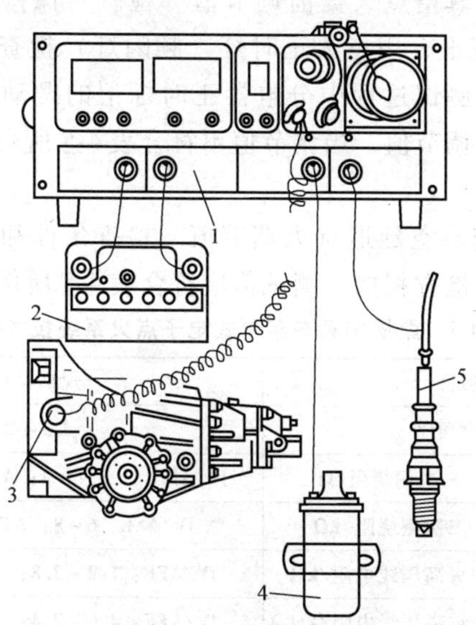


图 4-44　V. A. G1367 仪器接线示意图
1—V. A. G1367　2—蓄电池　3—上止点传感器
4—点火线圈　5—火花塞（第 1 缸）

调整点火正时应在下述条件下进行：

1）保持发动机润滑油温度在60℃以上。

2）单真空吸管的分电器应在真空软管拔下的情况下测试。双真空吸管的分电器，仍保持真空软管插好的状态下测试。

3）KEIHIN 型化油器的阻风门应保持全开。

4）发动机怠速值应符合规定值：2B5 型化油器：（950±50）r/min；KEIHIN 型化油器：（800±50）r/min。测试结果应符合表 4-5 所列数值，有误差时应进行调整。

（3）检查离心点火提前调节值　检查时要保持发动机润滑油温度在60℃以上，用点火正时灯（频闪灯）检查。用点火正时灯检查离心点火提前调节装置的条件和过程与调整点火正时相同，不同之处只是用点火正时灯观测在不同转速下分电器上正时标记的摆动角度，来测得离心点火提前调节值。点火提前调节值应符合表 4-5 所列数值。

（4）检查真空点火提前调节值　检查时保持发动机润滑油温度在60℃以上，用点火正时灯（频闪灯）检查。利用点火正时灯检测时，测试过程中分电器正时标记的摆动角度所反映的数值即为真空调节值。当调节值不符合表 4-5 所列数值时应进行调整。

（5）检查真空延迟点火调节值　检查条件和方法与真空提前点火调节的检查相似。测试值应符合表 4-5 所例数值。

**表 4-5　桑塔纳轿车霍尔式电子点火系统技术参数**

| 项目 | | 规格参数 |
|---|---|---|
| 点火顺序 | | 1-3-4-2 |
| 点火线圈 | 一次侧绕阻/Ω | JV/AFE：1.2~1.4；AJR：0.52~0.76 |
| | 二次侧绕阻/kΩ | JV/AFE：6~8；AJR：2.4~3.5 |
| 高压线（含插头） | 中央高压线电阻/kΩ | JV/AFE：1.2~2.8；AJR：1.9~2.2 |
| | 分缸高压线电阻/kΩ | JV/AFE：4.6~7.4；AJR：5.8~6.2 |
| 导通率（闭合角） | 规定值（800 r/min 时） | 22±3%（190±30） |
| | 极限值（3500 r/min 时） | 69±3%（620±30） |

（续）

| 项目 | | 规格参数 | |
|---|---|---|---|
| 离心提前特性 | 发动机转速/（r/min） | 2300 | 4800 |
| | 点火提前角/（°） | 14～18 | 22～26 |
| 真空提前特性 | 负压力/kPa | 6～12 | 20 |
| | 点火提前角/（°） | 0.5 | 5～7 |
| 点火正时 | 发动机转速/（r/min） | JV/AFE：80±50；AJR：800±30 | |
| | 初始点火提前角/（°） | JV:60±10;AFE:120±10;AJR:120±4.50 | |
| | 要求 | JV:拔下真空管;AFE:可调;AJR:不可调 | |
| 火花塞 | 间隙/mm | JV/AFE：0.7～0.9；AJR：0.9～11 | |
| | 拧紧力矩/N·m | 20～30 | |

（6）检查点火线圈　先拆除点火线圈上所有导线，然后进行以下检查：

1）检查一次侧绕组电阻　将电阻表接到点火线圈接线柱1（－）和接线柱15（＋）之间，如图4-45所示。所测得的电阻值应为0.52～0.76Ω。

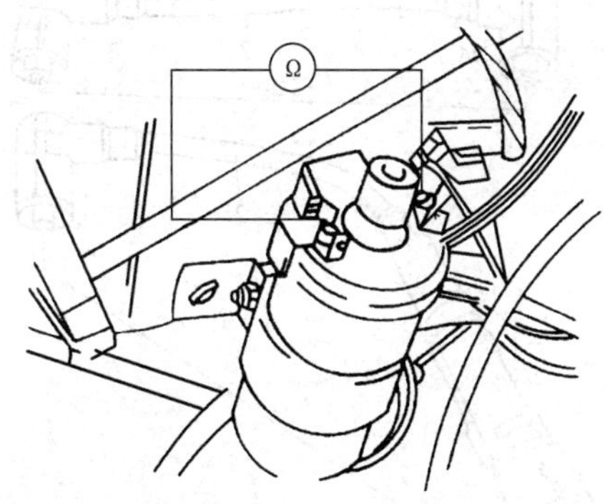


图4-45　测量一次侧绕组电阻

2）检查二次侧绕组电阻　将电阻表接到点火线圈接线柱1（－）和接线柱4（＋）之间，如图4-46所示。所测得的电阻值应为：无触头点火装置：2.4～3.5kΩ；有触头点火装置：7.0～12.0kΩ。

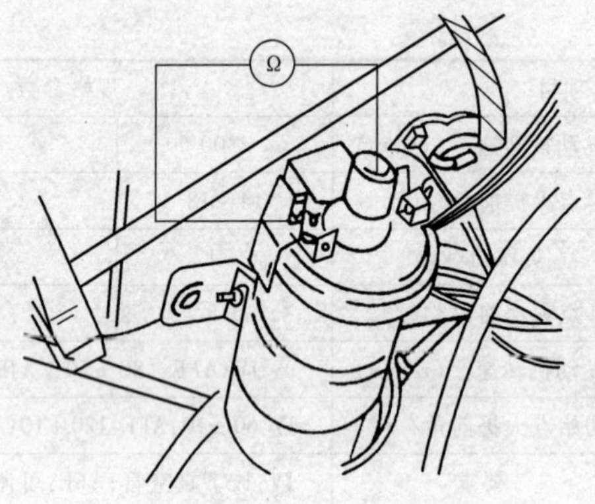


图 4-46 测量二次侧绕组电阻

（7）检查点火装置的电阻

1）高压导线电阻的检查 点火线圈与分电器之间高压线的电阻：0 ~ 2.8kΩ；分电器与火花塞之间的总电阻：0.6 ~ 0.7kΩ；导线 2 的电阻：0Ω。检查方法如图 4-47 所示。

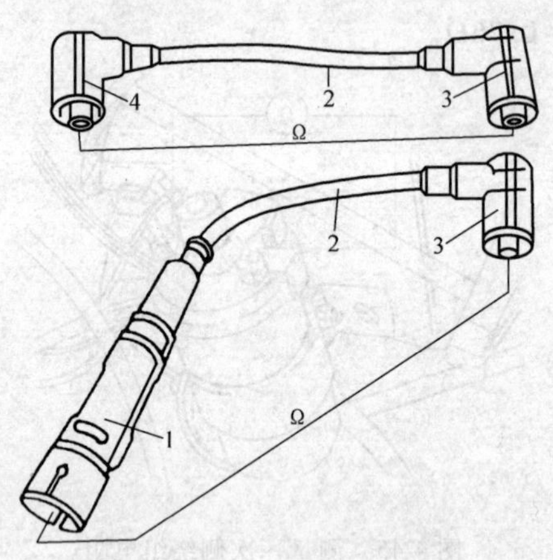


图 4-47 测量导线总电阻

1—高压线火花塞插头 2—高压线

3—高压线配电器插头

4—高压线点火线圈插头

2）插头电阻的检查　插头3的电阻：(1±0.4) kΩ。检查方法如图4-48所示。

3）火花塞插头电阻的检查　无屏蔽：(1±0.4) kΩ；有屏蔽：(5±1) kΩ。检查方法如图4-49所示。

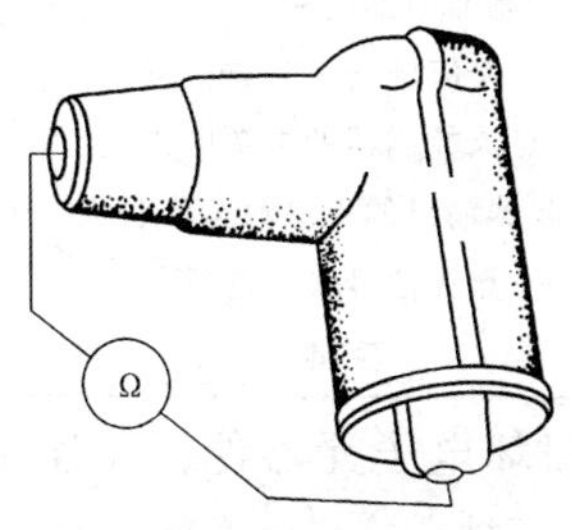


图4-48　测量插头电阻

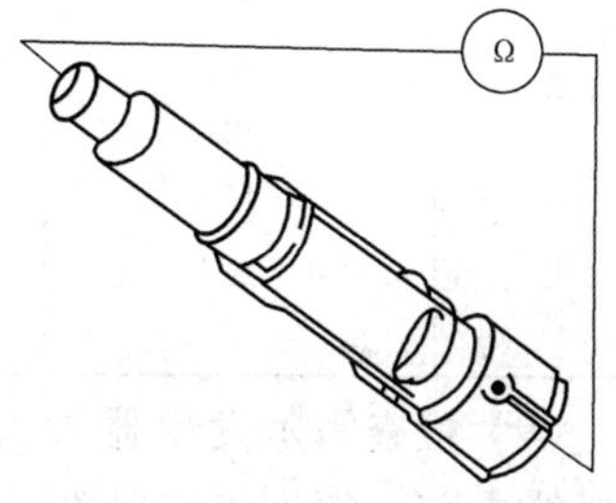


图4-49　测量火花塞插头电阻

4）分火头电阻的检查　无触头点火装置：(1±0.4) kΩ；有触头点火装置：(5±1) kΩ。检查方法如图4-50所示。

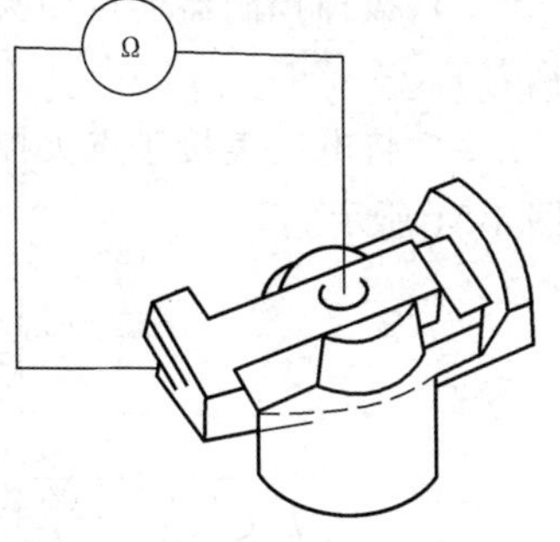


图4-50　测量分火头电阻

(8) 检查点火控制器（点火器）　当点火线圈的电阻符合要求，而点火线圈上没有高压信号时，应检查晶体管点火控制装置。

1）将插头从TSZ—H控制器（点火器）上拔掉，把电压表接在点火控制器插头上的端子2与端子4之间，打开点火开关，测得电压应与蓄电池电压相接近，否则说明有断路故障。

2）关闭点火开关，重新把插头插在TSZ—H控制器上。拔掉霍尔发生器插头，将电压表接在点火线圈接线柱1（-）和15（+）上。此时电压值应大于2V，并在1～2s后下降到0。否则应更换TSZ—H控制器。

点火控制器接线端子的电压值见表 4-6。

表 4-6 点火控制器接线端子的电压值

| 接线端子号 | 测试电压（对搭铁）/V | 说明 |
|---|---|---|
| 1 | 0 ~ 12 | 正常或模拟信号输入时，电压应在此范围跃变 |
| 2 | 0 | 点火控制器内部电路搭铁接线端子 |
| 3 | 0 | 点火信号（－）输入端 |
| 4 | 12 | 点火控制器的电源电压 |
| 5 | 10 | 点火控制器输出的霍尔触发器电源电压 |
| 6 | 0.4 ~ 11.3 | 点火信号输入电压 |
| 7 | | 空脚 |

(9) 检查霍尔发生器 为避免损坏电子元器件，在连接仪器接线之前，须先将仪器置于测量电压挡。

1）将高压线插头从分电器上拔下并搭铁（此时可用辅助线）。

2）拔掉控制器连接插头的橡胶套管（不拔下插头，插头仍插着）。

3）将电压表接于点火控制器插头上的触头 6 和 3 之间，如图 4-51 所示。

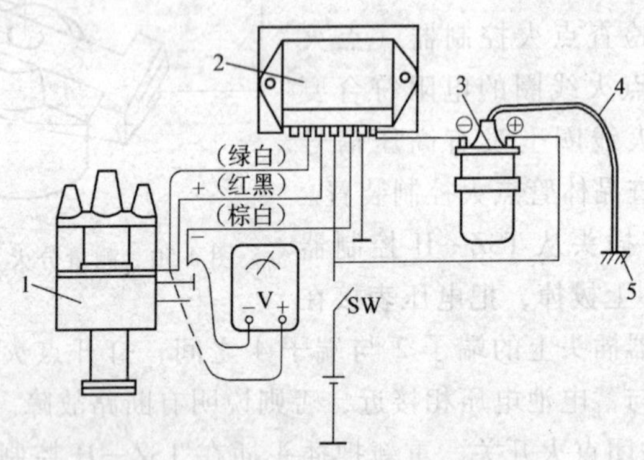


图 4-51 检查霍尔发生器输出电压

1—分电器 2—点火控制器 3—点火线圈 4—中心高压线 5—汽车金属体

4）打开点火开关。

5）用手按发动机旋转方向缓慢地转动发动机，观察电压的变化。当发动机转动时，霍尔发生器的触发器位置发生变化，此时，电压应在0.4～11.3V之间波动。

## 课题2　典型客车的使用与维护

### 一、概述

大客车是指载客45人及以上的乘用车辆。在世界汽车产业中，大客车与小型乘用车、轻型与重型载货汽车并驾齐驱，代表着汽车技术发展领域的一个具有相对独立技术风格的发展方向。

现代大客车，特别是豪华型大客车在现代客运系统中起着重要的作用。近年来，各种具有世界先进水平的汽车（如沃尔沃、凯斯鲍尔和大宇等型号的大客车）被引进。由于这类大客车技术结构的特殊性，对经营高等级公路客运企业的车辆技术管理提出了不同的要求。因此，有必要对现代大客车的技术运用问题进行专门化研究。

1. 大客车的总体结构特点

大客车的技术要求侧重点与其他类型的车辆有所不同，更强调安全性、舒适性。但早期国产大客车底盘是采用载货汽车的通用底盘改装而成，总体结构与载货汽车区别不大，其技术结构特点为：发动机前置、纵列、后轮驱动，桁架式大梁。载货汽车这样布置是为了加大车厢载货容量，提高驱动性能。但将该类型底盘用于大客车则存在较大的弊病：桁架式大梁、前置式发动机、后轮驱动的传动系结构布局会提高整车重心，降低安全性、舒适性与行驶稳定性；大客车若采用前置式发动机则必须布置在车厢之内，增加了乘坐环境的噪声与振动；前置式发动机还会使车厢内部布置缺乏整体性，减少了车内空间，不利于乘客的上下车流动等。

随着现代汽车技术的发展，现代大客车，特别是豪华型大客车的结构布局从根本上改变了早期在通用货运车辆底盘基础上进行简单改装而成的基本模式，形成了自身独特的技术风格，其发展趋势是：

（1）采用专用底盘　现代大客车多采用专门设计的专用底盘，其优点是：采用整体式承重框架并装备预应力蒙皮，可大量吸收外界突发能量，保护乘客安全；降低了车辆重心，提高了行驶稳定性与安全性；乘坐环境大大改善，车厢布局整体性增强；有助于安置较大的行李厢和辅助设备。

（2）发动机后置、后轮驱动　发动机后置使车厢内的主要部分远离振动与噪声源，使得车厢内部容积完整、流畅，有助于乘客流动并改善了乘坐环境与驾驶员劳动条件，有利于长途行驶。

（3）发动机横置　发动机横置加大了车厢有效容积，并可选用机械效率较高的圆柱齿轮传动。另外，后置式发动机采用横置有利于加强冷却效果。

现代大客车的上述总体布置也带来一些不利之处：发动机后置、后轮驱动使得操纵较为困难，必须采用特殊的操纵系统；冷却效果不如前置发动机；车辆后部乘坐舒适性较差。

2. 大客车的技术特点

现代大客车其本身质量和体积较大，使其拥有充裕的空间和载客量并充分利用现代汽车技术发展的成果。但考虑到大客车的特殊使用要求，在技术上还有其独特之处：

（1）强调安全性　为保护乘客安全，现代大客车采用了多种专门措施。例如，采用整体式承重车身框架和预应力蒙皮结构，以吸收外界碰撞能量；采用双管路和多通道制动系统，对车辆进行防撞、灭火等方面的专门设计；设置和设立紧急逃逸通道等。

（2）强调行驶稳定性　现代大客车整车质量较大，多数时间在高等级公路上行驶，因此，更强调行驶平顺性和制动稳定性。在技术上除运用 ABS 和防滑系统以外，普遍采用油气悬架和主动式悬架。为减轻制动时系统的负荷，在大双管路制动系统的基础上，辅之以发动机制动，多数大客车还装备了电磁制动装置以降低制动系统的机械负荷，使制动时方向稳定性和平顺性更好。这些装置的运用是与大客车更强调乘坐性能直接相关的。

对于自动变速器，现代大客车选用得并不多，这使得大客车对操纵简便性要求不高。采用传统手动变速器可以在特殊情况下主动控制车辆，强调人的主观驾驶意志。另外，大客车大部分时间是行驶在高等级公路上，长时间处于稳定工况，选用普通变速器可以提高传动效率，提高使用经济性，并降低整车制造成本。

(3) 强调乘坐舒适性　为适应长途行驶乘坐，现代大客车充分利用其可利用空间较大的条件，在乘坐舒适性上下了很大工夫。除了对车辆悬架和减振系统进行精心设计外，在仪表、照明、空调，通风、采光和座椅等设施上更强调人机工程系统设计；追求空间宽阔，线条明快、流畅，以消除和减少由于长途驾驶和乘坐所产生的疲劳。

(4) 强调可靠性　现代大客车对可靠性的要求较高，具体体现在新车首次故障间隔里程和寿命周期内的平均故障间隔里程指标。相对于小型乘用车而言，大客车尽量采用成熟的技术与装备，一般不追求新潮，而是强调可靠性。对于某些装置，例如变速器等，也尽量采用成熟的手动变速装置。关键设施则普遍采用双重或多重保险设置。

3. 大客车的技术使用特点

近年来，随着高等级公路网的日益普及和汽车技术的飞跃发展，现代大客车的使用规律产生了根本性的变化。

首先，车辆制造技术使得现代大客车的性能日益先进和完善，传统的机械系统日臻完善。再加上各种现代化控制技术的运用，使其质量水平与可靠性相当高，技术故障率较传统车辆降低了若干个数量级，并在寿命期间始终保持较低的故障率。

现代大客车多数时间是行驶在高等级公路上。由于路面质量较好，各系统均处于稳定工况运行，再加上各种先进的润滑材料与润滑技术的采用，进一步减少了机件的磨损率，从而降低了故障率。

上述两种因素的作用结果使故障率可以长期处于较低的水平。传统的故障率“浴盆”曲线已不足以描述现代大客车在正常使用期间故障率的变化趋势，如图 4-52 所示。

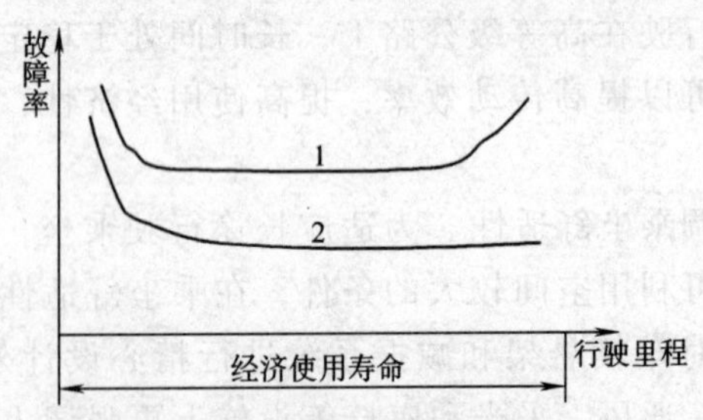


图 4-52 现代大客车的使用规律

1—传统故障率曲线 2—现代豪华型客车故障率曲线

其次，市场经济体制的确立也使得车辆使用时强调其经济寿命，使得大客车，尤其是豪华型的现代大客车的更新期逐渐缩短。由于在经济寿命期间其故障率始终保持在稳定的较低水平，因此实际使用期间一般不对车辆进行大修，而整车检测、局部诊断和维护成为车辆使用工作的重点。为加强维修工作的理性化，有必要结合现代豪华型大客车的技术与结构特点，对其检测、诊断和维护工作及其应用技术进行专门的研究。

## 二、配气机构的维护内容和操作方法

1. 配气相位的检查

1）调整各气门间隙和凸轮轴轴向间隙。

2）将每一缸转到排气终了上止点位置，并将支架上百分表的触头触及摇臂的上端，对准气门杆的中心，如图 4-53 所示。

3）转动百分表盘，使表针指向0位。

4）慢慢转动曲轴，使气门关闭，此表针所指数值就是该气门的提前或迟闭的微开间隙。应该注意顺时针旋转曲轴，排气门是逐渐关闭，进气门是逐渐增大。所以，测量排气门迟闭间隙要顺时针旋转曲轴；测量进气门提前微开间隙要逆时针转动曲轴。

5）对所测数值进行记录。

6）再按发动机作功顺序，用相同的方法依次测量其余各缸气门的间隙，并与标准配气相位所对应的各间隙值相比较，以此判断配气相位是否正确。

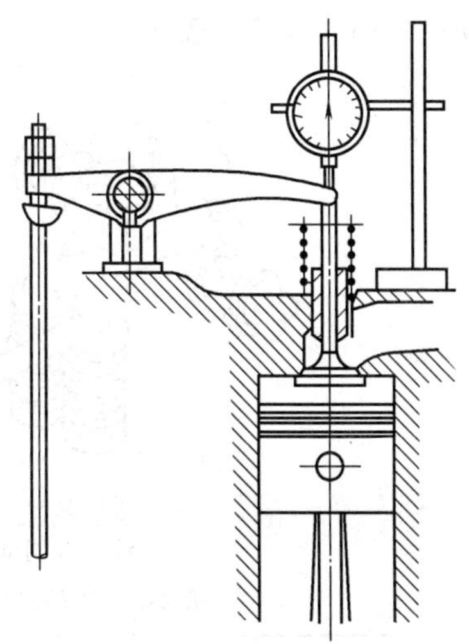

图4-53　配气相位的检查

2. 气门间隙的调整

为保证发动机的正常工作，发动机必须留有规定的气门间隙，其位置如图4-54所示。当间隙不符合要求时，要及时进行调整。

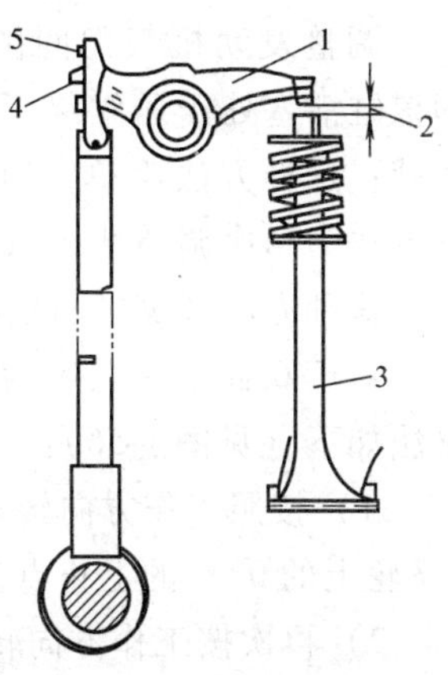


图4-54　发动机气门间隙
1—摇臂　2—气门间隙　3—气门
4—锁紧螺母　5—螺栓

检查与调整气门间隙时，该气门必须完全关闭，即挺杆底面应落在凸轮基圆上。调整部位为摇臂端头的调整螺钉，如图4-55所示。调整时，先松开锁紧螺母及调整螺钉，将塞尺插入气门杆与摇臂之间，旋紧调整螺钉，使塞尺轻轻压住，再旋紧锁紧螺母，最后用塞尺再复查一次，调整后的气门间隙应符合原厂要求。几种发动机气门间隙值见表 4-7。

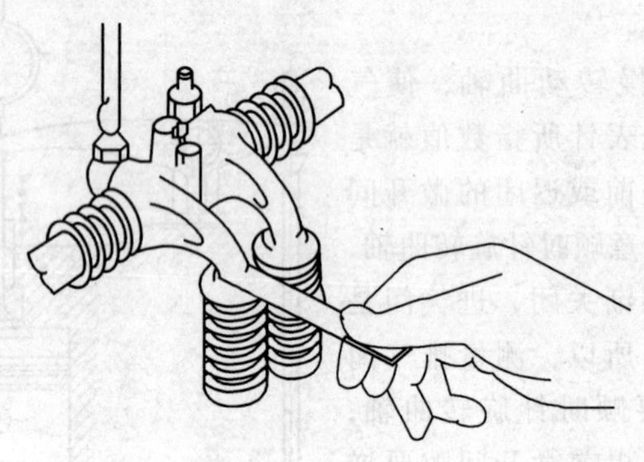

图 4-55 气门间隙的检查方法

表 4-7 几种发动机气门间隙值 （单位：mm）

| 机型 | 大宇 D2366T、DE12T | 大宇 DV15T | 沃尔沃 THD101、THD103、THD102、THD104 |
|---|---|---|---|
| 进气门 | 0.3 | 0.25 | 0.4（冷态） |
| 排气门 | 0.3 | 0.35 | 0.7 |

调整发动机气门间隙的方法有两种。一种是逐缸调整法，即该缸活塞处于压缩终了上止点时，可调整该缸进、排气门的间隙；这种方法简单，但必须多次摇转曲轴，工效较低。另一种方法为两次调整法，只需摇转两次曲轴即可调整全部气门间隙；这种方法减少了曲轴的摇转次数。

对于 6 缸作功顺序为 1-5-3-6-2-4 的发动机，气门间隙调整方法如下（见图 4-56）：

1）按照工作方向转动飞轮，直至第 1 缸活塞处于压缩行程（飞轮上的 0°）的上止点位置，调整气门：1、2、4、5、8、9。

2）再次按工作方向转动飞轮 360°，直至第 6 缸的活塞处于压缩行程（飞轮上的 0°）的上止点位置，调整气门：3、6、7、10、11、12。

## 三、润滑系统的维护内容和操作方法

机油滤清器在工作中的主要损坏形式是破裂和堵塞。

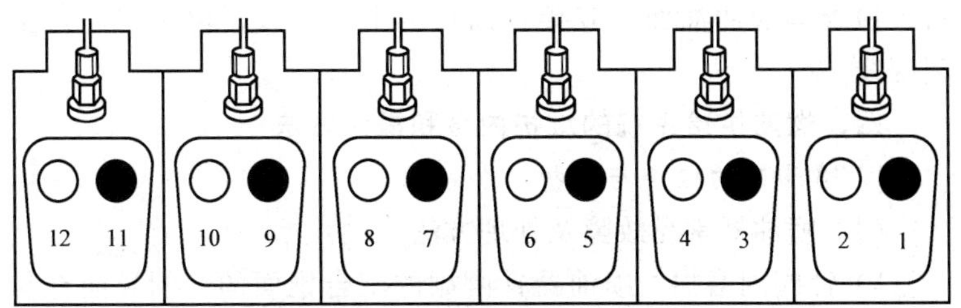


图 4-56　气门间隙的调整方法

○—进气门　●—排气门

纸质滤芯一般不修理，而是采用定期更换滤芯的方法。一般，新柴油机或大修后的柴油机在 100 工作小时后更换滤芯，以后每 200 工作小时更换一次。更换润滑油的同时应更换两个机油滤清器。更换机油滤清器时，按以下程序进行（见图 4-57）。

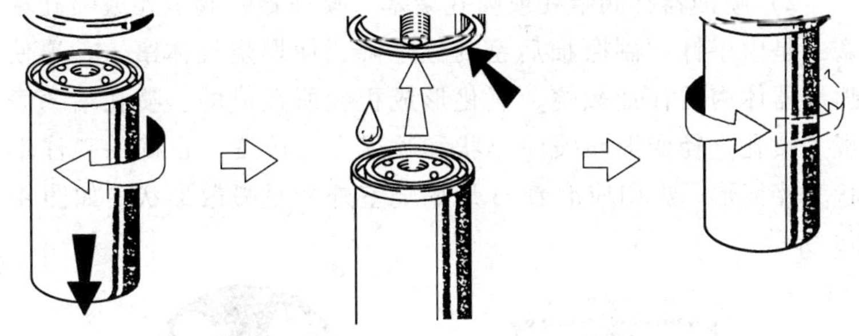

图 4-57　更换机油滤清器

1）拆下柴油机下面的挡板。

2）同时更换两只机油滤清器。

3）按滤清器壳上的说明进行安装，拧紧力矩为 25N · m。

4）起动柴油机检查有无渗漏。

5）将柴油机下面的挡板装回原位。

更换机油滤清器后，油道是空的，此时不能直接起动柴油机，应使柴油机转动一会。当润滑油压力表有读数指示后，再起动柴油机在 1000r/min 运转片刻。关闭柴油机，静止 5min 左右，检查润滑油油面，应接近油尺的上刻度线，但不得超过上刻度线。

## 四、燃油供给系统的维护内容和操作方法

### 1. 喷油器的检查与维护

(1) 喷油器常见故障及处理方法

1) 针阀副磨损　喷油器针阀副的配合锥面的针阀导向杆与座孔间的磨损，对喷油器影响很大。由于燃油通过柱面向上泄露，使得喷油量迅速下降，而且转速越低喷油量越小。

喷油器配合锥面磨损后，使喷油器无法正常工作，导致高压油管剩余压力下降和断油不彻底，并在高氧化、裂化下分解成炭粒，堵塞喷孔或卡死针阀。针阀前端锥面磨损，使喷雾质量变坏，影响混合气正常形成，造成发动机工作性能下降。针阀副磨损后应更换喷油器。

2) 喷油器针阀卡死或喷孔堵塞　喷油器针阀卡死或喷孔堵塞，是由于针阀副磨损后密封性下降，使燃烧气体窜入，迫使喷油器体内的存油燃烧、氧化形成积炭所造成的。喷孔堵塞表现为喷孔直径变细和喷注形状和喷射方向改变，正确的喷注形状为棒槌形，方向应沿着 ω 形燃烧室外壁呈喷散形状，如图 4-58 所示。

图 4-58　检查喷油器喷射的方向和形状

对于喷孔堵塞的喷油器要彻底清理，一般是先将针阀体放在丙酮或专用的清洗剂中浸泡，取出后用黄铜刷刷掉表面的积垢，用小于喷孔直径的细铜丝清理喷孔里的阻塞物，再用专用的工具清理阀座的内腔，如图 4-59 所示。清理时切勿反复刮磨，

以免加重喷孔的磨损。

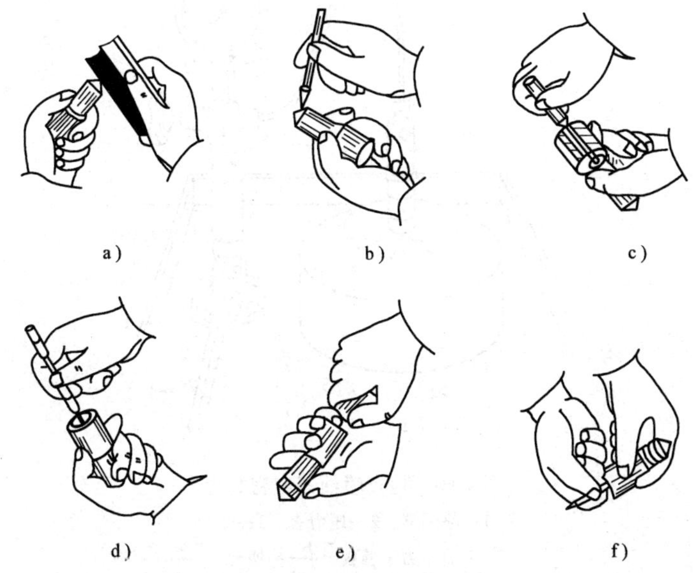

图 4-59　清理喷油器喷孔

a）刷洗表面　b）清理喷孔　c）、d）、e）、f）清理内部

3）密封垫损坏　喷油器与气缸盖座孔底部结合面的密封铜垫，因变形而失去作用，应更换新垫片。

（2）检查喷油器座密封性　将喷油器安装在试验台上（见图 4-60），均匀而缓慢地用手柄压油，使油压达到 200kPa（小于喷油器的开启压力），保持油压 10s，喷油器的喷嘴处不应有油滴，否则应更换新的喷油器。

（3）检查开启压力　将喷油器安装在试验台上，连接压力表，慢慢地将喷油器试验台手柄向下推，直至喷油器开启，燃油喷出，此时压力表上的读数即为喷油器的开启压力，如图 4-61 所示。开启压力应符合规定值，例如沃尔沃客车发动机的喷油器开启压力为 26MPa，大宇客车的为 20MPa。

（4）喷油器喷油压力的调整　喷油器喷油压力过大和过小都要进行调整。在喷油器试验台上调整喷油压力的操作，可按

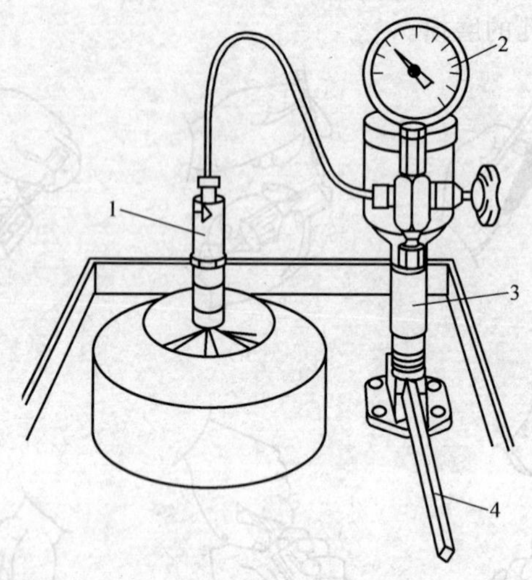


图 4-60　检查喷油器座密封性
1—喷油器　2—压力表　3—喷油压力试验仪　4—手柄

下述步骤进行：

1）将喷油器装到试验台上，拆下尾部的空心螺栓，松开锁紧螺母，调松调压螺钉，在喷嘴下方接好盛油器皿，压动泵油杠杆，使喷油器预喷数次。

2）逐步拧紧调压螺钉，查看压力表并压动泵油杠杆，直至压力表数值达到规定值为止。

3）以 60 次/min 的速度压动泵油杠杆，从下述各点判断喷雾质量：

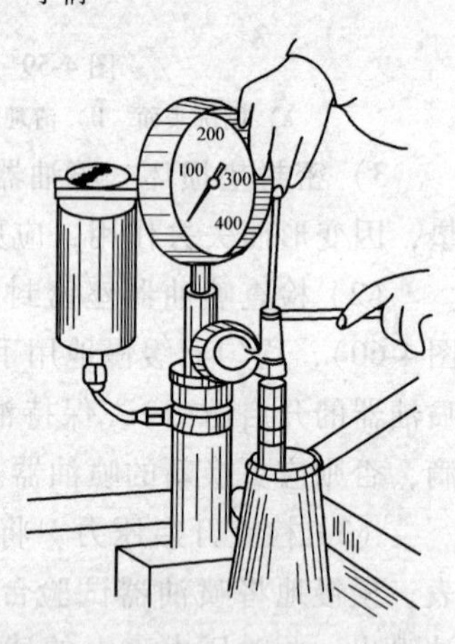


图 4-61　检查喷油器的开启压力

①　观察喷油器的喷注方向和形状，并与图 4-58 相对照，相同者为好。

②　看喷注的锥角和长度，以各喷注一致为好。

③　分辨喷雾雾粒的细微程度，以最细、最均匀为好。

④　注意喷嘴尖端，以干净、无油为好。

⑤　听声音，以有清晰的“扑、扑”摩擦声为好。

4）调好压力后，拧紧锁紧螺母，再试喷几次，确认符合要求后，装复空心螺栓。

2. 喷油泵的检查与维护

（1）喷油泵主要部件的检查

1）检查柱塞偶件

①　就车检查法：磨损和发卡是柱塞偶件的典型故障。磨损使间隙变大，可在柴油机上检查出来。试验时可用手触摸每根高压油管，对于脉动弱的油管，从喷嘴接头处拆开，用一堵塞堵住。当供油量处在最大的位置时，打开喷油泵的侧盖，用螺钉旋具撬动对应的柱塞弹簧座底部，如图4-62所示，使柱塞上下运动。若撬动几次后就感到撬不动了，说明柱塞偶件的磨损尚小；若仍能撬动，且不太费力，说明柱塞偶件已严重磨损，需要进行更换。

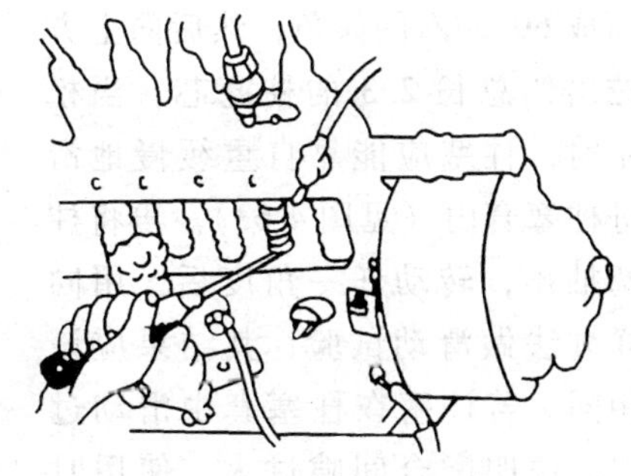

图4-62　柱塞偶件磨损的检查

柱塞发卡是柱塞偶件的另一种常见故障。尤其在燃料质量不好，含水分或灰分过多时较易出现。对于刚刚拆修过的喷油泵，柱塞发卡常常是装配不当所至。若怀疑某一柱塞发卡，可用手摸对应的高压油管，如果感到脉动强弱无规律，或听到发动机怠速声音不均匀，可判断为该故障。多数的柱塞发卡故障需要拆洗喷油泵，检查柱塞表面，看是否有卡痕和绿锈。通常，卡痕能看到但对运动并无影响，只要清洗干净即可恢复正常；若有绿锈，则必须清除干净。

②　外观目测法：观察柱塞偶件，若发现有下列情况之一

者，偶件即报废。

a. 柱塞表面有严重磨损。

b. 柱塞端面、直槽、斜槽等边缘有剥落或锈蚀。

c. 柱塞套孔表面有锈蚀和较深的刮痕裂纹。

d. 减压环带磨损过甚等。

③ 滑动测验法：将柱塞偶件浸泡在清洁的柴油中洗净后，用手指捏住柱塞套，保持与水平面成60°左右的倾角，然后向上方拉出约总长2/3的柱塞芯，当松手时，柱塞应能靠自重缓慢地滑进柱塞套内（见图4-63）。再将柱塞抽出，转动任一角度后，用同样方法做滑动试验，其结果应该相同。若柱塞在柱塞套中滑动过快，说明配合间隙过大，使用时会严重漏油；若滑动发生阻滞，说明配合间隙过小，柱塞有微量弯曲，柱塞受到严重划伤或柱塞螺旋槽、直切槽有毛刺，使用这种柱塞偶件会影响油量调节齿杆移动的灵活性，严重时会发生咬死现象。因此，除毛刺有时能补救外，这类柱塞偶件一般必须给予更换。

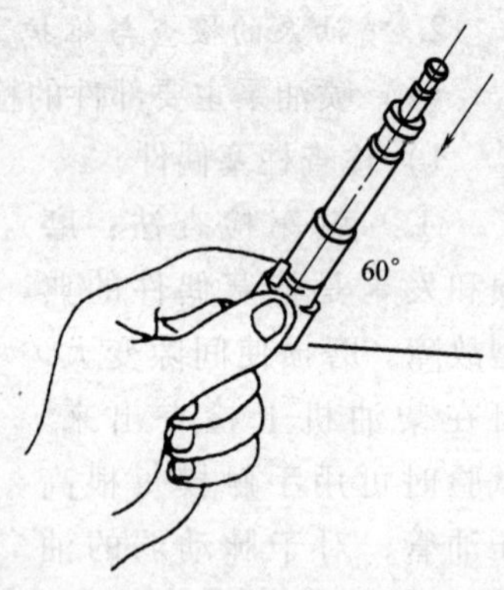

图4-63 柱塞的滑动性检查

2）检查出油阀偶件 检查出油阀和阀座有无因柴油杂质引起的磨损或擦伤。若出油阀的表面发现有钝化现象，则应更换零部件。

用一只手塞住阀座底端，另一手手指轻压阀门，使阀门下移一定距离，松开后看阀门是否回到原位，如图4-64所示。如果不能复位，应更换。

3）检查出油阀弹簧张力 检查方法如下：

① 固定好止推阀门，准备好卡尺。

② 在不压缩止推阀的情况下读出卡尺读数，如图4-65所

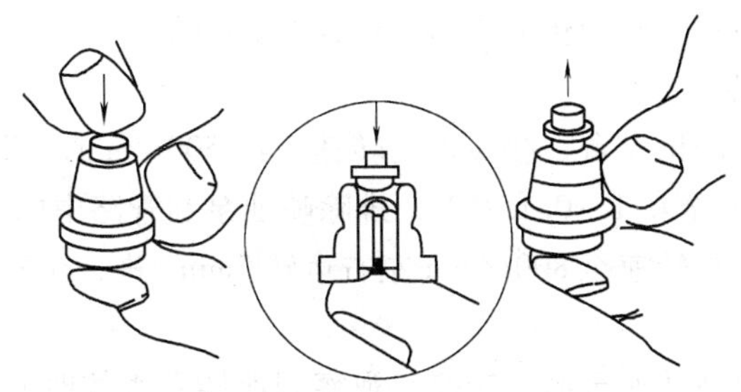

图 4-64　出油阀偶件的检查

示。

③　用力压缩弹簧，使出油阀与高压密封接触。两次读数之差便是弹簧的张力。必要时，用调整垫圈的方法调整弹簧张力。

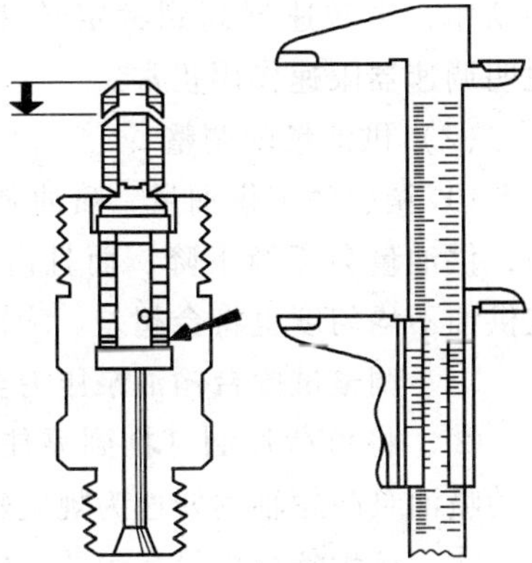

4）检查凸轮轴　检查方法如下：

①　检查键与键槽是否松动、不吻合，必要时更换键或凸轮轴。

图 4-65　检查出油阀弹簧张力

②　检查锥形部分的表面粗糙度，必要时用油石修复。

③　检查螺纹是否损坏，必要时更换。

④　仔细检查凸轮面有无损坏、磨损、变形，必要时更换凸轮轴。

⑤　检查凸轮轴轴承有无磨损、损坏，必要时更换。

3. 喷油泵的调整

以 CA6110 系列柴油机为例说明喷油泵的试验调整方法。

(1) 喷油泵试验　由于柴油的黏度随温度变化很快，供油量也会随之变化，所以试验工作温度应在 20℃ 左右。试验前进行下述预备操作：

1）检查试验台传动头与柴油泵凸轮轴是否同心，各管接头是否有渗漏。

2）开动试验台，缓缓提高转速至约500r/min，调整试验台输油泵压力至0.1～0.15MPa，排除喷油泵和管路中的空气。

3）提高转速至800r/min左右运转5min，进一步检查运转情况和渗漏情况。

4）提高转速至额定转速，观察调速器是否按时起作用；读齿条行程量具示数或从喷油泵的侧面检查窗口观察齿条和扇齿的动作，当转速提高到额定转速后，齿条若向减油方向移动，说明调速器限速作用正常。

（2）供油量的调整

1）调整额定供油量　喷油泵经长期工作后，随着偶件的磨损，供油量会逐渐下降。而且由于各柱塞的磨损也不一致，各缸供油不均匀度也将会超差。为恢复其性能，可进行如下调整：

①　调整试验台输油泵压力至156kPa。

②　将负荷控制杆推到靠住全负荷限位螺钉上，使试验台拖动喷油泵凸轮轴的转速为规定转速1450r/min。

③　读齿条行程量具示数，此值应为10.2mm。

④　测量各柱塞供油量。

⑤　调整各柱塞供油量　若检测值不符合规定时（正常时平均供油量为71$mm^3$/次），应松开扇齿夹紧螺钉，用螺钉旋具和小锤子转动油量控制套筒，向左转会使供油量增加，向右转会使供油量减少，如图4-66所示。

2）调整预行程和供油正时　用柱塞行程测定仪调整柱塞的预行程和各个柱塞的供油正时，柱塞行程测定仪是一个改装后的百分表，它能够较准确地测出柱塞的行程。柱塞行程测定仪的安装如图4-67所示。

①　将负荷控制杆推到靠住全负荷限位螺钉的位置上。

②　拆掉第1缸高压油管、出油阀紧座、弹簧和出油阀。

③　装上柱塞行程测定仪。

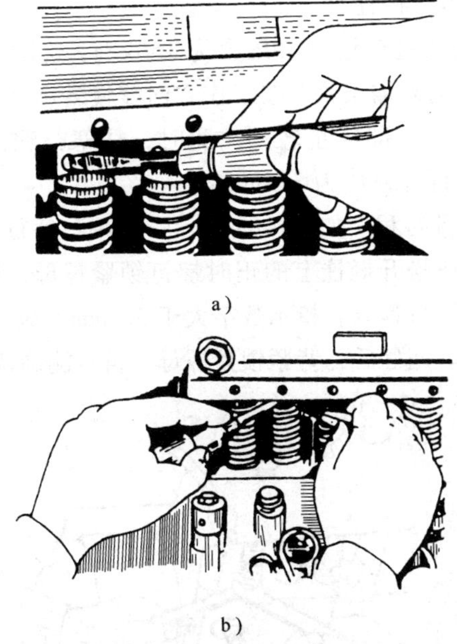

a）

b）

图 4-66　调整喷油泵供油量

a）松开齿扇螺钉　b）调整供油量

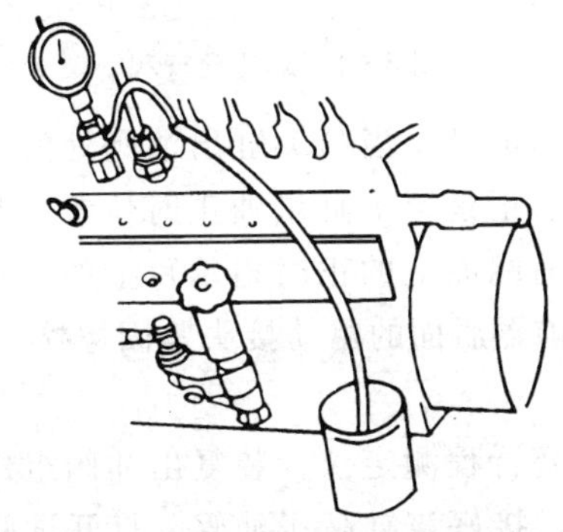

图 4-67　柱塞行程测定仪的安装

④　转动凸轮轴使第 1 缸凸轮处于下止点；这时柱塞行程测定仪上的百分表指针向小行程方向已走到极点，无论凸轮轴向哪个方向转动，指针都会向回摆动，转动百分表盘，使指针

在极点时指“0”行程。

⑤ 调整试验台输油泵压力为156kPa，这时第1缸出油阀处的溢油管会向外溢柴油，按工作方向缓慢转动凸轮轴，当溢油管停止溢油时，立即停止转动。此时，柱塞行程测定仪上指示的数字就是预行程，应为3.3mm。

⑥ 调整预行程 如图4-68所示。如果柱塞行程测定仪指数不是规定值，应松开挺柱上的正时螺钉锁紧螺母，用拧动正时螺钉的方法调整预行程。若指示数字大于3.3mm，应将螺钉向左拧；反之，向右拧。调好后，背紧锁紧螺母，再重测确认一次。

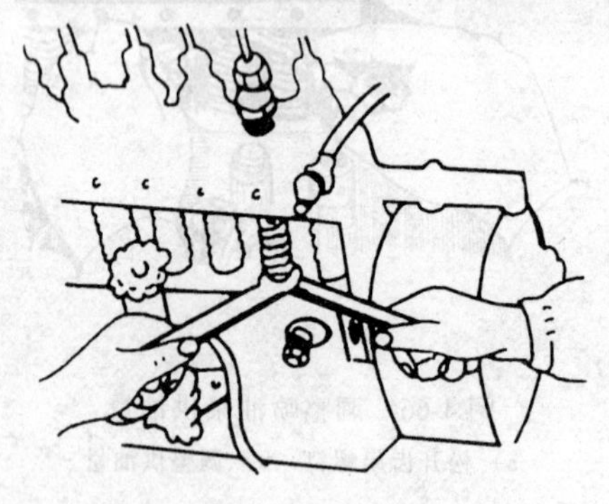

图4-68 调整预行程

⑦ 调整供油正时 当第1缸出油阀处的溢油管停止溢油时，凸轮轴的相位正是第1缸供油正时位置，此时提前器壳上的刻线应与泵体前端面上的正时指示片上的刻线对准。如果不对准，应松开提前器后面的驱动接头紧固螺栓，转动提前器壳，使之对准。

⑧ 拆掉柱塞行程测定仪，装复出油阀组件，按规定力矩拧紧出油阀紧座。接好该缸高压油管，打开试验台喷油器的溢流阀，提高试验台的输油泵压力，略反转凸轮轴，直到看见溢流阀溢出油为止。

⑨ 按喷油顺序，将柱塞行程测定仪接在下一柱塞副上，按工作时凸轮轴的转动方向转动约60°，调整下一缸柱塞的预行

程和供油正时，直至调完六个柱塞副为止。

CA6110 系列柴油机的各缸工作顺序及喷油泵的喷油顺序为 1-5-3-6-2-4，各缸之间的供油正时夹角为 60°，允许偏差为 30′。

3）调整怠速供油量　在怠速转速过高或没有怠速的情况下，有时需要检查或调整怠速供油量。通常，调整怠速供油量要在调整额定供油量之后再进行。可按下述步骤操作：

① 将负荷控制杆靠在怠速限位螺钉上，使喷油泵转速为规定怠速转速 275r/min。

② 测量怠速供油量是否符合规定，1000 次喷油的喷油量为 11.8mL。

③ 如果怠速供油量不符合规定，先将调速器后盖上部的怠速稳定器旋退少许再试，若仍然不符合规定，可以用调整怠速限位螺钉的方法来调整，拧入螺钉会增加怠速供油量，旋出会减少怠速供油量。

④ 计算所测怠速供油量的不均匀度，如果超出 ±15% 则为不合格，需要进行调整。调整的方法与额定供油量调整方法一样。但是，在调整怠速供油量不均匀度后，必须重新调整额定供油量，然后再测量不均匀度。反复调整，直至符合要求。

提示：当遇到需要调整供油量不均匀度的情况时，可先调整调速器，然后再调整怠速供油量。

4. 发动机怠速的调整

运转发动机至正常工作温度后再进行怠速检查。当加速踏板将喷油泵上的节气门臂拉回到低怠速限位时，完全踩下加速踏板，检查节气门臂，应能触到高怠速限位螺栓。必要时进行调节。发动机怠速调整如图 4-69 所示。

1）高怠速调整　调整方法如下：

① 起动发动机前检查节气门臂，应在高怠速限位螺栓上。

② 运转发动机使之达到正常工作温度。

③ 踩下加速踏板，检查高怠速。

④ 拧动高怠速限位螺栓，将发动机转速调到 2100r/min。

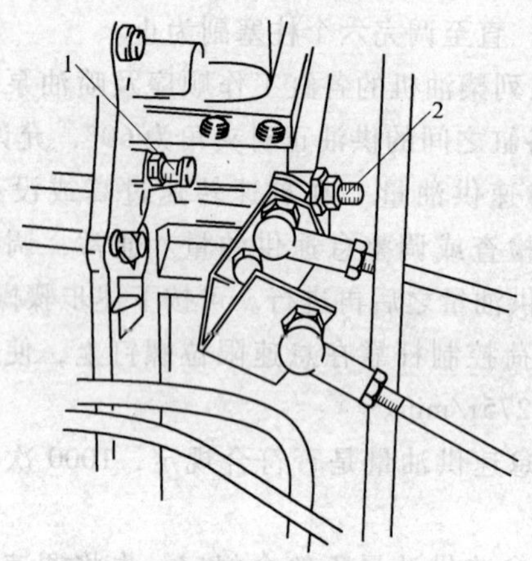


图 4-69 发动机怠速调整

1—高怠速限位螺栓 2—低怠速限位螺栓

调整结束后，应将高怠速限位螺栓进行防滥动密封。

注意：高怠速限位螺栓经过防滥动密封保险后，只有得到许可方可打开。

2）低怠速调整 调整方法如下：

① 运转发动机使之达到正常工作温度。

② 检查低怠速。

③ 拧动低怠速限位螺栓，将发动机转速调到550r/min。

**五、进气与排气系统的维护内容和操作方法**

（1）拆解空气滤清器 用手旋下空气滤清器上的手柄螺母，取下手柄螺母的盖子，并清洗干净，从外壳中取出滤芯，如图4-70所示。用湿的软布擦拭滤清器。

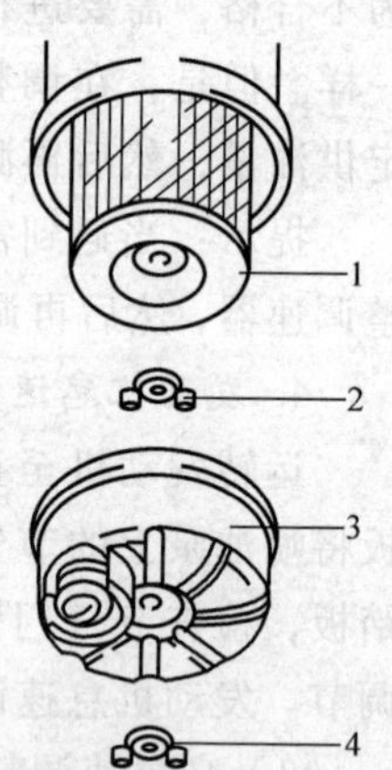


图 4-70 空气滤清器的拆解

1—滤芯 2、4—手柄螺母 3—盖子

检查滤芯上的密封垫和外壳上的密封垫，如果密封垫已损坏，必须更换整个滤芯。

将新的或清洁后的滤芯装在外壳上，轻轻压好，用三角边螺母紧固，在外壳上旋上盖，使尘土排放阀朝下，用手拧紧手柄螺母即可（不能用钳子）。

（2）清洗空气滤清器

1）高压空气吹净滤芯　用压力为500kPa的干燥压缩空气，从滤芯内部向外吹净滤芯，如图4-71a所示。为了取得更好的效果，可将末端弯成90°的管子连接到气源或喷枪上，在滤芯的长度方向上，将整个滤芯吹净。

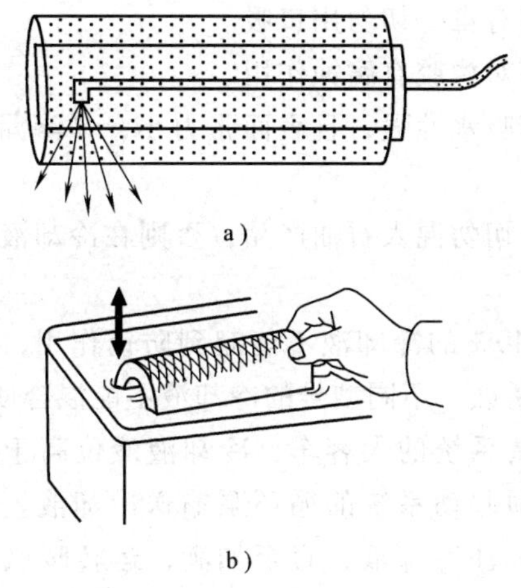

图4-71　清洗空气滤清器

a）用高压空气吹净滤芯　b）用清洗液清洗滤芯

2）用清洗液清洗滤芯　用20mL的MANN53清洗剂和1L热水配制比例为1:50的清洗液。将滤芯用压缩空气吹净或使用配制比例为1:50的工业清洗剂将滤芯浸泡大约10min。取出滤芯，放到清洗液中浸泡5min，（见图4-71b）然后在干净的水中清洗（使用水笼头或软管，不要使用喷枪）。取出滤芯甩去水，在室温下干燥，注意：不要放在加热器或散热片上干燥。

## 六、冷却系统的维护内容和操作方法

### 1. 冷却液

客车柴油机冷却系统的介质均采用冷却液，冷却液采用防冻剂（乙二醇）与冷却水配制而成。

冷却水最好使用软水，即含盐分少的水，如雨水、雪水、自来水等。否则在水套中易产生水垢，使气缸体、气缸盖传热效果差，柴油机容易过热。如果只有硬水，则需经过软化后，方可注入冷却系统中使用。硬水软化的常用方法是：在1L水中加入碳酸钠（纯碱）0.5~1.5g，或氢氧化钠（烧碱）0.5~0.8g，或体积分数为10%的重铬酸钠（红矾）溶液30~50μL。

在使用乙二醇配制的冷却液时，应注意：

1）乙二醇有毒，切勿用口吸。

2）乙二醇对橡胶有腐蚀作用。

3）乙二醇吸水性强，且表面张力小，易渗漏，故要求冷却密封性好。

4）使用中切勿混入石油产品，否则在冷却液中会产生大量泡沫。

浓度低于40%的冷却液不能起到防锈作用，甚至在一些情况下还会加重锈蚀。不同型号的冷却液不能混合使用。

安装有空调系统的大客车，冷却液液位高于膨胀箱里的液位，因此，必须起动系统的循环泵输送冷却液。通过膨胀箱向冷却系统慢慢加注冷却液，直至加满，运转暖风机检查冷却液液位，沃尔沃B10M客车的散热器通风管一直通到膨胀箱底部，因此，可用专用加注装置，通过散热器底部的排空接头向冷却系统加注冷却液。

2. 节温器检测

（1）节温器工作状况检测　将节温器置于75℃的热水中，0.5min后，节温器应保持关闭状态，如图4-72所示。将水加热到沸点100℃，再持续0.5min，然后检查节温器的开启程度，其开启升程应不小于7mm，否则应更换节温器。

（2）测试　在水中将节温器悬挂，或将一木头垫在节温器下，避免直接加热节温器。在测试中，不停的搅动水以使温度

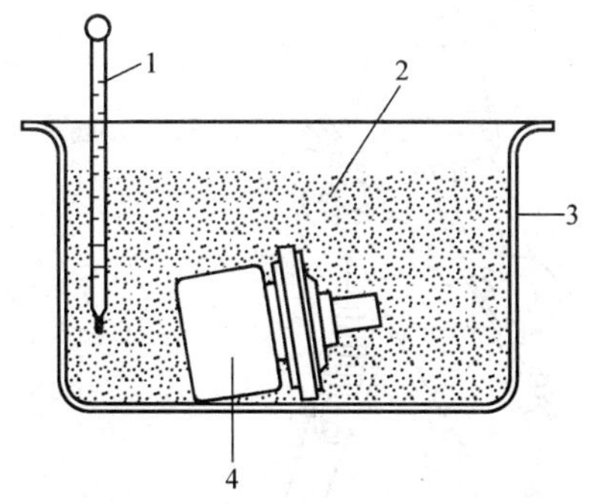


图 4-72　节温器的检测

1—温度计　2—热水　3—容器　4—节温器

均匀。

## 七、传动系统的维护内容和操作方法

### 1. 离合器操纵机构的检查与调整

(1) 离合器踏板自由行程的调整　豪华大客车离合器的操纵机构普遍采用液控气压助力式，因此其调整分为以下两部分：

1) 总泵推杆和活塞间隙的调整　根据结构的不同，调整方法有两种。其一是对离合器踏板位置进行调整，如沃尔沃豪华大客车，可调整上端止动螺栓，直至柱塞杆推动活塞，踏板有 4 ~ 5mm 的自由行程，如图 4-73 所示；其二是用转动推杆来调整，如大宇豪华大客车，旋松柱塞杆上的锁紧螺母，转动推杆直至推杆端部与活塞接触，然后转回推杆 1/2 转，再拧紧锁止螺母。

2) 分离杠杆内端与分离轴承间隙的调整　它是靠改变分泵推杆的长度来进行调整，如大宇豪华大客车，松开推杆锁止螺母，慢慢地转动推杆直至活塞完全回位，然后转回推杆 1 ~ 2/3 转，再拧紧锁紧螺母。

(2) 离合器踏板行程的调整　如沃尔沃豪华大客车，测量离合器踏板未踩时到踩到底时踏板移动的距离，其值应在合理范围内。否则，可调整离合器踏板下端止动螺栓，如图 4-74 所示。

(3) 压缩空气泄漏检查　当离合器分离过程中感觉踏板非

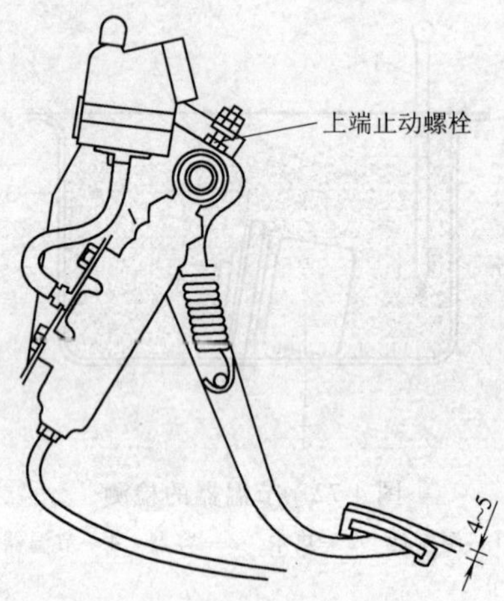


图 4-73 离合器踏板自由行程的调整

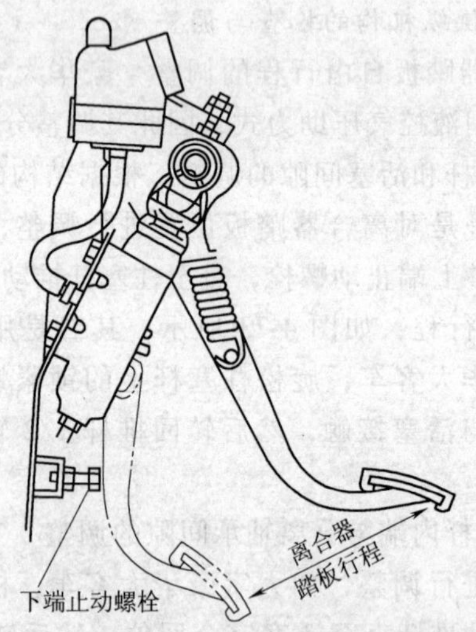


图 4-74 离合器踏板行程的调整

常硬而且气压助力机构设置正确时，应检查系统是否存在泄漏。可在空气达到正常工作压力时，将皂质液体抹于可疑之处进行观察。

2. 手动变速器维护

装配变速器时，必须对一些项目进行调整，出现故障后，要进行诊断。下面以沃尔沃豪华大客车的 EGS 系统为例加以说明。

(1) 操纵杆位置的调整　在装配好换挡操纵杆座总成后，应该调节换挡操纵杆的位置。

1) 空挡位置

① 放松变速操纵杆座上端的螺母、止动缸后部的联接螺栓和止动缸的止动侧边螺栓，将变速操纵杆从 1/倒挡位置推向 6/7 挡位置，导向套应该能在操纵杆选挡叉的拨舌之间自由运动。如果需要调节，可以将止动缸前后移动。

② 调好位置后，将止动缸后部的联接螺栓拧紧，固定止动缸，拧紧力矩为 50N · m。

③ 挂 4 挡，拧紧变速器操纵杆座上端的螺母。

④ 将变速器操纵杆推至 1/倒挡中间位置，注意，一定要经过空挡位置，然后放松操纵杆。此时，操纵杆应该自动返回 4/5 挡中间位置，轻推操纵杆，应该可以很轻松地挂上 4 挡或 5 挡。按同样的操作方法，检验 6/7 挡。

2) 止动缸的调节

① 挂 6 挡，确保导向套的边缘与选挡叉接触。

② 旋入定位螺钉足够深，确保其端部与止动缸接触。继续拧入，直至导向套恰好与选挡叉的拨舌接触。前后摇动变速操纵杆，检验其是否灵活。合格后，将该定位螺钉旋松 1/4 圈，将螺母锁紧。

③ 挂倒挡，调节止动螺钉，当纵向推拉操纵杆时，检查换挡动作是否平顺。

3) 倒挡锁的调节

① 挂 3 挡，向前推动控制盘直至操纵杆上的倒挡锁位置。若需调节，旋入止动螺钉，调节控制盘的位置。

② 挂 2 挡，检查倒挡锁是否与控制盘平行运动，确保导向套与选挡叉的拨舌不接触。合格后，拧紧螺钉。

（2）挂挡位置传感器的调整　装配时，挂挡位置传感器需要进行调整。调整时，用压缩空气将副变速器控制气缸推至低挡位置，安装传感器后，不加垫片。在传感器上安装一个蜂鸣器，拧紧传感器螺母直至蜂鸣器不响，再放松传感器直至蜂鸣器发声。用塞规测量并记录传感器和壳体之间的间隙，用压缩空气将副变速器推至高挡位置，进行同样的操作。两次测量间隙中的较大值再加上0.8～1.2mm，即为所需垫片的厚度。当使用垫片组时，应该用尽可能少的垫片数目。

3. 自动变速器的维护

（1）清洁　对变速器进行任何维修之前，都要清洗变速器，然后吹干。检查和修理变速器时，一定要保证尽可能高的清洁度，尤其在维修阀体控制系统时。当进行彻底的检查时，要清洁行星机构的润滑油道，清除掉片式离合器/制动器活塞密封环处的润滑脂。阀体控制系统的油道迂回而狭窄，容易积聚尘泥，必须在专门的场所进行特殊清理。拆下的零部件要放在没有灰尘的地方。如果润滑油受到污染，换润滑油后必须清理机油冷却器，更换变速器机油滤清器。

清理后的零部件，如果再沾上灰尘，会导致变速器内油路阻塞，使活塞与阀门黏结。因此，只能用凡士林和变速器油来润滑各种零部件。

（2）密封　一定要更换衬垫、O形环和铜密封环。在装配前，O形环和衬垫要用凡士林涂抹，不能用硅油等密封胶涂抹衬垫。

（3）活塞密封　活塞密封环的润滑脂要抹在面对压力的一侧。密封环在安装之前，要将其轻微扩张。活塞安装之前，要在密封环和活塞保持架上抹上凡士林。

（4）油路　在装配前，所有油路都要检查密封螺母和螺纹管接头是否拧紧。

（5）轴承、座圈和支承环　球轴承的滚柱不能强行压入座圈，必须用加热炉或热风扇对座圈和支承环进行加热。

（6）弹簧　发生永久变形的弹簧（包括卡环），必须更换。

4. 锥齿轮的维护

（1）检查锥齿轮的啮合间隙　将锥齿轮的输入轴制动。用扭力扳手转动其输出轴，当空载转动输出轴的最大允许力矩为0.25N·m时，锥齿轮的啮合间隙应为零。

（2）调整锥齿轮的啮合间隙　如果施加的力矩大于0.25N·m，则表明锥齿轮的啮合间隙过小，应进行调整。调整方法是：在端盖和壳体的接触面之间加垫片，或者在输出轴和壳体的接触面上插入一个比原来更厚的垫片，或者两种方法同时采用。此时，注意齿轮的接触印痕。

如果施加的力矩小于0.25N·m，则表明锥齿轮的啮合间隙过大，应进行调整。调整方法是：在端盖和壳体的接触面之间减垫片，或者在输出轴和壳体的接触面之间插入一个比原来薄的垫片，或者两种方法同时采用。此时，注意齿轮的接触印痕。

（3）接触印痕　从锥齿轮接触印痕的位置亦可判断锥齿轮的总垫片厚度是应该增加还是减少（见图4-75a）。如果接触印痕太高，增加端盖和壳体接触面间的垫片厚度或者减小输出轴和壳体接触面之间垫片的厚度（见图4-75b）。如果接触印痕太低，减小端盖和壳体接触面间的垫片厚度或者增加输出轴和壳体接触面之间垫片的厚度（见图4-75c）。

## 八、行驶系统的维护内容和操作方法

### 1. 车架的检查

（1）检查车架的扭转变形　检查车架的扭转变形和垂向弯曲时，可将客车在三点支承起来，并用直尺测量。只有在地面十分平坦时测量值才有效。其方法是：

1）将客车用支承撑起。支承应位于车架的下面、反力杆支架的前方。在*A*处两侧的侧梁距地面高度（即车架底面与地面间的距离）应完全相同（见图4-76），将客车升高到后轮不再与地面接触为止。

2）在*B*、*C*、*D*点测量侧梁底部与地面的高度，各点的高度

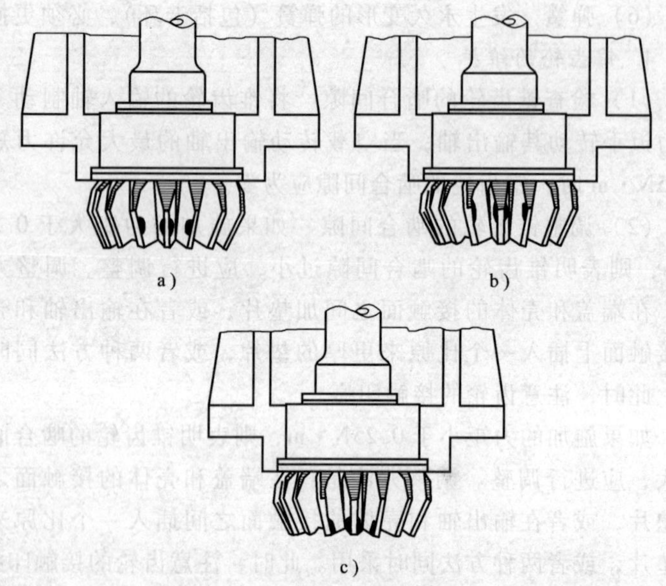


图 4-75　锥齿轮接触印痕的位置

a) 正确　b) 太高　c) 太低

差不应超过 5mm。否则，车架应校直。

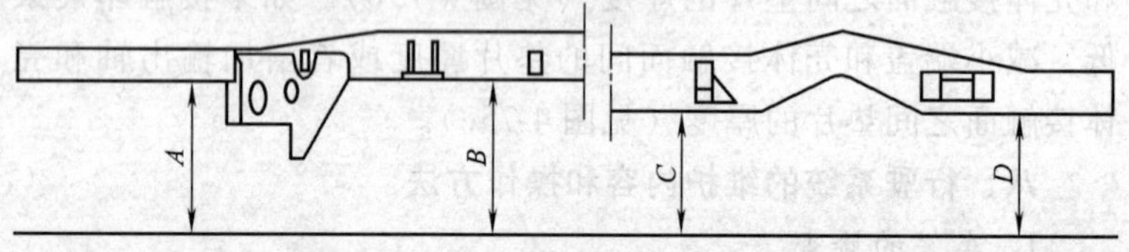


图 4-76　车架扭转变形的检查

(2) 校直车架变形　在常温下校直车架的“较长”变形，应加力使车架直到并经过中间位置，且卸载后车架仍存在约 2mm 的变形。客车行驶一段时间后，应力会使车架恢复至中间位置。

若变形较小或存在褶皱，常温下校直车架比较困难。此时，校直前应将车架加热。车架仅需加热到 600～650℃。在此温度下，金属呈黑红色。温度的测量可使用温度炭棒。

校直车架时，应将高度、宽度和厚度的改变控制在最小范围内。

若车架使用扁铁加强，车架校直后应更换变形区内的扁铁。若车架未使用扁铁加强，应仅在局部发生尺寸变化时予以加强。

2. 前桥扭曲变形的检测

(1) 检测前的准备工作　将前桥放到工作台上然后夹紧，或者将它放到一个稳定的不可能被意外移动的地方。清洁并检查前桥的几个平整的连接表面，确保上面没有毛刺。分别测量弹簧座、V形支承、主销孔等处的扭曲变形，如图4-77所示。

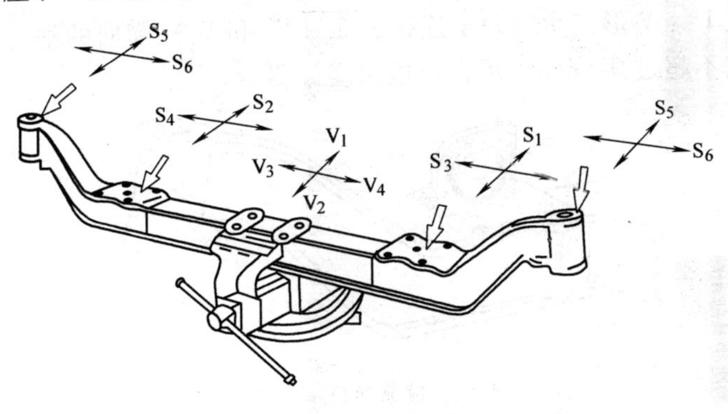


图4-77　前桥扭曲变形位置检测

(2) 检测弹簧座和V形支承连接处的扭曲变形　如图4-78所示。将量角器纵向地放在一个弹簧座上，读出该表面相对于水平面的角度，并记下该角度为$\theta_1$。将量角器纵向地放在前桥的另一个弹簧座上，读出该表面相对于水平面的角度，记该角度为$\theta_2$。$\theta_1$与$\theta_2$的测量值之差不超过1°。V形支承的两个连接表面（$V_1$和$V_2$）纵向的垂直高度差应不超过0.5mm，用直角边深度尺测量。

(3) 检测前桥横向直线度　如图4-79所示。将量角器横向地放在一个弹簧座上读出该表面相对于水平面的角度，记该角度为$\theta_3$。将量角器横向地放在前桥的另一个弹簧座上，读出该表面相对水平面的角度，记该角度为$\theta_4$。$\theta_3$与$\theta_4$测量值之差不

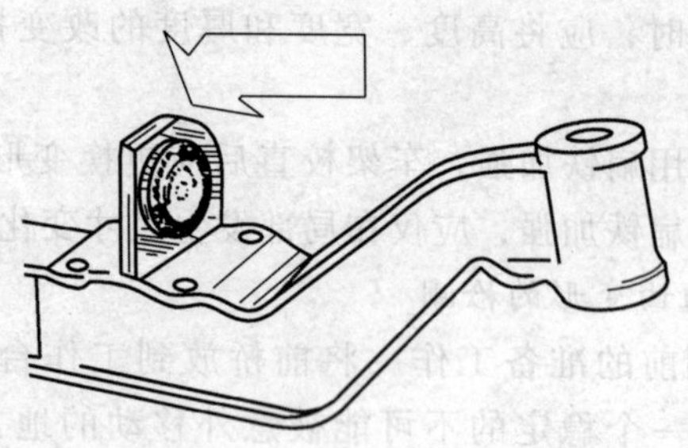

图 4-78　检测弹簧座和 V 形支承连接处的扭曲变形

超过 1°。V 形支承的两个连接表面（$V_3$ 和 $V_4$）横向的垂直高度差应不超过 0.5mm，用直角边深度尺测量。

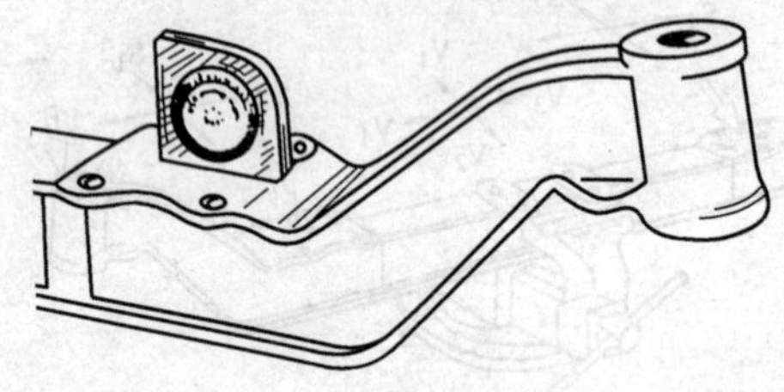

图 4-79　检测前桥横向直线度

（4）检测弹簧座和主销孔上表面之间的角度　如图 4-80 所示。将量角器纵向地放在一个弹簧座上，读出该表面相对水平面的角度，记该角度为 $\theta_5$（见图 4-80a）。将量角器放在主销孔上方的加工表面，调整它的位置使之指向正前方（纵向），读出该表面相对于水平面的角度。该角度与 $\theta_5$ 之差必须在 0° ±0.25° 之间。

将量角器横向地放在一个弹簧座上，读出该表面相对于水平面的角度，记该角度为 $\theta_6$（见图 4-80b）。将量角器放在主销孔上方的加工表面上，调整它的位置使之指向正侧面（横向），读出该表面相对于水平面的角度。该角度与 $\theta_6$ 之差必须在 5.75° ±0.25°之间。

如果前桥各处的扭曲变形量超过规定范围，可以对前桥进

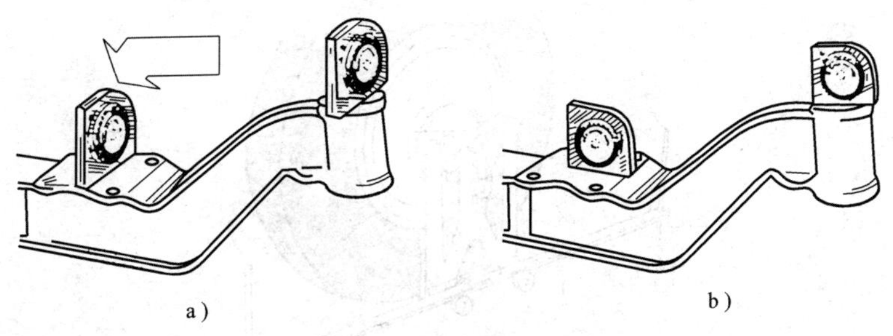


图 4-80　检测弹簧座和主销孔上表面之间的角度
a）纵向　b）横向

行冷校直。冷校直后，必须用磁力探伤仪检查前桥是否有裂纹。

3. 检测和调整前轮前束

(1) 用仪器检测　用前轮定位仪对前轮前束进行检测的方法如下：

1）确保客车已经放好，并且前轮指向正前方。这时不准转动转向盘，否则，就会给转向系和车轮施加力。

2）拆下车轮螺母，将连接杆装好并用刚卸下的螺母予以固定。如果车轮轮辋是用合金制做的，就应该拆下螺母上的保护罩，将螺母掉转过来拧紧。

注意：如果车轮轮辋是用合金制做的，并且测量仪带磁性支脚，则必须拧下螺母，装上一个带钻孔的钢盘，用来为测量仪提供磁性表面，然后用螺母拧紧。

3）将保持架安装到连接杆上，并调整调节螺钉使保持架贴紧轮辋，然后，拧紧中心螺母。

4）将定位仪放到保持架上，并使它的“朝前”记号指向前方，测量轮胎的尺寸。调整定位仪，使得保持架与定位仪之间的两根连接杆处的标记相对。

5）松开中心螺母，将定位仪调整到水平，用一个水泡水平仪检测它是否水平。然后将两根支承销插入定位仪两端的孔中，拧紧中心螺母（见图 4-81a）。

6）拧紧中心螺母、调节螺钉、连接杆和支承销锁紧螺母。

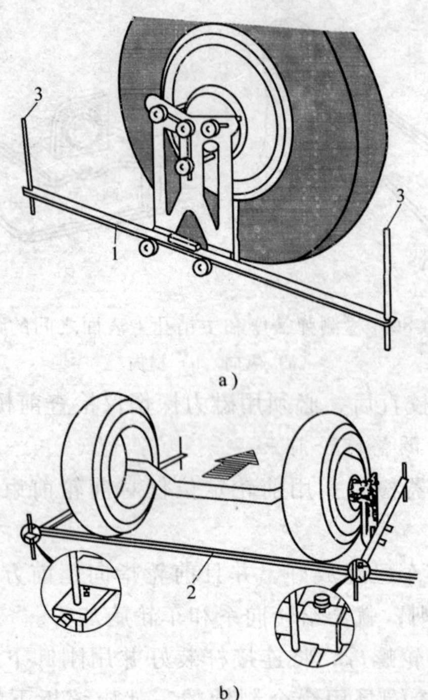


图 4-81 检测前轮前束

a）安装仪器 b）读取前束值

1—定位仪 2—定位杆 3—支承销

7）将定位杆横跨在两个定位仪的后端，用定位仪上的销钉把定位杆与定位仪连接，然后，将定位杆上的检测仪调零，即让检测仪的零刻度对准定位仪的外侧边缘（见图 4-81b）。

8）将定位杆取下，用与步骤 7）相同的方法将定位杆安装在定位仪的前端，读出检测仪上的读数即为前轮前束。测出的前轮前束值应该在 0～3mm 的范围内。如果测出值不在该范围内，应进行调整。

（2）调整前轮前束 前轮前束的调整方法如下：

1）松开转向横拉杆两端的锁紧螺母。通过转动转向横拉杆调整前轮前束。横拉杆每转动半周，前轮前束改变 1mm。拧紧横拉杆的锁紧螺母。

2）使客车行驶一小段距离，使车轮至少滚动两三周以消除转向系、轮胎的受力。

3）将前束测试仪再次装到车轮上，重复测量前轮前束。若前轮前束值仍不在规定的范围内，需要再一次调整前轮前束，直至前轮前束值符合要求。

4. 车轮的检查

定期清洁车轮，检查车轮螺母和轮毂是否损坏（有凹痕、裂纹、腐蚀等）。每周检查一次轮胎压力。轮胎压力过高或成对轮胎的压力不等，可导致轮毂产生裂纹。轮胎压力过低会增加滚动阻力和轮胎的磨损。

产生裂纹的轮毂应予以更换。不得将其焊接，不得安装内胎以弥补泄漏。若在无内胎的轮胎内安装内胎，会在轮辋和内胎之间产生气包，从而导致轮胎爆破。

安装车轮前，应全面清洁制动鼓和车轮螺母接触表面。对于成对安装的车轮，还应清洁轮辋外侧接触表面。钢轮辋最佳清洁方法是喷丸或使用旋转的钢刷清洁。清洁后应向表面喷涂薄层（不超过 30μm）速干金属涂料。严重腐蚀的车轮应予以更换。清洁铝车轮时应使用同样的方法。

（1）检查车轮偏心距　若怀疑车轮已变形，应检查车轮的偏心距。车轮偏心距的检查方法如下：

1）检查车轮轴承是否调整正确。

2）如图 4-82 所示，测量 $T$ 处轮胎的径向偏心距、$A$ 处轮辋的径向偏心距、$B$ 处轮辋的侧向偏心距。若轮胎的偏心距较小时，可将轮胎进行磨削处理，否则应更换新的轮胎。某些情况下，安装在轮辋上的轮胎其偏心距会和轮辋的偏心距相叠加，此时应转动轮胎使轮胎和轮辋的偏心距较大相互抵消。若轮胎偏心距较大导致椭圆，则转动轮胎无效。

（2）检查和调整前轮轴承

1）升高前轴并使用支架将其撑起，拆下车轮和轮毂盖油

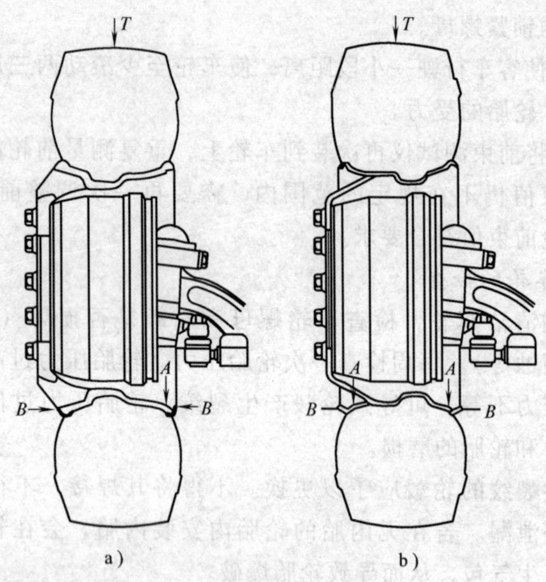


图 4-82　检查车轮的偏心距
a）铝制轮胎　b）钢制轮胎

塞，排尽轮毂油。

2）将千斤顶放置在制动鼓下，使用套筒扳手拆下轮毂盖。

3）拆下制动鼓，将装有指示表的支承安装在轮毂上。否则应使用带有磁性基座的支承。转动轮毂的同时推拉轮毂以测量轴承轴向间隙，该间隙值应在 0.04 ~ 0.12mm。

4）若必须调整轴承间隙，应取下开口销，拆下锁紧环和锁紧垫圈，拧紧轮毂螺母，紧固力矩为 450N · m，然后反向退回轮毂螺母 1/6 圈（60°）并锁紧。

5）重新检查轴承间隙。若仍不符合要求，需重新调整间隙。

## 九、转向系统的维护内容和操作方法

（1）检查油面高度　在每一次常规的安全检查中都应该检

查油面的高度。检查油面高度时，熄灭柴油机并检查油是否有泄漏。油面的高度应该和油尺上的最大值记号平齐。如果油的高度不够，则应熄灭柴油机以免动力转向系统吸入空气，然后，加转向助力油（ATF）。

起动柴油机，重新检查油面高度，油面的高度应该和油尺上的最大值记号平齐。

（2）更换滤清器　动力转向器储油罐内的机油滤清器，在10000km的保修期内应该进行第一次更换。以后，每80000km更换一次，或者一年至少更换一次。如果动力转向器修理了，那么机油滤清器也应该更换。

（3）系统排气　若储油罐内油面高度变浅，油量不足，可能是油路内进入空气，因此需对转向系统进行排气，其步骤如下：

1）按住储油罐的断流按钮，从它的边沿处加油。

2）起动柴油机并在左极限位置和右极限位置之间来回均匀地打动转向盘。

3）取下放气保护罩，将一根透明的软管插到放气孔上，然后，将软管的自由端插入一个透明的容器里。

4）将转向盘朝一侧转到头。

5）打开放气孔，让柴油机怠速运转。然后将转向盘朝另一侧转到头。这样，加力缸活塞就会将动力转向系统里的空气从放气孔里压出。

6）再一次检查油面高度，必要时应添加油。

7）动力转向系统里的空气充分排尽之后，油面将高出油尺最大高刻度10～30mm。这是因为油里还留有少量的空气。不过没有关系，因为它们都是以气泡的形式存在，在一定的压力下，它们就会消失。

## 十、制动系统的维护内容和操作方法

### 1. 压缩机的检查

反复踩制动踏板以降低两制动回路的压力，直至系统气压稳定在 0.2MPa 以下。起动发动机使其以 1000r/min 怠速运转。观察制动回路（车上压力表）压力从 0.2MPa 增大到 0.4MPa 所花费的时间。当两个回路同时升压时，该时间应小于 2min；或当仅有一个回路升压时，一般为 0.5 ~ 1min，该时间绝不能超过 1min。

2. 制动器的维护

（1）检查手动或自动间隙调整器行程　检查手动或自动间隙调整器行程的步骤如下：

1）在未支起客车时，应用木块塞住车轮，防止客车滚动。

2）检查系统压力应大于 600kPa。

3）松开驻车制动器（仅涉及后轮）。

4）使用踏板支承或让助手踏下制动踏板并保持踏下位置。测量并记录制动分泵端部和 U 形销中心处之间的距离 $a$。

5）松开制动踏板，测量并记录制动分泵端部和 U 形销中心处之间的距离 $b$。

6）距离 $a$ 减去 $b$ 即为调整器行程 $c$，如图 4-83 所示。

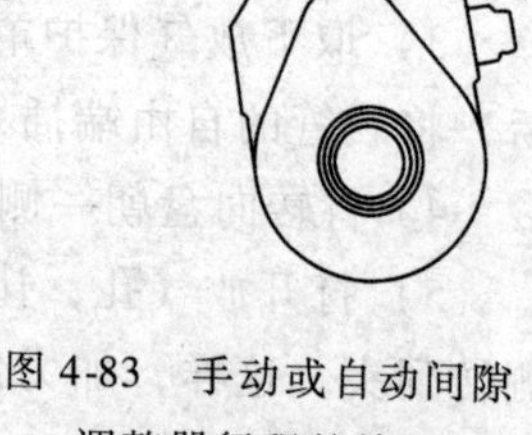

图 4-83　手动或自动间隙调整器行程的检查

（2）调整手动间隙调整器行程　调整手动间隙调整器行程的步骤如下：

1）在需要调整的间隙调整器的那一车轴处顶起客车，使车轮可自由转动。

2）检查系统压力应大于 600kPa。

3）松开驻车制动器。

4）清洁蜗杆锁紧轴（调整螺钉）。

5）将套筒扳手压入蜗杆锁紧轴，并顺时针转动调整螺钉，直至制动器靠到制动鼓处。然后将调整螺钉旋回 1/2 ~ 3/4 圈，露出蜗杆锁紧轴，锁定调整螺钉。

6）检查制动鼓，使其转动自如。

（3）设定自动间隙调整器行程

1）方法一 反复踩下、松开制动踏板，直至自动间隙调整器调整到正确值。

2）方法二 顺时针转动调整螺钉，直至制动蹄片靠紧制动鼓。将调整螺钉旋回 3/4 圈，此时调整器应发出“咔嗒”声。反复制动直至调整器调整到正确值。

## 十一、电气系统的维护内容和操作方法

### 1. 交流发电机及调节器的使用与维护

（1）日常维护 发电机的日常维护包括润滑、检查带轮张力。

1）润滑 只允许用手加注润滑油脂，而且加入润滑脂的量要合适，太多或太少都会对发电机造成损害。如果一年内的行程不超过 80000km（50000mile），应每年润滑一次，否则每行驶 80000km 应润滑一次。

2）带轮张力 经常检查发电机驱动带的磨损情况和驱动带松紧度，当驱动带损坏后应及时更换。车轴—发电机—风扇带轮的张紧度可通过调节发电机调节臂相对于缸体的位置来调整，调整时以 50N 的力加在带轮中间位置的驱动带上，其挠度应为 10 ~ 15mm，如图 4-84 所示。如果不符合要求时，可通过移动发电机与调节臂的相对位置来调整。

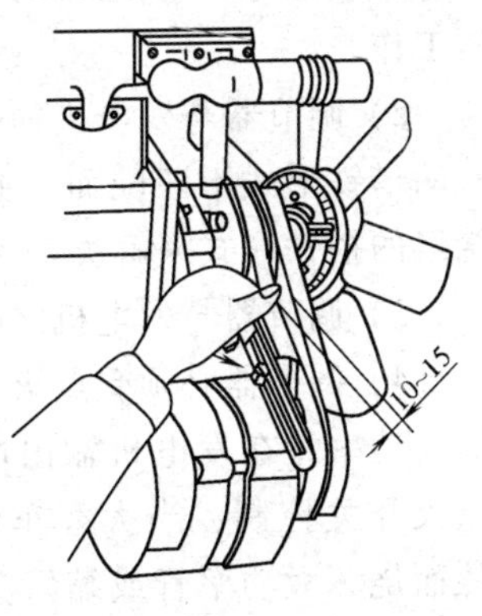


图 4-84 发动机带的检查调整

（2）交流发电机的正确使用

1）交流发电机为负极搭铁，蓄电池搭铁极性也必须与此相同，否则会使整流二极管烧坏。

2）发电机必须与专用调节器配套使用，若用别的调节器临

时代换则必须满足代换条件。

3）发动机熄火后，应将点火开关断开，否则蓄电池将长时间向励磁绕组和调节器磁化线圈放电，易烧坏线圈和浪费电能(用磁场继电器者除外)。

4）发电机运转时，不能用短路试火法检查发电机及调节器的故障。

5）不许用兆欧表或交流电源检查发电机绝缘情况。

6）发现发电机不发电或发电量减小时，应及时找出故障，并予以排除，不可拖延。假如有一只二极管短路，发电机仍继续运转，就会烧坏其他二极管或烧坏定子绕组。

7）发电机与蓄电池之间的导线一定要连接可靠（特别是蓄电池极柱处)，若突然断开，将会产生过电压，易损坏电子元器件。

（3）调节器的正确使用　调节器在使用中应注意以下几点：

1）调节器与发电机的电压等级必须一致。否则充电系统将不工作。

2）调节器与发电机的搭铁形式必须一致。当调节器与发电机的搭铁形式不匹配而又必须使用时，可通过改变发电机磁场绕组的搭铁形式来解决。

3）调节器与发电机之间的线路连接必须正确。

4）调节器必须受点火开关控制。因调节器中控制磁场电流的大功率管在发电机输出电压较低时，就始终导通。如果不受点火开关控制，当大客车停驶时，大功率管会一直导通发热，从而烧坏大功率管或缩短其使用寿命，而且还会导致蓄电池亏电。

2. 起动机的检查

（1）励磁绕组的检查　励磁绕组的常见故障有接头脱焊、绕组短路、断路或搭铁等。

1）接头脱焊故障，解体后可直接看到。

2）绕组搭铁与否可用万用表的欧姆挡测量绕组端子与外壳

之间的电阻值，如果电阻值为∞，则无搭铁故障。

3）将绕组放在电枢检验仪上可检查绕组匝间是否短路，如图4-85所示。电枢检验仪通电5min后若绕组发热，则说明绕组有匝间短路。绕组短路故障还可以用图4-86所示的方法进行检查，具体操作是：在励磁绕组的两端接通2V的直流电源，用铁片触试各磁极，各磁极的吸力应相等，如果感觉到某一磁极的电磁吸力明显小于其他磁极，说明该磁极的励磁绕组有短路故障。

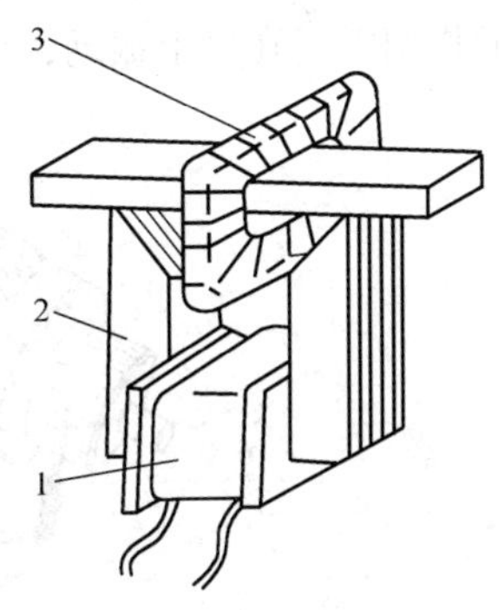


图4-85　在电枢检验仪上检查励磁绕组短路情况
1—感应线圈　2—V型铁心
3—被检查的励磁绕组

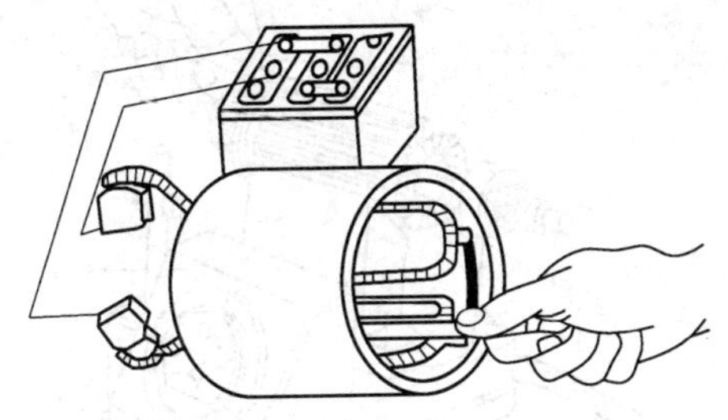

图4-86　励磁绕组短路的检查

4）绕组连接脱焊，应重新施焊；绕组绝缘不良应拆除绝缘层重新包扎并浸漆、烘干。

（2）电枢绕组的检查　电枢绕组常见的故障是匝间短路、断路或搭铁，绕组接头与换向器铜片脱焊等。

1）检查电枢绕组是否搭铁，可用万用表欧姆挡检测换向器和电枢轴之间的电阻值，如图4-87所示，电阻值应为∞。

2）检查电枢绕组匝间短路可采用图4-88所示的方法。接通电枢检验仪的电源，并将铁片放在电枢铁心上方的线槽上。若电枢中有短路，则将在电枢绕组中产生感应电流，铁片在交变磁场的作用下，在槽上振动，由此可判断电枢绕组中的短路故障。

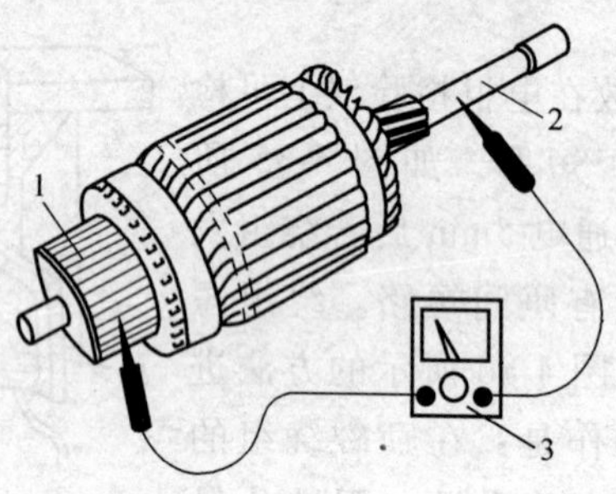


图 4-87 电枢绕组搭铁的检查

1—换向器 2—电枢轴 3—欧姆表

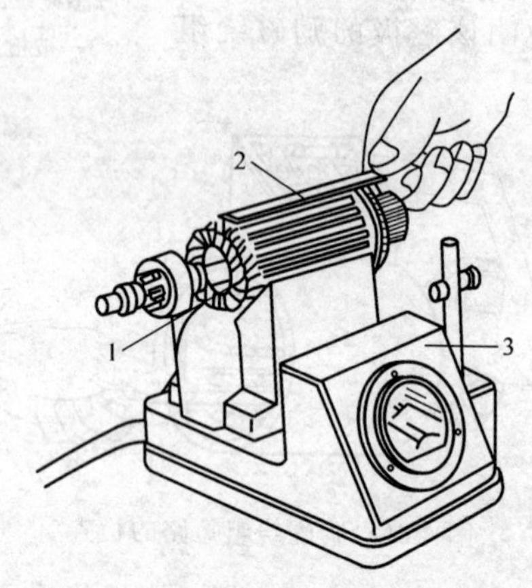


图 4-88 在电枢检验仪上检查电枢绕组短路情况

1—电枢 2—铁片 3—电枢检验仪

3）换向器故障多为表面烧蚀、搭铁、云母片突出等。轻微烧蚀用“00”号砂纸打磨即可；严重烧蚀或失圆（径向跳动大于 0.05mm）时应精加工，但加工后换向器铜片厚度不得少于 2mm，而且需要用锯片将云母片割低至规定的深度（一般为 0.5mm）。换向器的打磨方法如图 4-89 所示。

（3）电枢轴的检查 电枢轴的常见故障是弯曲变型。电枢

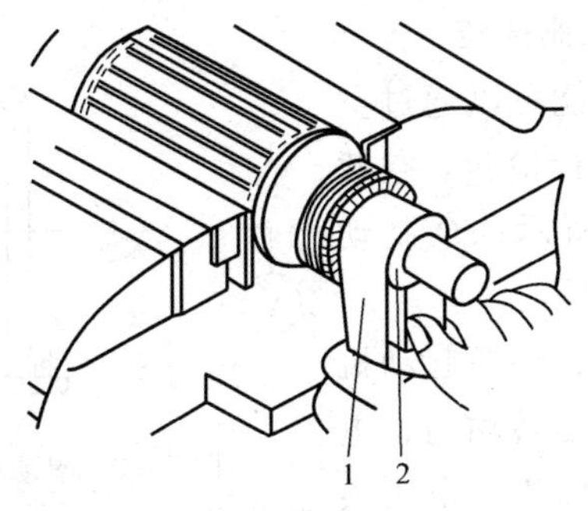


图 4-89　换向器的打磨

1—砂纸　2—换向器

轴的径向跳动应不大于 0.15mm，否则应用冷校校直。

（4）电刷与刷架的检查　电刷的高度一般不应低于标准的 2/3，电刷的接触面积不应少于 75%，并且要求电刷在电刷架内无卡住现象，否则需进行修磨或更换。用万用表的欧姆挡或试灯法可检查绝缘电刷、电刷架的绝缘性。最后用弹簧秤测电刷弹簧的弹力，若不符合要求应予以更换或修理。

（5）单向离合器的检查　单向离合器常见的故障是打滑。可以通过扭力扳手检查单向离合器的转矩来检查单向离合器是否打滑，如图 4-90 所示。若转矩小于规定值，说明单向离合器打滑，应予以更换。对于摩擦片式单向离合器，如果转矩偏小，可以通过调整压环前的垫圈厚度使其达到要求。

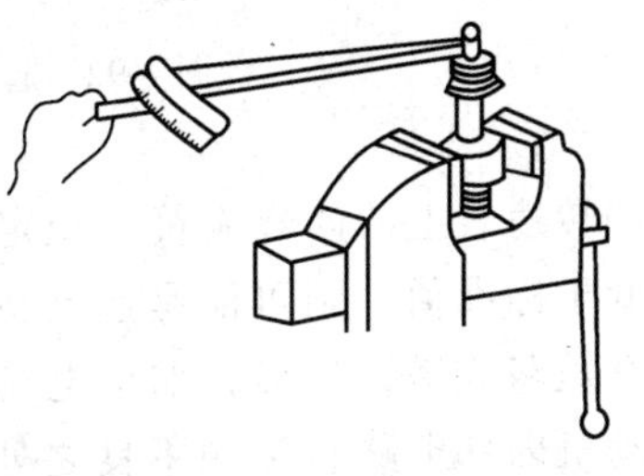

图 4-90　单向离合器力矩检查

（6）电磁开关和起动继电器的检查　电磁开关和起动继电器的故障多发生在触头和接触盘上，如：烧蚀、麻斑、接触面太小等。出现故障后需要及时用砂纸打磨或调整。若某个线圈发生短路、断路或搭铁等故障，也应及时修理。重绕线圈时，要按现有的线径和匝数绕制。

3. 起动机性能试验

起动机的性能可以通过空载和制动试验进行检验。空载试验如图 4-91 所示；全制动试验如图 4-92 所示。

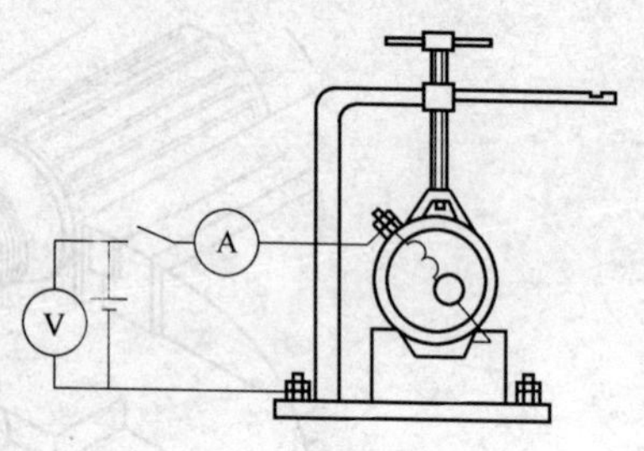

图 4-91　起动机空载试验

空载试验时，接通起动机电路，起动机应运转均匀，电刷无火花，其电流表、电压表

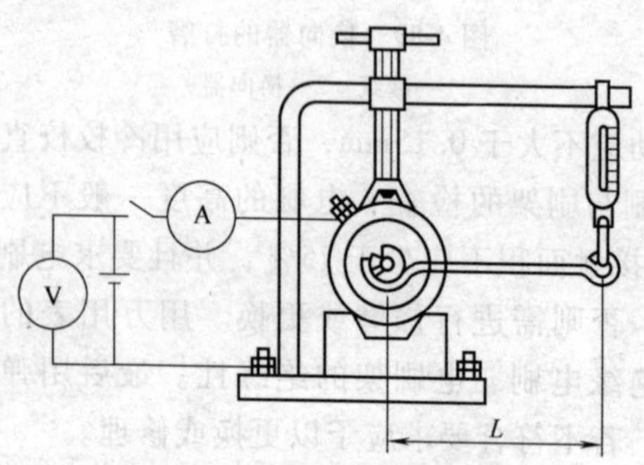

图 4-92　起动机全制动试验

和转速表上的读数应符合规定值。如果电流大于标准值而转速低于标准值，则可能是起动机装配过紧，电枢绕组、磁场绕组有短路或搭铁故障；如果电流和转速都低于标准值，则说明起动机内部电路有接触不良之处。注意：每次空载试验不应超过1min，以免起动机过热。

全制动试验时，合上开关，在 5s 内观察单向离合器是否打滑，并记录电流、电压和转矩值，与规定值进行比较。如果转矩小电流大，说明电枢绕组或励磁绕组有搭铁、短路故障；如果转矩和电流都小，说明有电路接触不良的地方；如果驱动齿轮不转而电枢轴有缓慢转动现象，说明单向离合器打滑。

## 十二、空调系统的维护内容和操作方法

1. 客车空调系统的维护内容

大客车非独立分体式空调的布置如图4-93所示。空调系统效能的发挥，取决于平时的维护水平。对于非独立式客车空调机组的维护要按客车生产厂家规定的周期和内容进行，一般维护内容见表4-8。

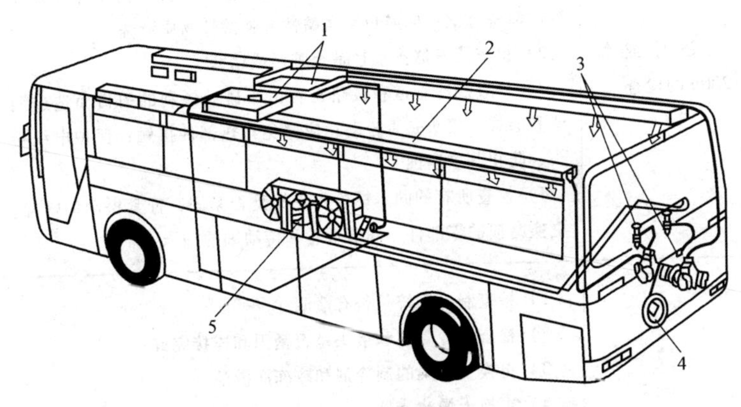


图4-93 大客车非独立分体式空调系统的布置

1—蒸发器与膨胀阀 2—送风管 3—压缩机

4—主发动机驱动轮 5—冷凝器

**表4-8 非独立分体式客车空调机组维护内容**

| 检查周期 | 检查内容 |
| --- | --- |
| 每周或每50h的检查 | 1）清洗位于回风口和蒸发器盘管的滤网；取出过滤网，用优质的洗涤剂清洗；更换损坏的过滤网<br>2）检查蒸发器和冷凝器风机的性能<br>3）检查压缩机和发电动机V带的张力；必要时进行调整，更换损坏的V带<br>4）通过视液镜检查系统制冷剂的充注量；此时机组压缩机必须以至少1500 r/min的转速运行10～15min；视液镜必须显现清晰，没有气泡 |

（续）

| 检查周期 | 检查内容 |
|---|---|
| 每月或每200h的检查 | 1）检查冷凝器，必要时应清洗；拉直弯翅片，减少因风量降低而造成的换热效率的下降；用压缩空气沿着通常的通风方向清除灰尘；除去灰尘和不明物时，蒸气清洗和高压冲洗是标准的清洗方法；应避免用强碱性或强酸性物质清洗<br>2）检查蒸发器排水管是否脏污或堵塞<br>3）检查制冷管道和线路是否由于碰到锐利的刃口而造成漏泄和磨损，接头是否松动；应避免与热部件接触；保护电线接头，防止其被腐蚀<br>4）检查所有的固定螺栓和支架是否紧固；拧紧松动的螺栓，更换磨损的零部件，润滑带轮和传动轴的轴承 |
| 每年或每1000h的检查 | 1）检查制冷系统是否有泄漏<br>2）检查制冷管道和接头是否紧固和连接完好<br>3）更换受污染的制冷剂和冷冻润滑油<br>4）更换干燥滤清器<br>5）检查热力膨胀阀<br>6）检查高、低压力开关的功能是否正常<br>7）检查压缩机泄漏量和安装情况，检查油位<br>8）检查制冷情况<br>9）检查电磁离合器的轴承<br>10）检查V带是否调整恰当及其磨损情况<br>11）检查V带带轮、轴承和传动轴的润滑状况<br>12）检查空调外壳的密封情况<br>13）检查电路系统状况<br>14）检查温度自动调节器的作用及操作控制 |

2. 客车空调系统的检查方法

对于空调系统的检查可以通过听、看、摸等方式进行检查。

（1）听　从压缩机的运转声音状况来判断运转状况，当听到压缩机传出声音轻脆而均匀的阀片跳动声时，即为正常；当听到有敲击声时，即表明制冷剂有“液击”声音或者喷油（油量过多）敲缸等故障；当听到机体内有较严重的摩擦声以及离合器时而发出摩擦声时，表明压缩机负荷太重，因润滑油不足、断油，以及离合器打滑所致；当听到外部有拍击声时，表明V带太松或磨损严重。另外还要听一下空调器内的风扇转动是否有响声。如果风扇有响声，表明有叶片碰击物体，风扇轴承磨损或者缺油故障。当在停机过程中，更清晰地听到机体内运动部件的连续撞击声，则是因内部的运动部件磨损严重，引起轴与轴承之间、活塞与缸体之间、连杆与轴之间间隙过大或者出现松动。

（2）看

1）观察冷凝器表面是否清洁，因为杂物和泥土附在冷凝器上，会影响制冷效果，平时要经常用水清洗冷凝器。但是应注意，在清洗冷凝器时，不要把翘片碰变形。对于已变形的翘片，应小心地用尖嘴钳矫正过来。

2）大客车空调的蒸发器进风处，一般都装有空气过滤网。每周定期观察蒸发器和过滤网，清理外表的杂物，并用高压气体吹净蒸发器和过滤网表面的泥土，以避免传热系数降低和供给的空调空气不洁。

3）观察空调制冷系统的所有连接部位是否有油渍，一旦有油渍，说明此处有制冷剂渗漏，此时应用电子检漏仪或其他检漏装置进行检查。发现或确定有制冷剂泄漏，必须马上设法排除故障。制冷系统重点检查渗漏的部位有如下几处：压缩机轴封、前后盖板的密封垫、检修阀、安全阀等。

4）仔细检查各条软管有无磨损、老化、鼓泡、裂纹和渗漏等现象。大客车的冷、暖系统采用了大量的橡胶管，橡胶管在大客车行驶颠簸过程中易与大客车车身摩擦产生磨损、在发动机室内因高温易老化、遇低温容易龟裂，从而导致制冷剂和冷冻润滑油泄光，使水分、空气和灰尘渗入，使压缩机及各个部件受到损害。因此，一旦发现橡胶管和发动机接触，要及时隔开并固定橡胶管。橡胶管穿过金属板，一般都应有防护套，并注意防护套要固牢，否则金属会割破橡胶管。

（3）摸 用手触摸正在运行中的空调系统管路和各部件的温度。一般在正常情况下，高压端的管路温度应在55～65℃，而低压端管路因处于低温状态，所以低压端的部件和管路、连接部分表面都会结有水露。

1）当用手触摸时，高压区的温度比较高，小心烫手。特别是高压端金属部件，如压缩机的出口阀、冷凝器、储液干燥器等。这些部分的温度如果过高，则应先检查冷凝器的冷却是否良好，冷凝器表面是否清洁而无杂物，风扇的风量是否过小。此时可以试用大风扇对着冷凝器吹，若温度还是过高，则可能是制冷剂过多（应结合观察孔和压力表来判断）。若高压端温度不够，则为制冷剂过少；若没有温度则为制冷剂漏光。

2）如果在储液干燥器上出现霜冻或水露，这说明干燥剂已破碎堵住了制冷剂流动管道，而且此处的前端高压区温度烫手。此时必须尽快排除堵塞问题，换上一只新的储液干燥器。

3）膨胀阀的手感温度比较特殊，它的制冷剂进口连接处较热，而其出口连接处较凉且有水露，这些都是正常现象。如果发现膨胀阀出口处有霜冷现象，则说明膨胀阀的阀口已经堵塞，必须马上处理。其原因则可能是杂物堵塞，或是制冷系统泄入水分而产生的冰堵，必须马上更换干燥剂和过滤网。若这样处理还不解决问题时，就需要换上一只新的膨胀阀和更换制冷剂。

4）低压管的手感为冰凉，有水露，但不应该有霜冻，若有则说明系统有故障，可能是膨胀阀感温包内的传感液体已经漏光，这时需要更换膨胀阀；也可能是制冷剂太多，需要放掉一些；或者是蒸发器的温度传感器或恒温器出现了故障，比如安装位置不对、蒸发器控制器损坏、调整的压力过低等所致。

5）用双手触摸压缩机的进气口和排气口，手感温度应该有明显的差别。若没有温度差别，则说明制冷剂已经全部漏光；若差别不大，说明制冷剂不足。

6）用手触摸各个接头是否已经振松，特别是一些电器的插头、插座的连接，这对空调系统的正常工作有极大的影响。所以，正常的维护必须包括对电器连接件的固定、紧固和清洁等。

应该指出的是：用手触摸空调系统时，必须绝对安全，防止V带等运动件碰伤人体。

（4）重点部位检查

1）检查V带的张力　调整V带张力应按各种车型说明书上的规定值进行。检查方法如图4-94所示。一般在100N的压力下，V带挠度为10～15mm。

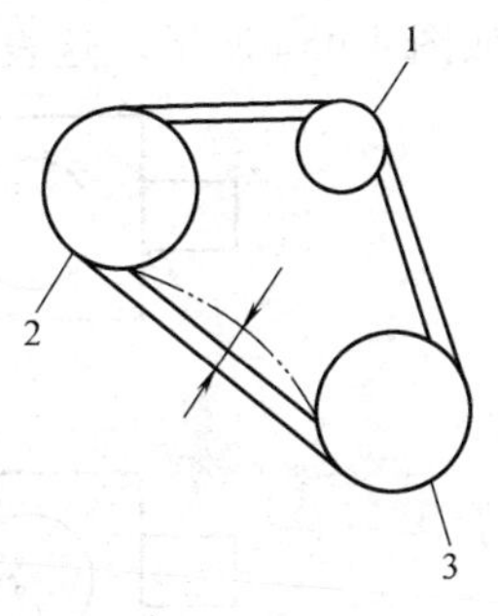


图4-94　大客车空调压缩机V带张力检查
1—张紧轮　2—压缩机　3—曲轴带轮

2）检查电磁离合器　接通离合器电源开关压缩机应马上运行；断开电源压缩机应立即停止运行。若不是这样，应先检查开关是否损坏，再检查电磁线圈是否正常。

3）检查风扇电动机的调速器和继电器　打开风扇电动机开关后，从低挡到高挡进行转速调节，每挡让风扇停留5min，以检查其送出的风量是否有变化。若没有变化，则可能是调速器的电阻箱和风扇继电器损坏，应对其进行检查。

4）检查高、低压保护开关和过热保护器　高、低压保护开关和过热保护器的功能是当制冷系统发生故障时，保护压缩机和制冷系统不会损坏。它们和空调开关、风扇开关串联在一起。当系统压力太高、环境温度太低或制冷剂泄漏完时，高、低压开关便会切断压缩机离合器电路。

5）检查膨胀阀　膨胀阀的毛细管应牢固地夹紧并用绝缘布包捆在蒸发器出口处，有的毛细管应准确插入制冷管路的插孔中，并用感温油纸包裹。

6）检查视液镜　大客车的视液镜设置在储液干燥器和膨胀阀之间的管道上。通过视液镜检查制冷系统制冷剂的步骤如下：起动发动机，并将转速稳定在1500～1700r/min，让制冷压缩机运行5min。擦净视液镜的玻璃，并将空调功能选择键置于最大制冷状态，且使送风机（包括空调器和冷凝器送风）达到最高转速。这时可以通过视液镜中观察到如下几种情况：

① 清晰。视液镜口内没有气泡出现，也看不出液体流动，如图4-95a所示。这表明系统有三种状况：

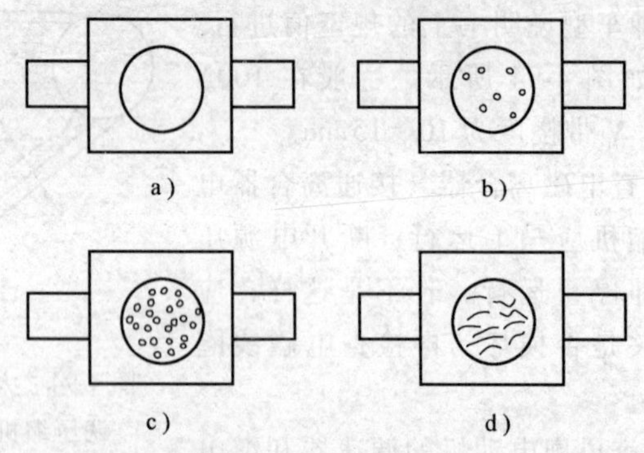


图4-95 通过空调视液镜检查制冷剂液流状态
a）清晰 b）偶有气泡 c）大量气泡 d）条纹、黑脏

a. 系统内制冷剂已全部漏光。若用手触摸压缩机进、排气口，没有温度差异，空调器出风口的空气温度也不冷。此时应立即关闭发动机，检查制冷系统制冷剂泄漏的原因，并修理好。否则，会很快烧毁压缩机。

b. 制冷剂过多。用两手分别触摸压缩机进、排气口，其温差明显，而且高压侧有烫手感，低压侧能看到冰霜，空调器出风口的温度比正常制冷剂量时高3~5℃。若空调系统压缩机关掉电源停止运行后 其余部分继续工作时，在超过45s以后，视液镜内仍然清晰无气泡流过，便可以判断出系统内制冷剂量过多，此时必须把多余的制冷剂排除。否则，会出现管道破裂、制冷性能降低、能耗上升等故障。用压力表测量高压端压力，则其值超过正常值。

c. 制冷剂适量。此时的现象和制冷剂量过多时相比较，首先是高压端不烫手，出风口的温度较冷。其次是在暂停压缩机后，空调其余部分仍然工作，45s 后在视液镜上可以看到有少许的气泡通过，而用压力表测定高压端压力时，压力正常。

② 偶有气泡。偶尔或者缓慢地看到有少量气泡流过，如图 4-95b 所示。此状态说明制冷剂量稍有不足或制冷系统的干燥剂已经饱和，制冷剂内有水分混进。区分上述情况的方法如下：

a. 膨胀阀有结霜现象出现，或者通过视液镜能看到变颜色的干燥剂，则说明系统制冷剂含有水分，应立即更换干燥剂。继续观察干燥剂是否变颜色，不变颜色时方可继续使用。

b. 膨胀阀没有结霜现象出现，则说明制冷剂量不足，必须加入适量的制冷剂，并检查有无泄漏之处。

③ 有大量气泡或泡沫状。如图 4-95c 所示。此状态说明系统内制冷剂量严重不足，并伴有大量水分和空气进入系统。此时必须采用制冷剂检漏补漏，然后将制冷系统抽真空，加入足量的冷冻润滑油和制冷剂，并确保系统密封良好。

④ 视液镜的玻璃上有条纹状的油渍或黑油状泡沫。如图 4-59d 所示，表明系统有三种故障，检查解决如下：

a. 若压缩机进、排气管有明显温度差，当停止压缩机运行，并使空调其余部分仍处于运行时，视液镜内玻璃的油渍干净，说明系统制冷剂量略少，而冷冻润滑油量过多。此时应从系统内释放出一些冷冻润滑油，再加入适量的制冷剂。

b. 若压缩机进、排气管有明显温差，当压缩机停止运行，并使空调其余部分仍处于运行时，玻璃上留下的油渍是黑色或有其他杂物，则说明系统内的冷冻润滑油已变质、受到污染。此时应在清洗制冷系统后，重新注入冷冻润滑油和制冷剂。

c. 若压缩机进、排气管没有明显的温差，空调出口也没有冷气出来，则说明制冷剂已全部漏出，应检漏后抽真空重新加注制冷剂并补充冷冻润滑油。

3. 充注空调制冷剂

(1) 抽真空　按图 4-96 所示安装支管压力表，开动真空泵，打开支管压力表高、低压阀对系统进行抽真空。抽真空时间为 5 ~ 10min，低压表所示负压力为 105kPa 时进行泄漏检查。确认无泄漏后再继续抽真空 20 ~ 25min，关闭高、低压阀，停止抽真空，准备注入制冷剂。

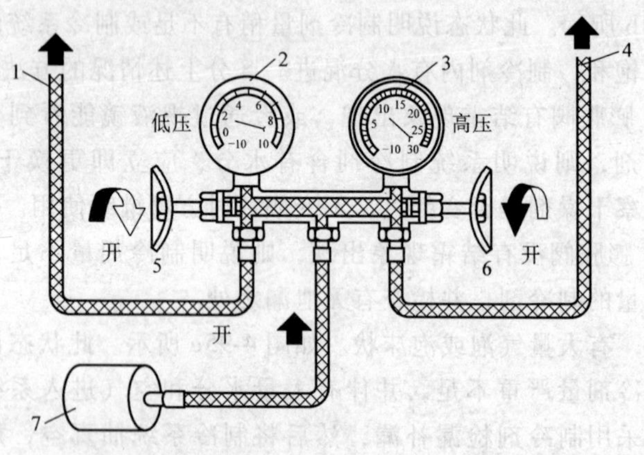


图 4-96　抽真空

1—接低压维修阀的软管　2—低压表　3—高压表

4—接高压维修阀的软管　5—低压手动阀门

6—高压手动阀门　7—真空泵

（2）充注制冷剂

1）按图 4-97 所示将支管压力表的制冷剂罐连接好，旋松启开阀手柄，排出中间软管的空气后，旋松高压手动阀门，如图 4-97a 所示。将制冷剂罐倒立，使制冷剂以液态注入制冷系统，注入制冷剂量为 200g 以上，加注后转动压缩机若干次。

2）起动发动机保持 1500 ~ 2000r/min 转速使空调压缩机工作。如图 4-97b 所示，关闭高压手动阀门 4，打开低压手动阀门 3，让制冷剂以气态形式进入制冷系统。当低压表读数达到 2.8 ×100Pa 时，关闭低压手动阀门。充注量依原厂规定为准。

3）检查制冷剂量　保持 1500 ~ 2000r/min 转速，将空调功能键置于最大制冷状态，冷凝器和蒸发器风机置于最高转速，开动空调 5min 后通过视液镜进行观察。若视液镜一片清晰，送

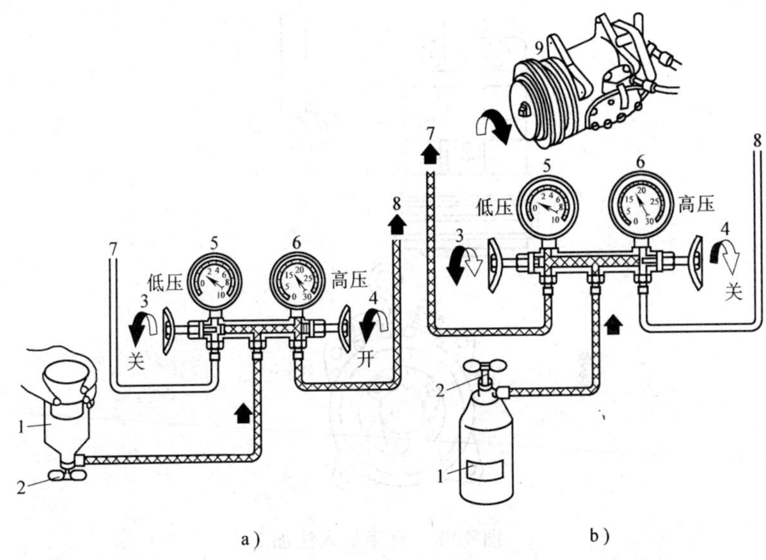


图 4-97 充注制冷剂

1—制冷剂罐 2—启开阀 3—低压手动阀门 4—高压手动阀门
5—低压表 6—高压表 7—接低压维修阀软管
8—接高压手动阀软管 9—空调压缩机

风口有冷气吹出，在发动机转速提高或降低时，可能有少量气泡出现，关闭空调后随即起泡，然后渐渐消失（约45s内），则说明制冷剂量合适。若视液镜下有少量气泡出现，或者每隔1～2s就可看到气泡，则说明制冷剂量不足；视液镜下一片清晰，并有冷气输出，关闭空调后15s内不起泡，则说明制冷剂量过多。

（3）加注冷冻润滑油 加注冷冻润滑油有直接加入法和真空吸入法两种方式。

1）直接加入法 将冷冻润滑油按标准量取好，直接倒入压缩机内，如图4-98所示。这种方法只在更换蒸发器、冷凝器和储液干燥器时才可以使用。

2）真空吸入法 先将系统抽真空至98kPa，用带有刻度的量杯准备好比需要补充量多一些的冷冻润滑油，然后开始加注，

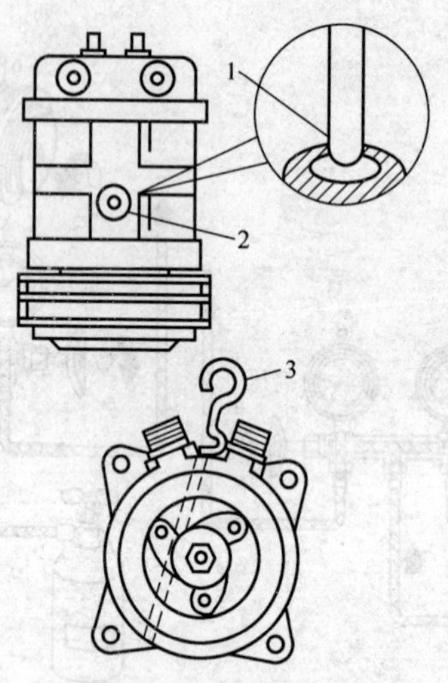


图 4-98 直接加入法加注冷冻润滑油

1—加油塞 2—活塞连杆 3—油尺

如图 4-99 所示。具体操作如下：关闭高压侧手动阀，关闭压缩

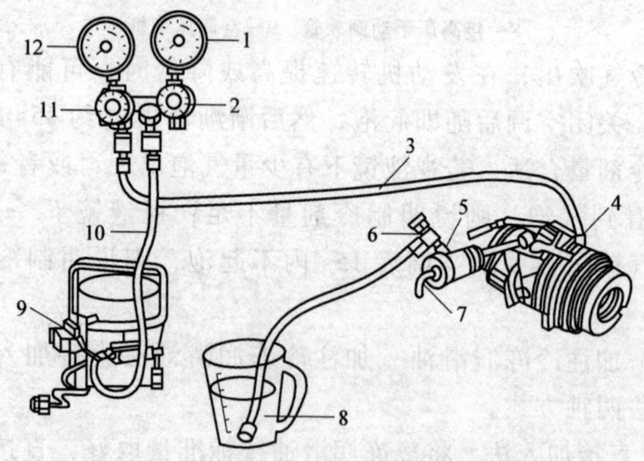


图 4-99 真空吸入法加注冷冻润滑油

1—高压表 2—高压手动阀门 3—低压侧软管 4—回气口 5—排气口 6—辅助阀 7—高压油管 8—油杯 9—真空泵 10—高压侧软管 11—低压手动阀门 12—低压表

机上的检修阀，将高压侧软管从支管压力表上卸下，插到冷冻润滑油杯里。打开检修阀，将冷冻润滑油从油杯吸入系统，吸油快完毕时要注意立即关闭检修阀，以免吸入空气。

## 课题 3 典型货车的使用与维护

### 一、斯太尔汽车简介

斯太尔 91 系列汽车是我国在引进奥地利斯太尔公司系列重型汽车的基础上，开发的一种新型系列汽车。斯太尔 91 系列汽车的动力性和经济性至今仍列居国际先进车型行列。该车的主要优点是动力性能和经济性能好、配件通用化程度高、生产工艺性好、军民通用性好。

斯太尔 91 系列汽车采取高度模块化结构，总成互换率、配件通用化程度特别高，可减少库存资金、降低生产成本、简化工艺、提高资金利用率；用尽可能少的总成，采用不同的组合，可提供出种类繁多的不同载荷、不同轴距、不同轴数以及不同用途的变型车。也就是说，利用较低的配件储备就可以满足较多种类、不同车型的同一系列汽车的使用与维修需要。

斯太尔 91 系列汽车的各总成件与零配件加工装配的工艺性较好，特别适应我国目前的生产力发展水平，但这并不意味着工艺落后，而是斯太尔的工艺设计比较符合我国国情。我们用斯太尔汽车与奔驰（Benz）汽车相比，奔驰汽车为了追求先进性能，其各零部件的工艺相当复杂。如奔驰载重汽车大梁的横断面和纵断面都设计成变截面形，使汽车大梁的工艺过程复杂，加工设备庞大；而斯太尔汽车大梁是两个槽形截面的主、副梁结合的贯穿型结构，加工时一次冲压即可铆接成型，工艺过程简单。奔驰汽车的驱动桥壳，为了追求等受力的原则，其壁厚同样设计成变截面结构，其加工程序与工艺更为复杂，加工设备更为昂贵；而斯太尔汽车驱动桥壳是用结构钢冲压焊接而成。由于斯太尔的工艺较简单，因此同样功率、相同载重的汽车，斯太尔汽车的生产成本大为降低。

斯太尔91系列汽车军民通用化程序较高。军车的主要总成，例如发动机、变速器、离合器、驱动桥、转向器等都与民用车通用。为提高军车的通过性，对汽车横梁做了改进，驾驶室略加改型。为改善整车行驶的平衡性，后悬架改成四钢板弹簧结构，而不是传统的6推力杆式平衡悬架。军民通用一直是我国的战略思想，斯太尔91系列汽车顺应了这种需要。

除此之外，斯太尔汽车上采用的是在国际上声誉较高的公司的配套产品。采用了德国ZF公司的变速器及转向器、美国伊顿（EATON）公司的富勒（Fuller）变速器、德国F&S公司的离合器、德国WABCO公司的制动阀件、博世（Bosch）公司的电器和VDO公司的仪表等。

基于上述斯太尔汽车的特点，经过与其他国家较知名的公司生产的汽车的全面比较，选定奥地利斯太尔91系列汽车作为我国重型汽车的发展方向，并且于1984年3月正式签约，正式生产国产化的斯达-斯太尔91系列重型汽车。根据我国的实际情况，引进了斯太尔91系列重型汽车中的991、1291、1491、1891和2891五种车型。

## 二、WD615系列柴油机的维护内容和操作方法

### 1. 配气相位的检查与调整

发动机正时齿轮传动系中，在凸轮轴齿轮与正时齿轮室上有正时刻线。当柴油机旋转至第1缸压缩上止点（第1缸上止点飞轮刻线“TD”与齿轮壳刻线对正，第1缸进、排气门全部关闭）时，将凸轮轴齿轮安装就位，其刻线“TD”与齿轮壳上刻线对齐，柴油机配气相位即准确。

### 2. 气门间隙的检查与调整

气门间隙可以是逐缸检查与调整，也可以采用“两次调整法”进行。

所谓逐缸调整就是将每一气缸逐个旋转至压缩上止点，进、排气门间隙同时调整。具体方法是沿柴油机旋转方向旋转飞轮，当第6缸排气门全关、进气门刚刚开启（俗称6缸进气“点

头”）时，第1缸即在压缩上止点，第1缸即可调整进、排气门间隙。此时第1缸称为“可调缸”，第6缸称为“点头缸”。若六缸柴油机的工作顺序是1-5-3-6-2-4，则第1缸与第6缸、第2缸与第5缸、第3缸与第4缸互为“点头缸”和“可调缸”。

两次调整法即是将第1缸置于压缩上止点位置（6缸进气“点头”），此时可调第1缸进气门和排气门，第5缸和第3缸排气门，第4缸和第2缸进气门间隙。再将飞轮旋转一周（1缸进气“点头”），可将其余所有气门间隙调完。

发动机冷态时的气门间隙为：进气门0.3mm；排气门0.4mm。

3. *燃料供给系统的维护和检查调整*

（1）供油泵的检查与调整　WD615系列柴油机使用的是带手油泵的活塞式供油泵，它直接安装在喷油泵壳上由喷油泵凸轮带动活塞往复供油。

供油泵需做如下检查：

1）活塞的检查　检查供油活塞往复运动是否灵活，有无卡滞现象。

2）手油泵的检查　当旋松手油泵杆螺纹时，手油泵杆应在弹簧的作用下顶起，若不能顶起说明手泵活塞有卡滞现象。

3）单向密封性试验　先用嘴对准供油泵吸油口吸气，若有明显的真空感觉，并能将嘴唇吸住，则说明进油单向阀密封性完好，否则密封不良。然后用嘴对准供油泵出油口吹气，若发现有漏气现象则说明出油单向阀封闭不严。

（2）正时器的检查与调整　正时器在拆卸之后应检查飞锤销孔与飞锤架轴的磨损、法兰盘上弹簧销子与飞锤曲面之间的磨损，如果磨损严重就应更换。正时器在组装加注润滑油后应在喷油泵试验台上进行特性检测试验。检测标准见表4-9。若不符合标准要求，则可通过调整弹簧垫片或更换正时弹簧来加以解决。

表 4-9 WD615·67 型发动机喷油泵正时器检验标准

| 泵转速/（r/min） | 提前角（凸轮转角）（°） |
|---|---|
| 开始起作用 700±50 | 0 |
| 800 | 1 |
| 900 | 2 |
| 1000 | 3 |
| 1100 | 4 |
| 1200 | 5 |

（3）冒烟限制器的检查与调整　各机型喷油泵所配冒烟限制器都有它的特性曲线，厂家往往以在一定喷油泵转速条件下，喷油泵的油量调节齿杆行程随增压气压变化而变化的标准数值，作为冒烟限制器的检验与调整标准。WD615·67 型发动机喷油泵冒烟限制器在泵速为 500r/min 时的检验标准见表 4-10。

表 4-10 WD615·67 型发动机喷油泵冒烟限制器检验标准

| 气压/kPa | 70 | 42 | 33 | 0 |
|---|---|---|---|---|
| 齿杆行程/mm | 12.4～12.6 | 11.5～11.6 | 10.2～10.4 | 9.8～10.0 |

冒烟限制器在试验台上检查测试时，气压应从最高（70kPa）逐渐下降至 0。开始起作用时气压应为 60～70kPa，作用结束时气压为 25～30kPa。

（4）喷油器的检查与调整

1）外部清洗　喷油器在解体检查之前必须仔细地清洗外部，以避免污物和杂质在解体和组装时刮伤喷油器的各个精细配合面。清洗方法如图 4-100 所示。

图 4-100　清洗喷油器

2）清洗喷油器针阀　将喷油器针阀从喷油器中抽出，在煤油中用刷子清洗针阀头部，用木片清理喷油器针阀头部的积炭，如图 4-101 所示。

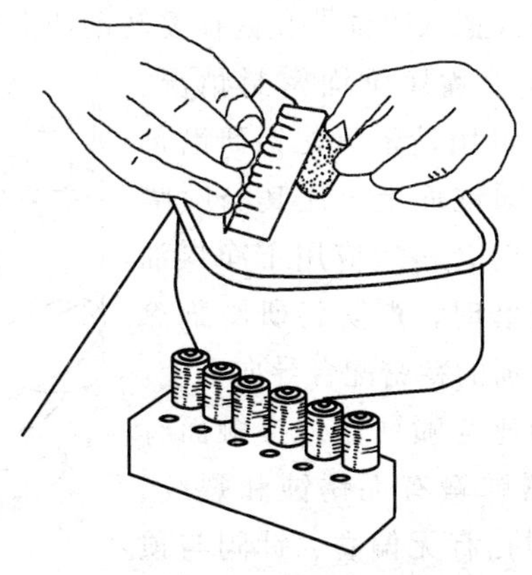

图 4-101　清洗喷油器针阀

用专用刷子清理喷油阀座针阀孔后，可再用专用刮刀对喷嘴阀座针阀孔头部进行刮研以清除积炭。专用刮刀的杆部与针阀必须精密配合，在刮研时应避免将针阀孔配合面擦伤。喷油器的喷孔应用干净的专用清理钢针进行清理，如图 4-102 所示。

钢针的直径一般要比喷孔直径小 0.02～0.03mm。为了不损伤喷孔，应首先用较细的钢针进行清理，然后逐渐增大钢针的直径。例如要清理直径为 0.35mm 的喷孔，可首先用 0.3mm 的钢针进行清理，最后用 0.32mm 的钢针进行清理，若最后用 0.35mm 的钢针清理，则需十分小心。清理时应将钢针插入喷孔中来回转动。清理后应重新用干净煤油清洗，并用压缩空气将针阀孔内的脏物吹净。

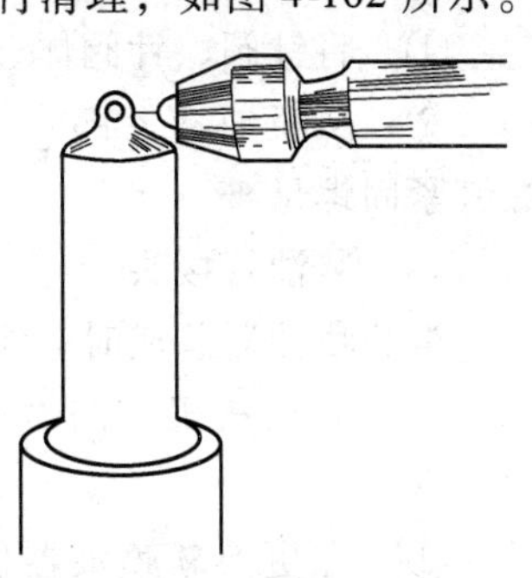

图 4-102　喷孔的清理

喷油器偶件滑动试验如图 4-103 所示。将喷油器在干净的轻柴油中润滑，并将针阀反复滑转。将喷油器直立，把针阀向上拉出 1/3，然后放开，检查针阀是否能靠自重平稳下滑落座。若不能平稳滑落，可在针阀与喷油器阀孔上滴入少许高级低黏度的润滑油，将针阀插入喷油器孔内往复转动使滑动性符合要求。

检查针阀与喷嘴座锥面密封情况，若磨损不严重，可用精密氧化铝研磨剂（膏）涂抹在针阀锥面上，让其与喷嘴阀座相研磨，研磨合格后应用干净煤油进行清洗。在研磨时，严防将研磨剂涂抹在针阀杆与喷嘴的精密配合导向面上。

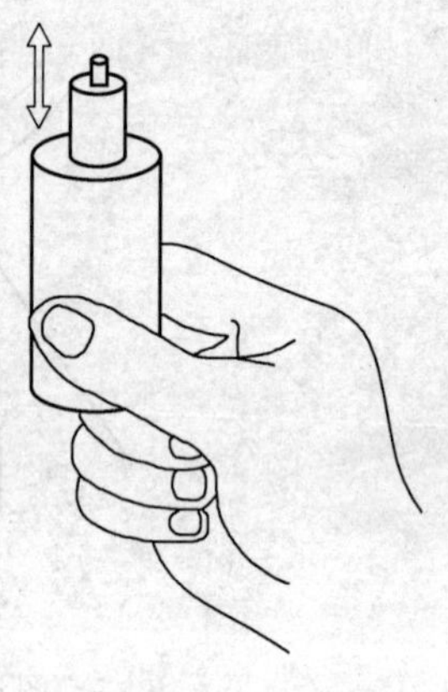

图 4-103 喷油器偶件滑动试验

检查喷油器座与喷油器体接触面有无损伤、喷油器弹簧有无锈蚀和裂纹、针阀与喷嘴针阀孔有无偏磨、针阀与顶杆的接触面和弹簧与顶杆接触面有无严重磨损，若损伤或磨损严重应予以更换。检查喷油器定位销钉磨损情况。

3）喷油器的装配及装配注意事项　喷油器零件经清洗吹干检验合格后，必须在清洁的场所进行装配。装配步骤为：

① 将针阀、针阀体、喷油器帽装到喷油器体上。

② 从喷油器上部装入顶杆、调压弹簧、调压螺钉，拧上螺钉紧固螺母。

③ 装油管接头。

组装喷油器总成时应注意以下问题：

① 必须按规定的力矩将喷油器帽旋紧，否则会使喷油雾化不良。

② 在更换新喷油器偶件时，应将新喷油器偶件浸泡在干净的煤油中进行清洗，并使针阀在喷油器针阀孔内往复运动，以便将喷油器内的包装油完全排出。

4）喷油器试验　组装完毕后必须进行如下试验：

① 检查和调整喷油压力：将喷油器安装在喷油器试验台上，用手按动试验台手柄数次，以清除油管和喷油器内的空气，并对喷油器内部再进行一次冲洗。然后用手压动试验台手柄，观察开始喷油时的压力是否在（22.5 ±0.5）MPa 范围内。如果

不符合标准要求则需进行调整。对于 WD615 · 68（228kW）型发动机的喷油器可通过更换不同厚度的弹簧垫片来调整喷油压力；对于 206kW 以下的其他机型的喷油器可通过调整喷油压力调整螺钉来调整喷油压力。

② 喷雾状态的检查：喷雾状态的检查最好使用闪光仪。在喷油器试验台上，反复以最大行程、以（40～80）次/min 的速度压动试验台手柄，观察喷油雾化状态。喷油应呈均匀的细雾状，如图 4-104a 所示，油雾中不应含有较大的油粒，各喷孔射出的雾束长短应均匀一致，不应有连续的油柱和浓稀不均的现象。图 4-104b 所示的各种油束均不符合标准。喷射开始及终了时应有明显的响声。喷射后喷油器头处不应滴油或有油滴悬浮在喷油器头上。

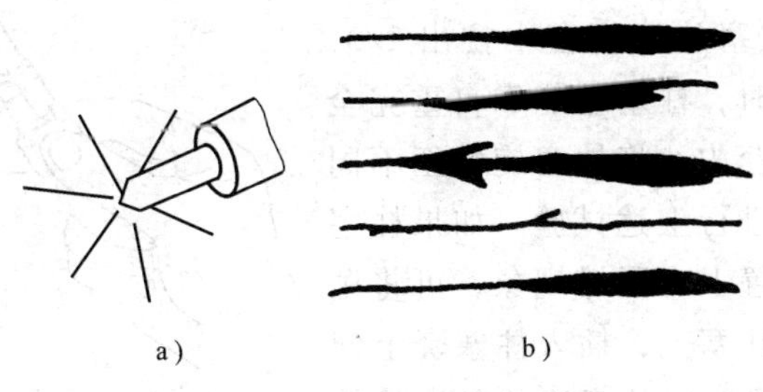

a)　b)

图 4-104　喷油雾化试验

③ 喷油器密封性的检查：用手压动喷油器试验台手柄使压力慢慢升高到 20.0～21.5MPa（比喷油开启压力低 0.10～0.20kPa），保持 2～3s，如果喷油器头部不漏油且压力无明显下降则说明密封性符合要求。

（5）喷油泵的检查　喷油泵解体之后需进行系统检查，检查步骤如下：

1）柱塞偶件的检查　柱塞与柱塞套是一对精密偶件，两者的配合间隙为 0.001～0.003mm。虽然燃料系统有滤清器，但很难避免有细小的杂质进入喷油泵，从而对柱塞偶件产生磨损和拉伤。柱塞偶件磨损后，会使开始喷油时刻滞后、供油结束时刻提前、供油量下降，还会产生柴油机动力下降、起动困难和怠速不稳易熄火的故障。当各分泵柱塞磨损不均时会造成各缸油量不均。因此柱塞偶件的磨损情况直接影响柴油机的动力性能，必须对柱塞偶件进行检查，检查项目如下：

① 外观检查：在干净的煤油或轻柴油中清洗柱塞与柱塞套，观察柱塞与柱塞套配合部位，特别是柱塞上部和导向部分应仔细检查。若发现柱塞表面严重变色（磨损部位往往呈白色），柱塞螺旋槽、直槽及槽边有剥落式锈蚀，柱塞裂纹、变形等现象则必须成对更换柱塞偶件。

② 柱塞滑动试验：如图 4-105 所示，将浸过煤油的柱塞偶件倾斜 60°，把柱塞从柱塞套中拉出 2/3，当松开手时，柱塞应能靠自重完全滑进柱塞套内。将柱塞旋转至不同位置反复进行上述试验。如果柱塞在局部位置上有阻滞现象，可将抛光膏涂在柱塞上，插入柱塞套上配对研磨。研磨时注意边往复边旋转柱塞。

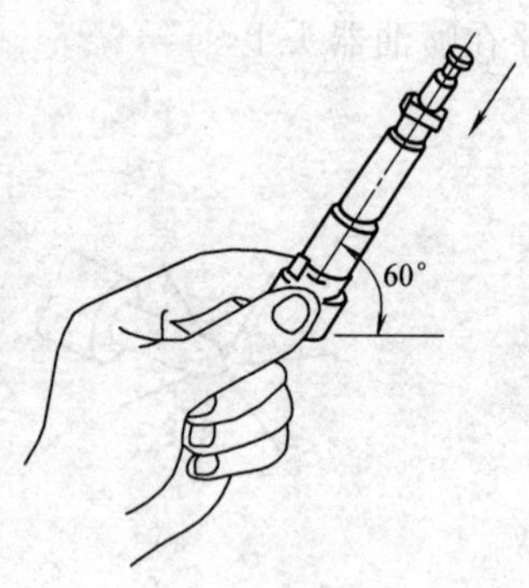


图 4-105 柱塞滑动试验

③ 柱塞偶件密封性试验：如图 4-106 所示，用食指堵住柱塞套的上端，使柱塞处于中等或最大供油量位置，将柱塞往下拉动（注意：不要将柱塞拉过柱塞套进油孔位置）。若此时食指感觉有真空吸力，同时松开柱塞时，柱塞仍能回到原来位置，说明柱塞偶件密封良好。

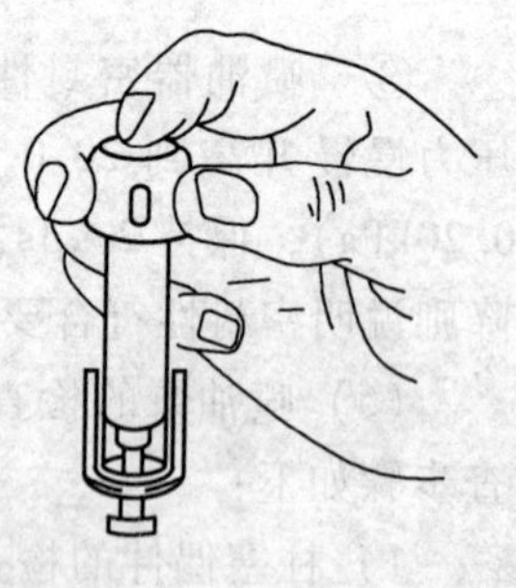

图 4-106 柱塞密封性试验

2）出油阀的检查　出油阀有两对密

封接触面，一个是减压环带与阀座孔的精密配合与密封，另一个是出油阀的圆锥面与出油阀座锥面之间的密封。当出油阀磨损严重时会使减压环带或锥面密封失效，由此会产生后燃和滴油现象，使燃烧恶化冒白烟、发动机动力下降，严重时还会发生敲缸。因此必须对出油阀的密封性进行检查。

① 外观检查：将出油阀偶件在干净的煤油或轻柴油中清洗，用肉眼或放大镜观察出油阀锥面，若发现减压环带磨损严重（即出油阀锥面有清晰的较宽或较深的白色磨损痕迹）或减压环带有明显的纵向拉痕，则应更换。同时应观察出油阀与阀座有无裂痕和锈蚀。

② 滑动试验：将出油阀座放正，抽出出油阀的1/3高度，然后松开，出油阀应能靠自重缓缓落座。转动出油阀，在任一位置反复试验。如果有滞阻现象，同样可将出油阀与阀座配对研磨。但在涂研磨膏时，应将研磨膏涂抹在导向杆上而不要涂抹在减压环带上，且研磨时注意不要将减压环带插入阀座中对研。

③ 密封性试验：将出油阀完全落座，用嘴吸吮油阀座底口，若可将嘴唇吸住，则说明不漏气。否则应进行研磨。在研磨出油阀锥面时应注意用细棍将研磨膏仅涂在出油阀锥面上，而不要涂在减压环带上。减压环带密封性试验如图4-107所示，用手指将出油阀底口堵住，然后下按出油阀心，当松开出油阀心时，阀心会自动上弹，说明减压环带密封合格，否则应更换新件。

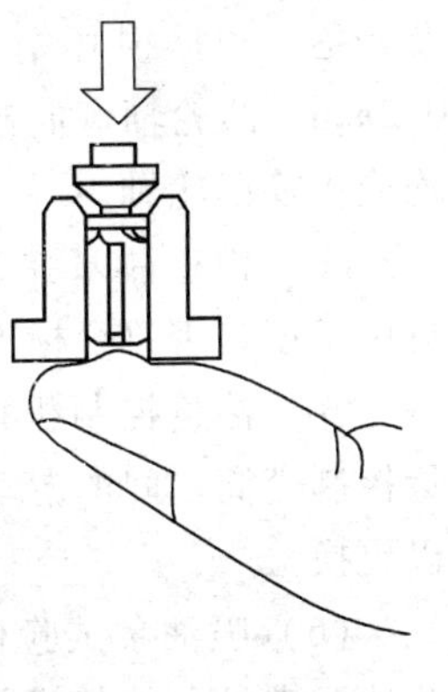

图4-107　减压环带密封性试验

出油阀密封性试验还可在喷油器试验器上进行。将出油阀与阀座装入专用接头上（该接头的座上有一个直径略小于出油阀座孔的可调螺钉，在试验减压环带的密封性时，用该螺钉将出油阀心顶离阀座，但减压环带仍在阀座孔中密封的位置上）。将该接头接至喷油器试验器上，旋松调整螺钉使阀心完全落座，操纵试验器使压力升到25MPa，观察压力降到10MPa的时间不应小于60s。用调整螺钉将出油阀心顶起0.3～0.5mm，同样将压力升到25MPa，观察压力降到10MPa的时间不应小于2s。在做密封性试验时，应注意试验器本身密封性的影响，试验前应首先检查试验器的密封性。

3）喷油泵其他零件的检查

① 柱塞凸缘与控制套筒的检查：检查柱塞凸缘与油量控制套筒之间的间隙，一般为0.02～0.08mm，超过0.12mm时应更换控制套筒。

② 挺杆总成的检查：观察挺杆与滚轮的磨损、锈蚀情况。用千分表测量挺杆滚轮与滚轮衬套之间、滚轮衬套与滚轮轴之间的径向间隙，若间隙超过0.2mm应更换挺杆总成。检查挺杆与泵体之间的间隙，若超过0.2mm则应更换挺杆或泵体。

③ 凸轮轴的检查：观察凸轮表面有无磨损、锈蚀、裂纹及剥落，根据损坏情况用油石修磨或更换。当凸轮磨损超过0.2mm、凸轮轴弯曲超过0.15mm、凸轮高度超出使用极限时，均应更换凸轮轴。

④ 检查柱塞弹簧有无裂纹、锈蚀和表面剥落。检查弹簧自由长度是否符合标准，弹簧中心最大偏移量不得超过1.5mm。

⑤ 油量控制机构的检查：油量控制拉杆（或齿杆）与油量控制套筒之间的游动间隙不得超过0.25～0.30mm。否则应予以更换。

（6）喷油泵试验台的调整　喷油泵试验台调整的目的是使喷油泵满足它的技术标准，使燃料喷射系统正常工作。为了保证试验的精度，喷油泵试验台调整中要遵照试验条件所规定的标准进行。WD615·67机型用PE6P110A721RS3101型喷油泵的喷油量标准见表4-11。下面以WD615·67机型用BOSCH喷油泵为例说明其试验台调整方法。

**表 4-11　WD615·67 型用 PE6P110A721RS3101 型喷油泵的喷油量标准**

| 试验条件 | 泵转速/(r/min) | 增压压力/kPa | 齿杆行程/mm | 供油量/(mL/千次) | 各缸允差/(mL/千次) | 备注 |
|---|---|---|---|---|---|---|
| 试验用油:ISO4113<br>油温:40℃ +5℃<br>喷油器压力:17.20~17.50MPa<br>供油压力:150kPa<br>高压管线:$\phi6\times\phi1.5\times600$mm<br>环境要求:标准大气压力，环境气温20℃,相对湿度50% | 1200 | 70 | 12.1~12.2 | 159.0~167.0 | 8.0 | 基准 |
| | 300 | | 5.8~6.0 | 9.5~20.5 | 7.0 | |
| | 700 | 70 | 12.5~12.6 | 163.0~171.0 | | |
| | 700 | 0 | 9.9~9.9 | 117.0~125.0 | | |
| | 100 | | | 236.0~274.0 | | 启动油量 |

1）试验调整前的准备　将喷油泵安装在试验台上并与试验台驱动轴相联接。因增压柴油机在喷油泵上设置了冒烟限制器，因此喷油泵试验台必须设置有可调气压的气源装置，以便喷油泵在调试时向冒烟限制器输入一个规定的气压值。将供油齿杆行程测量器安装在喷油泵上并调整、校准“齿杆行程”的“零”位。

2）供油正时的调整　为了确保喷油速率的准确以使柴油机在最佳工况下工作，喷油泵的各分泵开始供油时刻的柱塞升程是一定的，喷油泵本身的供油正时的检查与调整就是柱塞预行程的检查与调整。表 4-12 给出了 WD615 系列柴油机喷油泵柱塞预行程值。

**表 4-12　WD615 系列柴油机喷油泵柱塞预行程值**

| 机型 | BOSCH 泵 | | FM 泵 | |
|---|---|---|---|---|
| | 泵型号 | 预行程/mm | 泵型号 | 预行程/mm |
| WD615·00/20 | PE6P100A721RS398 | 3.45~3.65 | P76T11-93P2020BIIR100 | 2.95+0.2 |

（续）

| 机型 | BOSCH 泵 | | FM 泵 | |
|---|---|---|---|---|
| | 泵型号 | 预行程/mm | 泵型号 | 预行程/mm |
| WD615·61/71 | PE6P110A721 RS369 | 2.75~2.95 | | |
| WD615·67/77 | PE6P110A721 RS3101 | 2.75~2.95 | P76T11-93P2020 BIIR100 | 2.95+0.2 |
| WD615·68/78 | PE6P120A721 RS7118 | 4.95~5.15 | | |

柱塞预行程的测量必须采用专用测量器。柱塞预行程测量器有两种：一种是直接测量柱塞升程的测量器，另一种是测量挺柱升程的测量器。

将测量器安装在分泵出油管接头上，安装后使千分表的测头与柱塞顶端接触，如图 4-108 所示。开动试验台的低压供油油路，转动凸轮轴使柱塞位于下止点，核准千分表指针到零位，操纵喷油泵负荷杠杆使喷油泵在最大供油量位置，此刻燃油将从溢流管溢出。然后按喷油泵工作方向慢慢转动凸轮轴，当测量器的溢流管突然停止溢流时，此刻千分表指示的数值就是柱塞预行程。柱塞预行程不符合要求时可通过加、减正时垫片的方法进行调整，如图 4-109 所示。如果柱塞预行程测量值小于标准值，则需在分泵与法兰下面增加正时垫片；如果柱塞预行程测量值大于标准值，则需减少正时垫片。当第 1 缸分泵调整完成之后，需将泵置于第 1 缸分泵开始供油位置，再检查喷油泵供油正时刻线是否对齐，如果正时刻线标记错位，需在正时器与喷油泵壳上重新打印对齐的正时刻线，以供整机检查与调整喷油正时之用。

用同样的方法按照各分泵 1-5-3-6-2-4 的供油顺序依次检查调整各分泵的供油始点，要求供油始点相互间隔 60°±0.5°的凸轮转角。

3）供油量的调整　供油量检测标准见表 4-11。开动试验

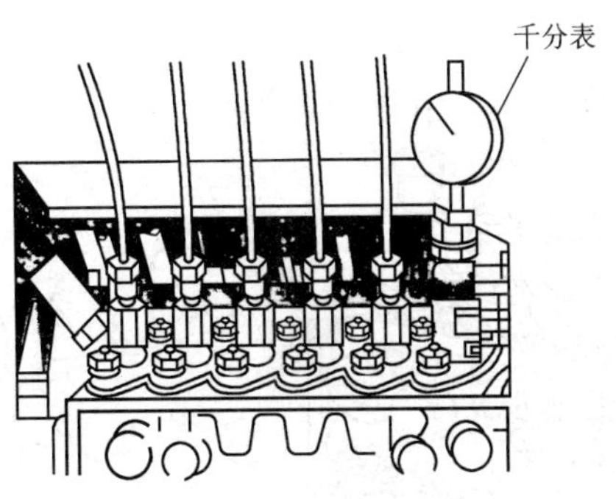


图 4-108　安装测量器

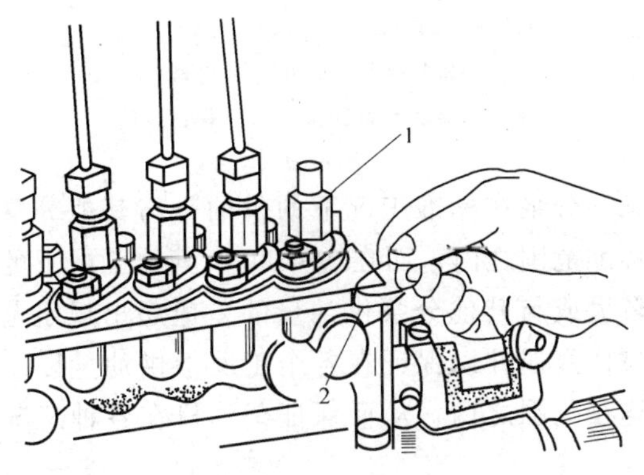


图 4-109　供油正时的调整

1—高压油管接头　2—垫片

台，将喷油泵转速调到 1200r/min，在冒烟限制器上施加 70kPa 的空气压力，用负荷控制杠杆控制供油齿标行程在 12.1 ~ 12.2mm 范围，测量此时各分泵供油量是否在 159.0 ~ 167.0mL/1000 次范围，且各分泵供油量最大相差是否在 8.0mL/1000 次范围以内。

如果供油量不符合标准，则可通过转动柱塞套来进行调整，调整方法如图 4-110 所示。首先拧松分泵法兰的固定螺栓，用螺钉旋具或其他工具轻轻地敲打分泵法兰使其转动，在调整时应注意增、减油的方向。当油量调整完毕之后应按规定的力矩将法兰固定螺栓旋紧。

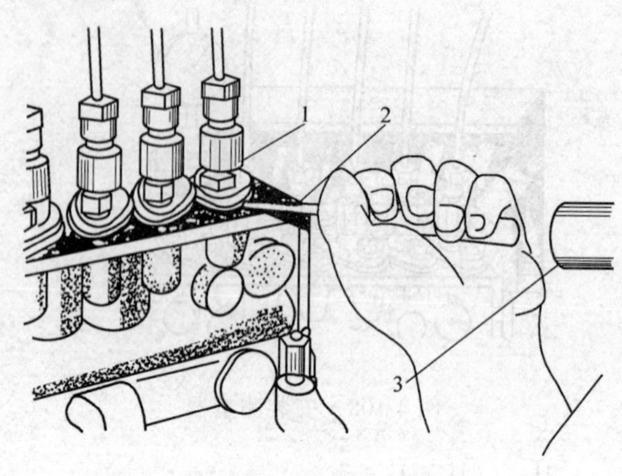


图 4-110 供油量的调整

1—分泵法兰固定螺栓 2—螺钉旋具

3—锤子

如果某一分泵在标准工况下的供油量与其他分泵供油量的差值均在标准范围之内，而在表 4-11 中其他工况下的供油量与标准相差较大或与其他分泵供油量的差值超出规定范围时，应更换该分泵柱塞偶件以保证在各个工况下供油量以及各缸供油量的差值均在范围之内，从而保证柴油机在各种工况下平稳工作。

在正常工况下的供油量调整完毕之后，将喷油泵转速调整到 100r/min，负荷控制杠杆置于全负荷位置（节气门推杆推到最大供油量位置），调整齿杆限制器，使起动油量在 236.0 ~ 274.0mL/1000 次的标准范围之内。

（7）燃油滤清器的维护

1）清洗燃油粗滤器　每天打开燃油粗滤器下部的排液塞，将杂质排出。每次维护时，都要清洗滤芯。

2）更换燃油滤清器滤芯　更换燃油滤清器滤芯时应同时更换两个滤芯，如图 4-111 所示。

4. 冷却系统的维护

WD615 系列发动机冷却系统所用长效防冻防蚀冷却液能在

-20℃下不结冰，假如车辆在低于-20℃的环境下运行，可适当提高冷却液的浓度。浓度最高只能到60%，这样可在-46℃下不结冰；若再提高，会对冷却系统产生腐蚀。应特别注意，不允许将两种不同品种的冷却液混合使用。更换不同品种的冷却液时，应对冷却系统进行彻底清洗。冷却液的加注量为40L。

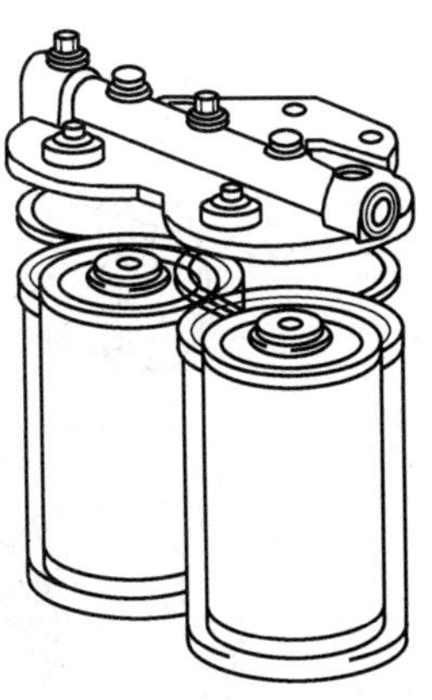

图 4-111　更换燃油滤清器滤芯

5. 润滑系统的维护

（1）更换发动机润滑油　更换发动机润滑油时要在热状态时进行。将旧润滑油放出时应注意检查润滑油的颜色是否正常和有无异物，以便发现故障隐患。待油放尽后拧紧放油螺塞，更换新润滑油滤清器，将新润滑油注入发动机到油尺上限。为防止在没有润滑油的情况下起动发动机，应使用排气制动器或在高压油泵处于断油位时按动起动按钮，空运转一会后再起动发动机，并低速运转。检查机油滤清器有无渗漏，停机5min后，检查并补充润滑油到油尺上限。

发动机润滑油规定牌号为15W—40 CD级，加注量约为23L。

（2）更换机油滤芯　两个并联的机油滤清器的滤芯要同时更换，如图4-112所示。更换时在密封垫上涂上一层薄薄的油，并且只能用手固紧滤清器。

6. 空气滤清器的维护

（1）空气滤清器维护指示灯的检查　如图4-113所示，将驾驶室翻转，在发动机运转情况下，短时间地盖住进气口，空气滤清器维护指示灯应立即亮。

（2）空气滤清器的维护　当空气滤清器维护指示灯亮时，应擦净集尘杯，清除滤芯上的尘土。可将滤芯的一端在汽车轮

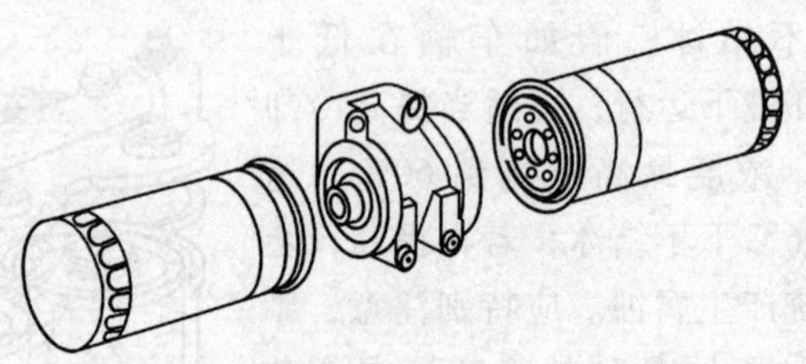

图 4-112 更换机油滤芯

图 4-113 驾驶室的翻起

胎上轻敲，以抖掉里面的尘土。当这种方法不能将灰尘清除干净时，应用压力不高于 0.5MPa 的干燥压缩空气，沿斜角交叉方向吹净滤芯内、外表面，如图 4-114 所示。

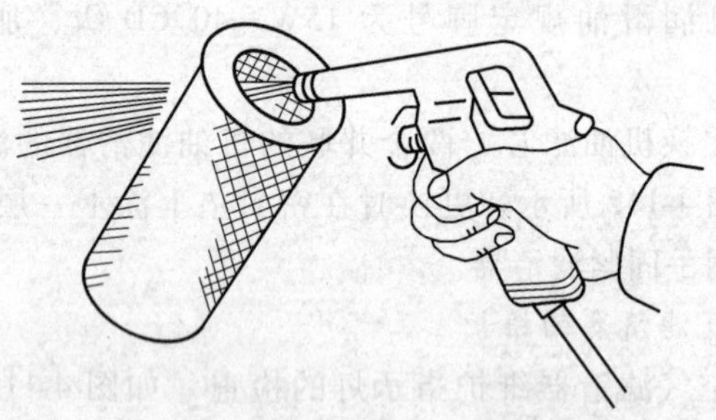

图 4-114 清洁空气滤清器

检查滤芯有无损坏。将一个工作灯放入滤芯内，从外面检查有无裂缝、穿孔或其他损坏。严禁使用有裂缝和穿孔的滤芯，否则将导致发动机异常磨损。检查空气滤清器端面的密封圈，若密封圈已损坏或滤芯有任何其他的损坏时一定要更换。

空气滤清器中的两只安全滤芯只能更换不能清洗。安全滤芯如图 4-115 所示。在主滤芯每清理五次、损坏后或每两年要更换一次安全滤芯。若在主滤芯刚清理后空气滤清器维护指示灯马上又亮，则应更换安全滤芯。

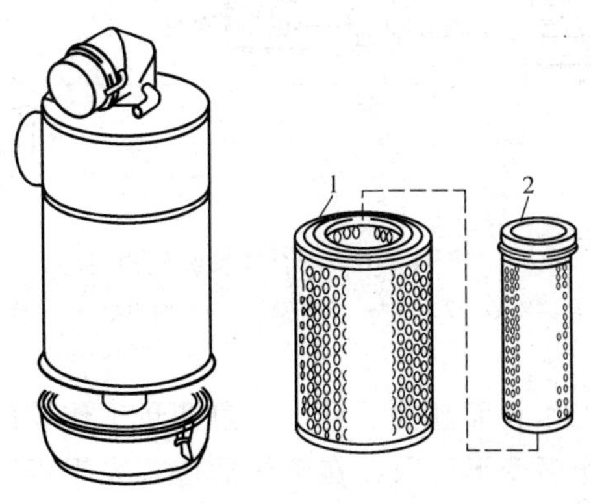


图 4-115　空气滤清器安全滤芯

1—主滤芯　2—安全滤芯

(3) 空气滤清器的组装　空气滤清器的组装顺序为：

1) 将安全滤芯插入空气滤清器壳内，用大六角头螺母紧固。

2) 将主滤芯插入空气滤清器壳内，用小六角头螺母紧固。

3) 装上有排尘阀的盖子（其口一定要朝后或朝下），并用手紧固蝶形螺母。

## 三、离合器的维护内容和操作方法

斯太尔 91 系列重型汽车采用德国 Fichtel&Sachs 公司生产的单片干式离合器，型号分别为 GF380 和 GF420 两个系列。采用气助力的离合器操纵机构，如图 4-116 所示。

### 1. 离合器压盘总成的维护与调整

离合器压盘与从动盘是离合器的关键部件。压盘的工作面必须光滑平整，但在使用中往往造成压盘工作面划伤，或由于

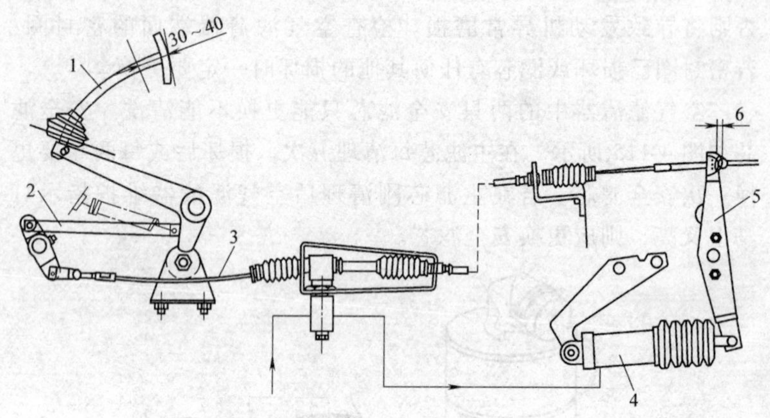


图 4-116 离合器操纵机构

1—离合器踏板 2—连杆 3—钢绳 4—助力缸 5—分离拐臂

热变形造成工作表面翘曲，可以通过测量工作表面的轴间跳动量来检查工作面变形。因此在解体后应首先观察压盘工作面有无划伤和严重龟裂，如果划伤沟槽大于 0.5mm 或是严重龟裂，就应进行修整或更换。检查工作表面翘曲可以通过测量工作表面的轴间跳动量来确定；检查工作面鼓形偏差时可以将一平尺（一般用钢板尺）靠在工作面上，用塞尺测量鼓形磨损偏差。如果工作表面的轴间跳动量或鼓形磨损偏差超过 0.4mm，就应对工作面进行修整。压盘工作面允许进行光削，但最大光削量不能越过 1mm。当光削量大于 0.5mm 时，应注意在组装时最好在离合器弹簧处加一相应厚度的垫片。检修时如果发现离合器压盘由于过热而变色或严重龟裂，应进行更换。光削后的压盘应进行动平衡检查。

从动盘在检修时主要观察表面是否被油污染，是否烧损，摩擦片局部是否掉片以及是否翘曲。如果表面油污，可用汽油或碱水清洗。从动盘的极限厚度为（7 ± 0.3）mm，如果厚度小于此值或铆钉头的深度小于 0.5mm 就应更换。从动盘翘曲是造成离合器结合不稳的主要原因（汽车起步时发“闯”），如果发现摩擦片翘曲、局部脱落或是缓冲弹簧松弛、从动盘内毂花键孔松旷等都应更换从动盘。在更换新从动盘时，一定要测量从动盘摩擦片的厚度，该厚度应在（10±0.3）mm 范围内，过大装机后会造成离合器分离不彻底的故障。

离合器弹簧不应有裂纹或歪斜，不同颜色标记的弹簧其弹力必须符合要求。检查弹簧自由状态下的高度，若低于规定长度则说明弹簧因过热而退火，应更换。

压盘盖不应有明显的裂纹或局部破损，因为压盘盖的局部破损不仅会造成强度减弱而且会破坏动平衡，严重时会造成发动机的振动。

分离杠杆不应变形或存有裂纹，其销孔与销轴间不应有明显的间隙。分离环工作表面应光滑平整，磨损严重或厚薄不均时应予以更换。

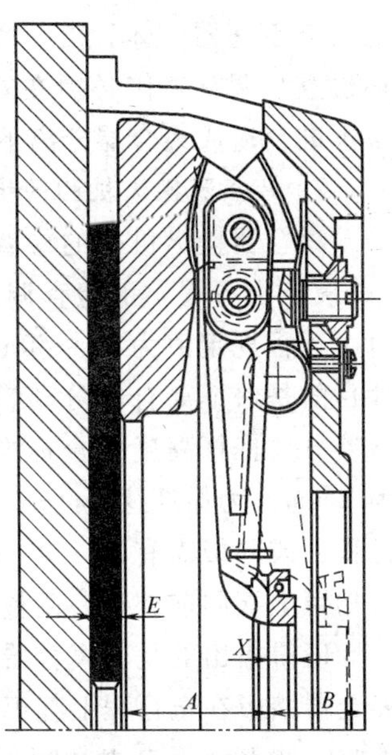

图 4-117　离合器分离杠杆的调整

全部零部件检查合格后进行压盘总成的装配，并将离合器压盘总成与从动盘装到发动机飞轮上。在装配时应用一根与变速器一轴（如输入轴）尺寸完全相同的离合器定心棒将从动盘对中装至飞轮，压盘总成固定螺栓应以 65N·m 的力矩对称旋紧（螺栓、螺纹处涂乐泰 262 防松胶）。

离合器在装配完毕后，应进行分离杠杆（压爪）高度的调整。离合器分离杠杆的调整如图 4-117 所示。将一平尺靠在压盘盖的测量面上，用深度尺测量每一分离杠杆至测量面的距离 $B$，也可以用深度尺测量每一分离杠杆至摩擦片的距离 $A$，使上述两数值符合表 4-13 的要求。

表 4-13 分离杠杆位置的调整值 （单位：mm）

| 离合器型号 | 新摩擦片厚度 $E$ | 分离杠杆至摩擦片距离 $A$ | 测量面至压爪距离 $B$ | 测量面至分离杠杆最小距离 $B^*$ | 分离环厚度 $X$ |
|---|---|---|---|---|---|
| GF380 | 10 ±0.3 | 53 | 27 | 17 | 7 |
| GF420 | 10 ±0.3 | 56 | 36 | 19 | 9 |

从表可以看出，在更换新从动盘时，调整分离杠杆到测量面距离，GF380 型应大于 17mm，GF420 型应大于 19mm。因斯太尔 91 系列重型汽车离合器壳的观察口较小，在装配好离合器壳（与变速器一体）之后根本无法调整分离杠杆高度，所以上述检查与调整工作必须在安装变速器之前进行。该数值如果调整不准会造成离合器分离不彻底的故障。

2. 离合器操纵机构的检查与调整

离合器操纵机构的检查与调整主要是离合器分离轴承间隙（踏板自由行程）的检查调整，斯太尔 91 系列重型汽车的踏板自由行程规定值为 30 ~ 40mm，如图 4-116 所示。操纵机构的调整目的是保证离合器分离轴承的间隙。这一调整必须在保证离合器分离杠杆高度符合标准范围的前提下进行。分离轴承间隙为 3 mm，为保证这一间隙，分离拐臂口的上端必须有 6mm 自由行程，或踏板需有 30 ~ 40mm 的自由行程。这一自由行程过大可将拐臂上端向前调整，调整完毕之后需将锁帽锁紧。

值得指出的是，离合器助力效果很好，因此在气压较高时，离合器踏板在全行程上都很轻，自由行程和工作行程很难区分，若此时调整踏板自由行程，往往调整是不准确的，这也是为什么有些车辆总烧离合器分离轴承的原因。所以，在检查和调整踏板自由行程时，最好把气压放低一些，使踏板自由行程比较明显，这样调整出来的才准确。

## 四、变速器的维护内容和操作方法

1. ZFS6—90 型变速器的使用与维护

ZFS6—90 型变速器是常规结构变速器，与一般变速器相同，汽车行驶中若严禁发动机熄火空挡滑行。这是由于该型汽车采用液压动力转向系统和气压制动系统，行驶中若发动机熄火，转向助力失效，在紧急情况下易发生转向沉重而造成事故；发动机熄火，空压机也不工作，会产生制动失灵现象。从变速器工作角度讲，汽车在变速器挂空挡的工况下高速滑行，由于发动机熄火，变速器一轴停止旋转、副轴也同样停止旋转，飞溅润滑不能很好地产生，会使齿轮轴孔内的滚针轴承因得不到足够的润滑而烧损。

在汽车发动机产生故障而不能正常工作时，汽车必须被拖拉行驶，拖拉的距离超过 100m 时，必须将传动轴与驱动桥连接法兰拆开，用强索将传动轴捆在汽车大梁上，使驱动桥与传动轴脱开，拖拉的时速不得超过 60km/h，否则也容易造成两轴滚针轴承的烧损。

2. 变速器用油的使用与更换

变速器润滑使用齿轮油。ZF 型变速器使用国际标准规定的 APIGL—4 等级、黏度牌号为 SAE85W/90 指标的齿轮油。该项标准相当于目前国产的 18 号双曲线或 18 号合成双曲线齿轮油。该齿轮油冬夏通用。

在维护中应注意检查齿轮油的液面，变速器的齿轮油既不能缺少也不能加多。缺油易造成早期磨损甚至烧损故障；油加的过多容易使变速器过热。在变速器侧面有一个加油螺塞，汽车在水平位置停放时油面就应在螺塞位置的高度。变速器底部有一个放油螺塞，换油时用于将旧油放出。新车在行驶 2000 ~ 2500km 时的第一次强制维护中应将变速器齿轮油更换为新油，换油最好在热车工况时进行。以后每年或每行驶 50000km 更换一次。

## 五、传动轴的维护内容和操作方法

为了确保传动轴的正常工作，延长其使用寿命，在使用中应注意：

1）严禁用高速挡起步。

2）严禁猛抬离合器。

3）严禁超载、超速行驶。

4）经常为万向节加注润滑脂并经常检查传动轴工作状况。

① 在维护中应经常检查传动轴吊架紧固情况，支承橡胶是否损坏，传动轴各联接部位是否松旷，传动轴是否变形等。

② 为了保证传动轴的动平衡，应经常注意平衡焊片是否脱焊。新传动轴组件应是配套提供的，在新传动轴装车时应注意伸缩套的装配标记，即保证凸缘在一个平面内。在维修需拆卸传动轴时，应在伸缩套与凸缘轴上打印装配标记，以备重新装配时保持原装配关系不变。

③ 经常为万向节十字轴承加注润滑脂，夏季应注入3号锂基脂，冬季注入2号锂基脂。

## 六、车桥的维护内容和操作方法

### 1. 刚性前桥的使用与维护

前桥在使用中应注意不要超负载运行，应避免冲击载荷的作用。

应按规定的行驶里程对前桥进行检查与维护。维护时应拆卸轮毂检查轮毂轴承和加注润滑脂，同时应检查转向节主销与衬套的配合，若发现烧结或间隙过大则应解体更换。在对转向节主销衬套进行铰削时一定要注意同心度。

轮毂轴承与主销衬套加注润滑脂牌号为：夏季为3号锂基脂，冬季为2号锂基脂。

### 2. 驱动前桥的使用与维护

驱动前桥在使用中应注意经常对转向节和万向节进行检查和维护。其主减速器和轮边减速器内应加注齿轮油，而万向节十字头和转向节销衬套内应经常加注润滑脂。

主减速机构在壳体底部有一放油螺塞，在牙包中下部有一加油螺塞，汽车在停驶时，润滑油面应与加油螺塞平齐。轮边减速器的行星架盘边缘有一放油螺塞，轴头端盖上有一个加油螺塞。汽车停驶时，转动车轮，将放油螺塞置于最高位置，此时加油螺塞在稍低于车轮轴线位置，查看齿轮油面应与加油螺塞位置平齐。

新车初始2000～2500km时应进行强制维护，强制维护时应将齿轮油更换。以后每年或每行驶50000km更换一次齿轮油。

驱动前桥用API GL—4、SAE85W/90黏度牌号的齿轮油。国产18号双曲线齿轮油完全可以代用。润滑脂夏季使用3号锂基脂、冬季使用2号锂基脂。

3. 驱动后桥的使用与维护

驱动后桥在使用和维护中应注意以下几点：

（1）保持润滑油的油量　使用中应经常检查轮边减速器和主减速器的润滑油油量。缺油会造成运动机件的早期磨损，严重的会造成烧蚀。然而润滑油也非多多易善，因为润滑油过量会造成高温甚至漏油。

轮边减速器上有两个螺塞：设置在轴头最边缘的是放油螺塞，而在端盖近于中心部位上的是加油螺塞。轮边减速器油面的正常位置应该是在放油螺塞处在最高位置时与加油螺塞水平，此时将加油螺塞打开，油面与下沿平齐。

新车做初始维护更换轮边减速器润滑油时，按规定在加注新油时应先转动车轮将放油螺塞处在最下方位置，而加油螺塞在多一半上方位置时，将放油螺塞打开，放掉旧油后安装好放油螺塞，将加油螺塞打开，加润滑油到高位液面，然后将加油螺塞旋入。反复旋转车轮数圈，将放油螺塞置于最高位置，加油螺塞在少半边的位置时，将加油螺塞打开，让多余的润滑油流出直到液面保持在加油螺塞位置为止，将加油螺塞装好。

后桥牙包壳上有两个螺塞：在牙包底部的是放油螺塞，在牙包近半高度的是加油螺塞，正常液面应始终保持在加油螺塞高度。

后桥主减速器与轮边减速器使用APIGL—4等级、SAE85W/90黏度牌号的齿轮油。国产18号双曲线齿轮油可以代用。一般牙包的油量在6L，每个轮边减速器油量在2L左右。

驱动后桥齿轮油的换油期为50000km或一年。第一次2200~2500km强制维护时应当更换齿轮油。

（2）差速锁的正确使用　驱动后桥的轮间差速锁是当汽车转弯时，使左、右车轮自动差速从而不至磨损轮胎和造成机械损坏。汽车在单边车轮驶入光滑或泥泞路面而打滑时，差速锁可使汽车驶出故障路面。当汽车驶出故障路面后，应立即将差速锁摘除，否则会产生轮胎严重磨损和打坏差速器的严重事故。

（3）避免严重超载　斯太尔驱动后桥设计承载能力为13t，一般车辆国产化桥壳壁厚为16mm，在某些载荷比较集中和路况较差的汽车上（例如K38和N56型汽车）采用壁厚为20mm（国产化桥壳）的加强桥壳。严重的超载和载荷集中都会造成桥壳变形和断裂。使用中一定要按行驶条件所规定的载荷装载。

（4）维修时的注意事项　在维修中如果重新组装差速器、被动齿轮等联接件，必须在联接螺纹上涂抹乐泰242螺纹锁固胶并以规定力矩扭紧，以确保联接螺栓的锁固。

4. 双联桥的使用与维护

1）差速锁的操作　双联桥上装有轮间差速锁和桥间差速锁，当汽车驶入泥泞光滑路面而无法驶出时，使用差速锁能顺利驶出故障路面。

在驾驶室仪表板上安装有两个差速锁开关，一个是轮间差速锁开关，另一个是桥间差速锁开关。当汽车驶入泥泞路面而某一桥单边车轮打滑时，需踩下离合器踏板按下轮间差速锁开关，指示灯点亮，此时中、后桥轮间差速锁同时挂合。挂挡、脚抬离离合器踏板，汽车可能会驶出故障路面。当脚抬离离合器踏板时，若某一桥左右车轮同时打滑空转，而另一桥不动时，汽车便不能驶出，此时应再踩下离合器踏板，按下桥间差速锁开关，待指示灯点亮后，挂挡、脚抬离离合器踏板，此时汽车会驶出故障路面。当汽车驶出故障路面后应立即将差速锁摘除。

2）在维护中需要抽半轴时一定要注意以下事项：在没有安

置差速锁的一侧半轴可以随便抽装，而在安装有差速锁的一侧半轴，在抽半轴前应当首先将差速锁挂合，为了确保差速锁啮合套不致脱落，还应用铁丝将差速锁工作缸推杆固定，以免工作缸漏气而造成啮合套脱落。

3）在新车行驶20000km时应进行强制维护，在进行强制维护时应更换中央传动部分和轮边减速器的齿轮润滑油。中桥中段在加注润滑油时应从桥间差速器壳上的加油螺塞加注。双联桥的中央传动部分和轮边减速器应加注APIGL-4等级、SAE85W/90黏度牌号的齿轮油。国产18号双曲线齿轮油完全可以代用。

5. 车轮的更换

车辆在进行二级维护时，必要时要进行轮胎换位，换位时要注意以下事项：

1）同一车轴，应装用相同规格、结构、花纹和层级的轮胎。

2）装配有向花纹轮胎时，应使轮胎的旋转方向标志与车辆行驶方向一致。

3）更换车轮时应注意不要碰伤车轮螺栓上的螺纹。

4）制动鼓和轮辋配合面上不能粘有油漆、润滑脂和其他脏东西。

5）车轮螺母的压紧面应清洁，没有脏物或油污。

6）在装车轮以前，应先将与车轮定位孔及轮边减速壳上相配的外圆擦干净，并抹一点润滑脂。

7）在车轮螺栓和车轮螺母的螺纹上抹上一点润滑脂或其他防咬合剂。

8）所有车轮螺母的螺纹都是右螺纹。装上车轮，在车轮悬空的条件下按对角交叉顺序拧紧螺母，然后放下车轮，以550～650N·m的力矩拧紧螺母，如图4-118所示。

## 七、转向系统的维护内容和操作方法

1. 动力转向系统的检查与调整

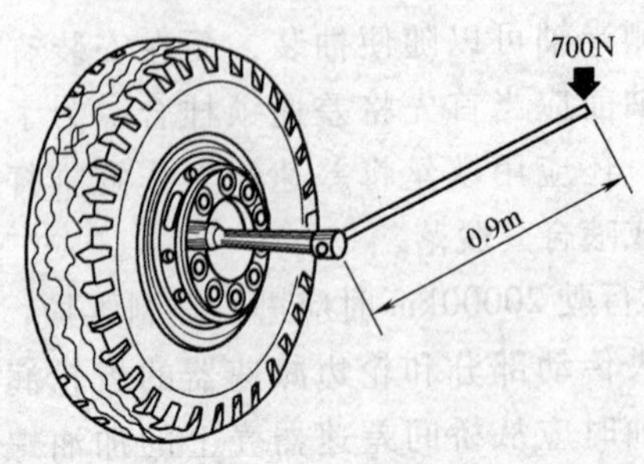


图 4-118　车轮的更换

转向器的拆装修理必须在规定的条件下，以及必须要有一定维修技能的人员，还要依据于一定的工具和设备才能完成。因此，一般不允许不具备条件的单位进行拆装和修理。汽车在进行维护时应进行的工作如下：

(1) 检查油量、加油与放气　在储油罐上安装有油尺，正常情况下，当柴油机不工作时，要求油量加至油尺的上限刻度为准，当柴油机以中速稳定旋转时，储油罐的油量高于上限刻度 1 ~ 2cm 为正常。

当动力转向系统缺油时，可直接向储油罐中补充新油至上述标准。

当系统换油或严重缺油、在系统中已存在空气的情况下，补充新油的同时要进行放气。首先用千斤顶将汽车前桥顶起，起动柴油机在低速稳定转速下运转，随着向储油罐逐渐加注新油的同时，慢慢地转动转向盘从一侧极限位置转至另一极限位置反复进行，直至储油罐回油没有空气排出为止，将油补充至标准液面高度。

检查助力系统是否有空气有两个方法：一种方法是观察在发动机运转过程中，储油罐回油口所回的助力油是否还有气泡，若有则说明有空气。另一种办法是在发动机停转时，将油加至油尺上刻线位置，然后发动机以中速旋转，观察储油罐液面高度，如果高出上刻线 2cm，说明系统内还存有空气。助力系统内存有空气时，转向助力系统在工作时会产生噪声。

（2）转向助力泵的检查　转向助力泵可通过测量泵压来检查泵的好坏。

测量泵压过程如图 4-119 所示，将转向助力泵至转向器的管线接头 B 拆开，在其间串接一个量程为 15MPa 为的压力表 C 和开关 D。首先将开关 D 全开，起动柴油机并稳定在低转速范围，逐渐关闭开关 D，注意观察压力表读数，直至将开关全部关闭，如果压力表指示值在（13±0.1）MPa 之间，则转向助力泵是正常的。如果泵压达不到规定值，则说明转向助力泵的流量控制阀、安全阀产生故障或转向助力泵损坏。泵压的检查应注意开关口要逐渐关闭，同时关闭时间不能过长。检查过程中柴油机要在稳定低速状态下工作。

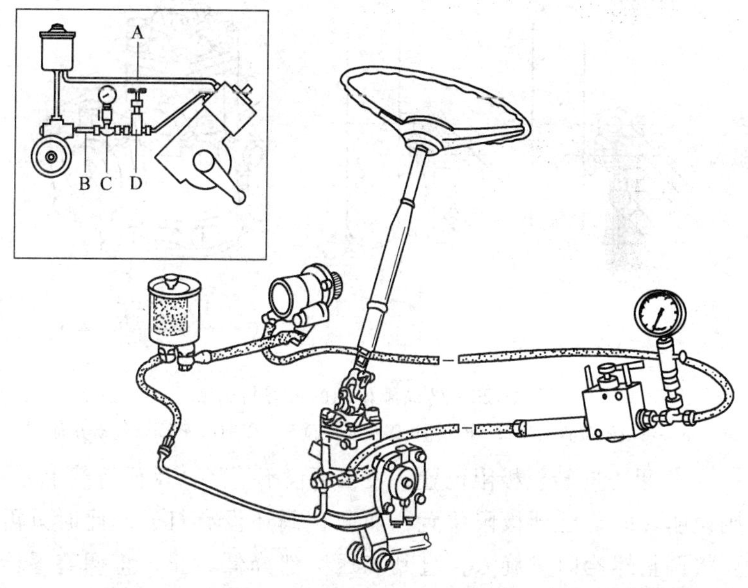


图 4-119　转向助力泵的检查

A—回油管　B—转向器的管线接头　C—压力表　D—开关

（3）转向限位阀的检查与调整　将前轮分别向左、右转到极限位置，检查和调整前轮转角使其符合整车性能参数的要求。

起动柴油机并使其在低速范围稳定运转，然后将前轮着地以增加转向阻力，向左转动转向盘，注意观察压力表读数。如图 4-120 所示，当转向轮左极限位置调整螺钉距前轴限位凸块 3mm 处，表压明显下降说明左极限位置限位阀 B 此刻开启卸荷。如若此刻表压读数仍不下降或过早下降都说明需要调整。调整方法是：将限位阀锁紧螺母松开，表压过早下降则需将调整螺栓向外旋出。然后将 3mm 厚的钢板置于转向节的极限位置调整螺钉和工字梁限位凸台之间，将转向盘打到底，使螺钉与凸台将钢板夹紧。此时压力表读数将持续升高，旋入限位阀调整螺栓直到表压突然降低为止，将调整螺栓锁帽锁紧。

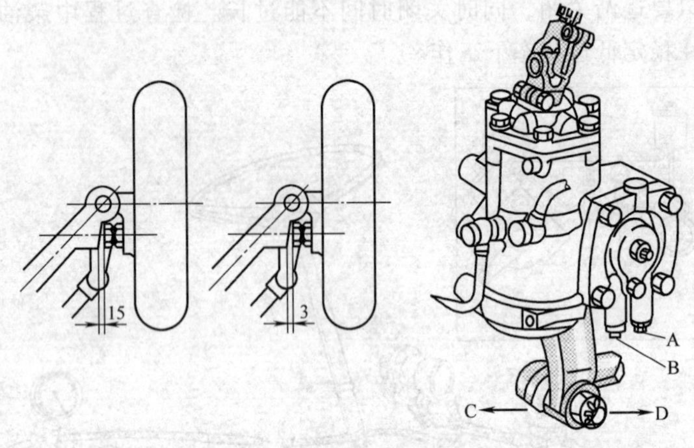


图 4-120 转向限位阀的检查与调整

A—右极限位置限位阀 B—左极限位置限位阀 C、D—转向节摆动方向

如果方向转至极限位置，表压不仅不下降，反而持续上升，则说明转向节已到极限位置，而限位阀还没有打开。此时只需要将调整螺栓向里旋入，直到表压突然降低为止，将调整螺栓锁帽锁紧。

右极限位置限位阀的调整方法与其相似。

（4）转向器密封性的检查 在转向限位阀调整完毕之后，将前桥用千斤顶再次顶起使车轮脱离地面。如图 4-120 所示，在限位螺钉与前轴转向限位凸块之间放置一块 15mm 厚的钢板，柴油机保持低速稳定运转状态，将前轮转至极限位置并继续向该转向方向转动转向盘，观察压力表读数是否达到（13 ±0.1）MPa，若压力低于规定数值说明转向器内部有泄漏，必须检查修理。该项检查左、右两个方向都必须进行。

（5）转向盘自由行程的检查与调整　将压力表更换成量程为 1MPa 的表头，柴油机保持低速稳定运转，将车轮转至直线行驶位置，此刻测出的系统无负荷循环压力约为 0.5MPa。然后向一侧慢慢转动转向盘直到压力表压力上升 0.1MPa 时，测量转向盘的这一侧游动量应小于 20mm。再测量另一侧转向盘游动量，同样应小于 20mm，两侧相加转向盘总自由行程应小于 40mm。转向盘自由行程主要取决于转向器活塞齿与转向轴扇形齿间的间隙。因扇形齿齿厚制成锥形结构，因此调整转向轴的轴向位置即可调整转向盘自由量。在转向器侧端盖上有一调整螺杆，向里旋进该螺杆可将自由行程调小，调整结束后应将锁紧螺母锁紧。转向横直拉杆接头如果间隙过大会影响转向盘自由行程，检查时应予注意。

2. *动力转向系统的使用与维护*

斯太尔 91 系列汽车采用整体式液压助力转向系统，它在使用与维护中应注意如下几点：

1）因助力泵采用转子叶片泵，转子叶片泵的最大优点就是体积小、效率高。然而对比其他泵来讲，叶片泵最大的弱点就是低压腔的吸油能力较低，因此，储油罐中的助力油滤清器并没有安装在泵的吸油端，而是安装在转向器的回油端，换句话说，转向助力系统采用的是回油滤清方式。这种滤清器仅起系统净化的作用，即系统的机械磨料经滤清器过滤使助力油总保持纯净。如果储油罐里掉进脏物或机械杂质，那么很快就会直接被吸入助力泵，造成助力泵的早期磨损或拉伤。因此保持储油罐内的清洁是至关重要的。这就要求在更换或补充助力油时，应首先将储油罐擦干净，而且应在无尘埃的场地进行作业，特别是注意不要将脏污掉进储油罐。事实证明，助力泵以及转向器磨损、拉伤损坏的主要原因就是助力油脏污。

2）转向助力系统是高度精密的液压系统，因此在使用中应注意经常进行检查和调整。发生故障应及时处理，否则造成机件的磨损与损坏后，有时将不能修复。往往因为一个很小的精密配合零件的损坏而造成整个部件的报废。

3）转向助力系统使用专用 AFT 自动传动油。国产 N32 号自动传动油可常年加注在助力系统。但这种油价格较高而且往往买不到。通常使用国产 30D（30 号低凝点）工程液压油来代用，这种油冬、夏通用。如果这种油也买不到时，夏季可使用 30 号工程液压油、冬季使用 20 号工程液压油代用。

在紧急情况下（例如行驶在边远或不具备购油条件，买不到上述规定油品，而又必须补充或添加助力油时），可用透平油（又称汽轮机油）、变压器油甚至机械油临时代用或补充，但回到基地必须立即将代用油排掉，而以规定油品加注。这是由于上述规定油品具有适合动态液压系统工作的特性，例如抗泡性、防腐蚀性以及对橡胶件的溶涨性都符合要求。临时代用油品则在这些性能上较差。在进行上述工作时，应注意必须将旧油从系统中排净，必要时最好用新油将系统清洗一遍，放掉后再重新加注新油。切记不可将不同品牌的油长期混装。

4）斯太尔 91 系列汽车前桥转向系统横、直拉杆的球形联接是不可调整间隙的。因此需经常检查其间隙，发现间隙超差时必须及时更换。

## 八、制动系统的维护内容和操作方法

### 1. 行车制动的维护

斯太尔 91 系列汽车采用踏板操纵，双回路气压制动。工作压力为 0.75MPa，调压阀切断压力为 0.81MPa。第一回路作用在后桥（或双后桥）车轮上，第二回路作用在前桥车轮上，一旦两个回路中有一个储气筒压力降到 0.55MPa 以下，储气筒压力指示灯即亮，这时应立即停车并找出压力下降的原因。在短时间内，连续多次进行全制动，也可能导致压力降到 0.55MPa 以下。

泄漏检查：在发动机熄火、接上驻车制动后，压力降在 2h 内最多为 0.05MPa 或者在 30min 内最多为 0.01MPa。当压力降超过规定值时，应查找泄漏点并修复。

2. 应急和驻车制动的维护

应急制动和驻车制动。是通过后桥（或双后桥）上的弹簧储能制动缸起作用的。驻车制动通过操纵驻车制动阀手柄来实现，当制动系统出现故障时，依靠储能弹簧的推动，自动实现应急制动。只有在制动系统压力达到 0.55MPa 以上、驻车制动信号灯熄灭后，弹簧制动才能完全松开。

注意：在起动发动机之前，必须将驻车制动阀手柄放在制动位置，否则，制动系统压力升高后，原有的驻车制动作用将消除。

检查方法：将带挂车和半挂车的车辆停在坡道上，将驻车制动手柄向后拉到“检查位置”，这时，仅由主车的弹簧储能制动起作用，应能使满载列车停稳在 12% 的坡道上。若不符合要求，应更换储能弹簧。

注意：新结构的阀是方形的，应将驻车制动手柄向下压再向后拉到“检查位置”。

3. 制动器的检查与调整

（1）摩擦片厚度检查　制动蹄的摩擦片在磨损最严重处的最小厚度不得小于 6mm。检查时可以通过检视孔进行检查。若小于规定值时应更换制动蹄的摩擦片。

（2）车轮制动器间隙的调整

1）前驱动轮制动器间隙的调整　当制动缸行程（活塞杆行程）超过 30mm 时，就应对制动器进行调整。当装有制动器间隙自动调节器时不必进行调整。

调整方法为：向里旋动间隙调节臂上的螺钉，直至车轮锁死，再将调节螺钉往后退 2.5 圈。

2）后桥制动器间隙的调整　旋动蜗杆轴端六角头螺栓，直至车轮锁死，再反旋，听到三次响声即可。

调整前先将驻车制动松开，车轮顶起，调整完后可进行行车检验，检验其制动是否跑偏。

4. 制动系统使用注意事项

（1）弹簧制动缸的紧急松开　当连接弹簧制动缸的管路因泄漏而造成自行制动时，只要将缸上的螺栓拧出到松开位置，即可将制动器松开，如图 4-121 所示。在松开弹簧制动缸之前应先挂上 1 挡，并检查脚制动是否正常。螺栓的两个位置为松开位置和正常行驶位置。

当在有坡度的路面上松开弹簧制动缸时，必须将车轮塞住，防止滑坡。

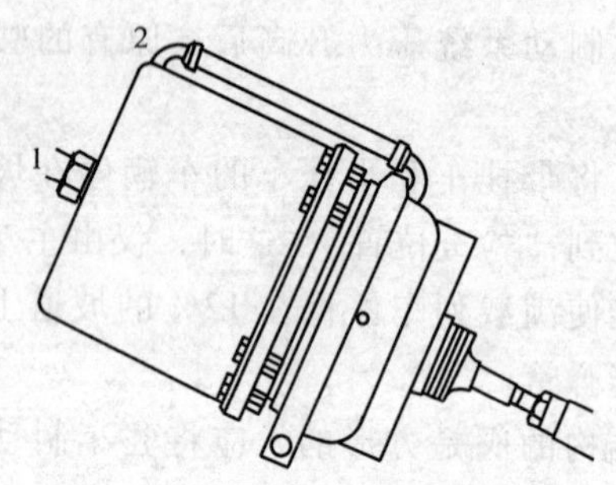


图 4-121　弹簧制动缸的紧急松开螺栓

1—松开位置　2—正常行驶位置

（2）充气接头的使用　如果安装分体式空气干燥器，调压阀充气接头的使用方法是：在充气接头上（见图 4-122）拧上轮胎充气软管后，即可给轮胎充气。将充气软管拧上充气接头后，也可通过其他车辆或空压机为该汽车的气路系统充气。位置 A：翼形螺母全部拧入，给轮胎充气。位置 B：翼形螺母拧出 $2\frac{1}{2}$圈（约 4mm），由外部气源给汽车的气路系统充气。

如果安装组合式空气干燥器，调压阀与空气干燥器组合成一体，空气干燥器本体无充气接头。在制动储气筒上设置有一充气接头，拧上充气软管，即可给轮胎充气，亦可由外部气源给汽车的气路系统充气。

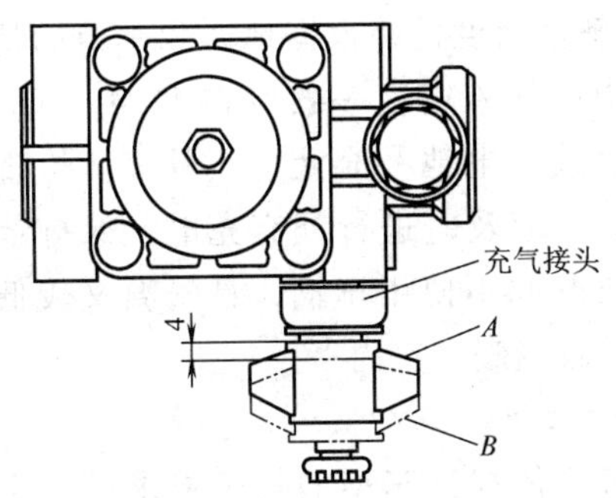


图 4-122 充气接头位置

A—翼形螺母全部拧入位置

B—翼形螺母拧出 $2\frac{1}{2}$ 位置

（3）空气干燥器干燥剂的更换 空气干燥器在使用过程中，应定期检查制动储气筒的积水情况。扳动放水阀拉环，若发现储气筒存在明显的积水，则应更换干燥剂。干燥剂的使用期限一般不超过两年。如果干燥筒为不可拆卸的结构，则应更换整个干燥筒；更换方法是：沿逆时针方向双手用力将干燥筒卸下，换上新的干燥筒，拧紧力矩一般为 15N · m。如果干燥筒为可拆卸的结构，可只更换干燥筒内的干燥剂；更换方法是：卸下干燥筒紧固螺栓，取出用过的干燥剂，装上新的干燥剂，过滤环需清洗干净。

（4）制动管路的维护 在制动用塑料管附近进行焊接、切割或钻孔时必须遵守下列规定：

1）应预先放掉管路中的压力。

2）应将管子盖住以免受到火星、火焰及灼热切屑的损伤。

3）无压力管子允许受热的最高温度为 130℃，持续时间为 1h。

## 九、电气系统的维护内容和操作方法

### 1. 蓄电池的维护

及时清洁、检查蓄电池外部，检查电线夹头是否松动。定期检查蓄电池电解液的液面高度和密度，液面应高于极板10~15mm。检查电解液密度，并根据地区和季节的情况调整电解液密度值。使用中电解液密度一般应在$1.24g/cm^3$以上。液面降低后应加蒸馏水或蓄电池补充液进行补充。检查放电程度，放电超过规定值时，应及时进行补充充电，保持蓄电池处于充足电状态。若较长时间不使用车辆，且气温又较低时，最好将蓄电池取下并放入较温暖的室内。

2. 发电机的维护

交流发电机应依据该车型的技术要求的规定，定期进行检查维护。

检查交流发电机，一般需进行下列项目：交流发电机接线柱导线的固定情况；交流发电机驱动带的松紧度；交流发电机负载试验。

当发电机有故障需解体修复时，解体后应对部件进行清洗，然后用压缩空气吹净各零件，必要时用干净布蘸汽油擦净各零件。可检查下列各主要机件的技术状况：

（1）检查转子　转子是发电机的磁场部分，实际使用中常出现的问题在集电环和线圈。可用试灯或万用表的欧姆挡检测。

1）检查线圈断路、短路　转子线圈正常的电阻值为9Ω。用万用表或试灯检查时，将两表笔或试灯两触针分别与转子两集电环相触，如图4-123所示。若指针不动或试灯不亮，表明有断路故障；若电阻值小于8Ω，则表明有匝间短路故障。

2）检查线圈搭铁　用万用表欧姆挡或试灯检查时，将两表笔或试灯两触针分别与集电环和转子轴相触，如图4-124所示。若指针动或试灯亮，表明有搭铁故障。

3）检查集电环　集电环表面如果不光滑或有烧损现象会影响发电机的正常工作。轻微烧蚀时可用“00”号砂布打磨，严重烧损、刮伤和失圆超过0.03mm时，必须在车床上精车，而不能用手工对集电环局部打光，否则集电环在转动中电刷会跳

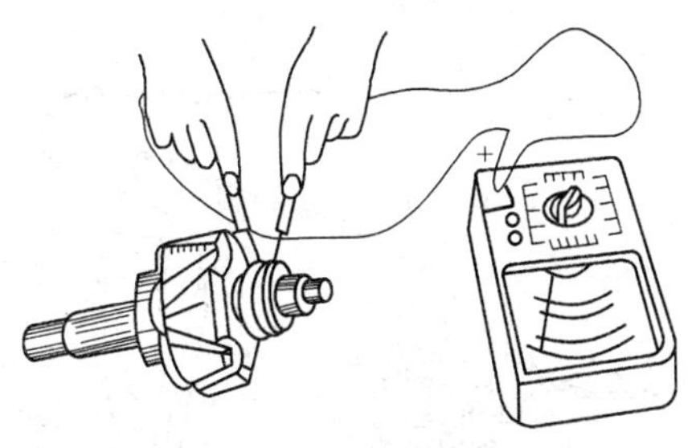

图 4-123 转子绕组短、断路检查

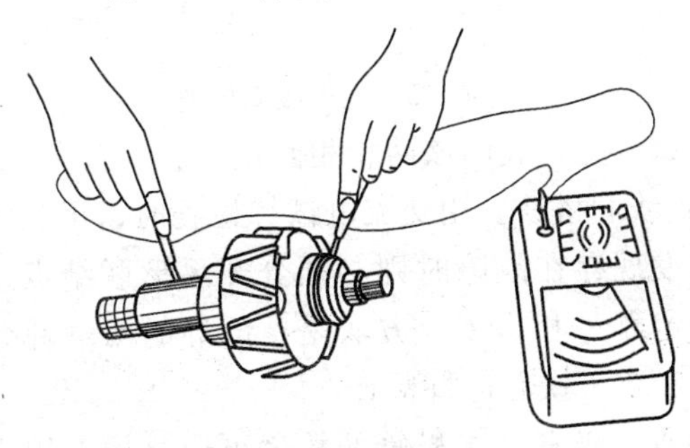

图 4-124 转子绕组搭铁检查

动，容易造成火花，加快集电环烧蚀。

4）检查爪极在轴上的固定情况　爪极在转子轴上应固定牢固，不能有松动，否则会影响转子线圈建立磁场，影响发电机正常工作。

（2）检查定子　检查定子线圈，主要检查外部连接导线是否折断、线头连接处是否脱焊、导线绝缘漆有无老化损伤、以及定子铁心内圆周面有无刮擦痕迹等。当外部检查没有问题时，应进一步检查定子线圈断路、短路和搭铁情况，如图 4-125 所示。

1）检查定子线圈断路　用万用表欧姆挡检查。将两表笔分别连接每相绕组的起、末端点，若指针不动，表明该相断路。

2）检查线圈相间短路　可用万用表欧姆挡或试灯检查。方法是：拆断连接点，将表笔或试灯触针接在两相引出线上，若

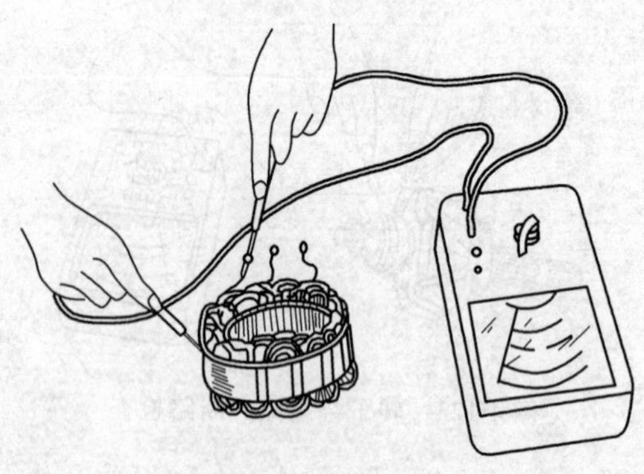

图 4-125　定子线圈检查

指针摆动或试灯亮，表明该两相相间短路。

3）检查线圈搭铁　用交流电试灯检查时，可先不分开星形联结点，若发现存在故障时则必须分开星形联结点，分别检查各相，以确定哪一相搭铁。方法是：试灯的两触针分别连接引出线的一端和定子铁心进行检查。

（3）检查二极管　二极管的故障可通过用万用表测量其电阻值来确定。测量前，应将二极管的引线从接柱上拆下，以便逐个对二极管进行检查，如图 4-126 所示。

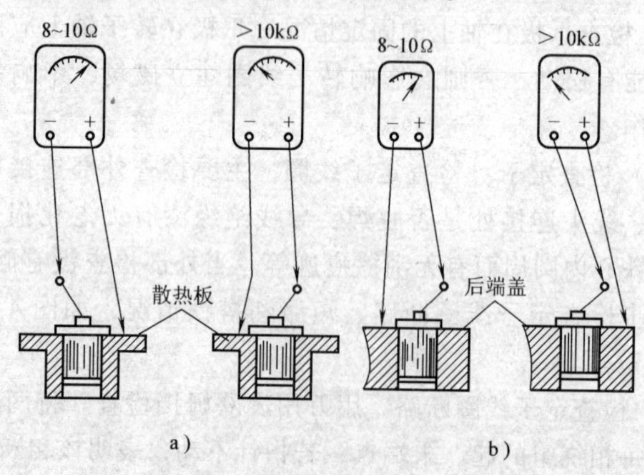


图 4-126　用万用表电阻挡检查二极管

a）测正极　b）测负极

1）检查正极管　元件板上的三只二极管为正极管，其引线是二极管的正极。测量时，用万用表的电阻挡，黑表笔接二极管的引线，红表笔接二极管的外壳，所测的二极管正向电阻值应较小，约为8～10Ω；然后，将两表笔换位，所测的二极管的反向电阻值应很大，在10kΩ以上，若是则表明二极管良好；若出现正、反电阻值均极小，则说明二极管已短路；若正、反电阻值均较大，则说明二极管内断路。正极管外壳印有红色字。

2）检查负极管　整流器端盖上的三只二极管为负极管，其引线是二极管的负极。测二极管正向电阻时，应将黑表笔接二极管外壳，红表笔接二极管的引线，测反向电阻值时，将两表笔换位。负极管外壳印有黑色字。

3）检查励磁二极管　三只励磁二极管安装在一块绝缘板上，黑色的外壳上靠近白色环形标记的一端为负极，三个负极焊接在一起。检查前应将它们烫脱。

励磁二极管的检查方法是：用万用表的欧姆挡将黑表笔接二极管的正极，红表笔接二极管的负极，所测电阻为二极管正向电阻，其值较小；然后，将两表笔换位，测二极管的反向电阻值，应在10kΩ以上。若是则表明二极管良好，否则应更换。

（4）检查电刷及电刷架　对有电刷式发电机应检查电刷及电刷架。

1）电刷长度应符合要求，当磨损至原长度的2/3时应换新电刷。

2）电刷表面应无油污，并具有圆弧接触面，电刷在电刷架内应能上下自由活动。

3）电刷弹簧弹力应在3～4N之间，当弹力不符合要求或折断时，应更换弹簧。

（5）检查轴承及绝缘垫

1）轴承应转动灵活，且无明显的径向间隙，内外滚道和滚珠无麻点。

2）用锂基润滑脂润滑轴承。

3）检查各绝缘垫片有无折裂损坏。

（6）发电机试验　上述检查合格后应进行发电机的组装，装复后的发电机用手转动时应转动灵活，无卡滞和刮擦现象。装复合格然后进行空载和负载试验。空载和负载试验在试验台或装在车上进行，试验线路如图 4-127 所示。

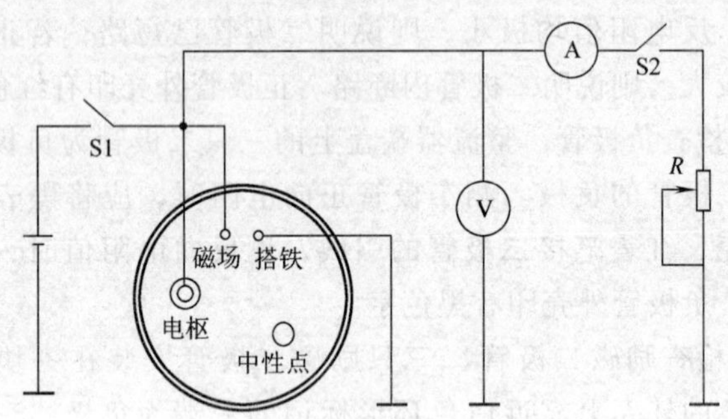


图 4-127　交流发电机试验线路

1）空载试验

① 开关 S2 断开，S1 闭合。

② 慢慢提高发电机转速，蓄电池对发电机励磁，当发电机端电压达到 28V 时，断开 S1。使发电机电压稳定在 28V，此时发电机的转速不应超过 1000r/min。

2）负载试验

① 将线路中的负载电阻调整到最大值。

② 在空载试验交流发电机端电压达到 28V 时闭合开关 S2，使发电机向外输出电流。

③ 逐渐减小负载电阻，使输出电流增加，并用提高转速的方法使发电机端电压保持在 28V。观察达到规定负载时的发电机转速。要求：电流为 5A 时，发电机转速小于 1300r/min；电流为 23A 时，发电机转速小于 2400r/min。

3）调整发电机传动带张紧度　发电机的传动带在运行一段时间后，其伸张性改变，使得松紧度变化，过松的传动带会打滑，将影响发电机的正常工作，同时使用寿命也将缩短，过紧则使发电机轴承易损坏。

用拇指在传动带的中央位置适当用力按压：A 带 10～15N；B 带 20～25N。传动带应被压下 9～10mm，过紧或过松时要进行调整。

（7）晶体管电压调节器的检查　晶体管电压调节器因内部的元器件用封胶密封，故无需维护和调整，但在使用中应检查其技术性能，可在电气试验台上进行检查，也可就车检查。方法是：在调节器的 DF（磁场）接线柱和发电机 DF（磁场）接柱之间串入一只量程为 5A 的电流表，慢慢提高发电机的转速，若电流表的读数始终为零，一般为调节器中控制励磁回路的大功率晶体管断路；如果电流表指针所指示的数值随转速的升高而增大，说明调节器失去调节能力，可能是大功率管短路、稳压管损坏或调节器中其他元器件损坏；如果电流表的指示值随转速的升高而逐渐减小，则表示调节起调节作用。

3. 起动机的维护

（1）检查起动继电器

1）观察起动继电器上下触头状况，若发现触头烧蚀凸凹不平，应修磨平整。

2）用万用表检查起动继电器线圈有无断路、短路及搭铁故障。具体方法是用万用表的欧姆挡测量继电器线圈的电组，当电阻值为无穷大时，表明线圈断路；当电阻小于规定值时，表明线圈短路。再测量线圈与外壳间的电阻，应为无穷大，否则线圈有搭铁故障。

3）检查起动继电器上的锁止臂、移动臂有无变形、卡滞现象。

（2）检查磁场线圈

1）搭铁检查　用试灯检查主磁场线圈和副磁场线圈是否有搭铁故障。具体方法是：拆开线圈两端的连接，用蓄电池的一极接线圈，另一极接试灯；用试灯的另一端接起动机外壳，正常情况下试灯应不亮，若试灯亮则说明线圈有搭铁故障。

2）断路、短路检查　线圈短路、断路可通过蓄电池给线圈通电的方法进行检查。可给线圈接入 2V 电源，如图 4-128 所示。线圈通电后用一钢棒检测磁场磁力，比较各磁极吸力的大小。若都没有磁极吸力，则说明线圈断路；若某磁极的磁极吸力与其他磁极相比明显减小，则说明此磁极线圈短路。

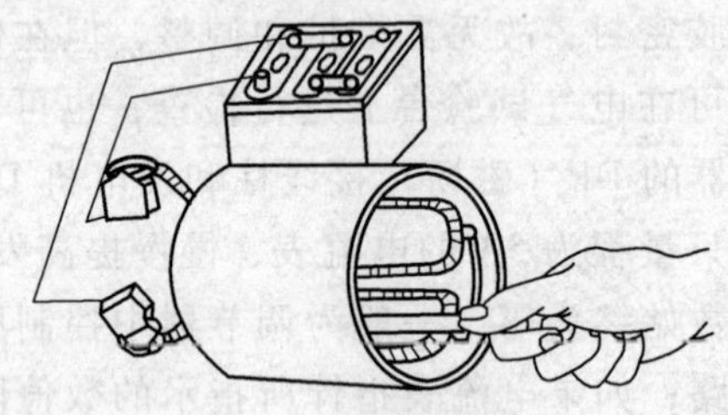

图 4-128　检查磁场线圈

（3）检查电枢

1）检查电枢线圈搭铁　用万用表（$R\times 10k$）检查各换向片与电枢轴间的绝缘情况，如图 4-129 所示。若万用表指示无穷大，则说明无搭铁故障；若指示值较小或为零，则说明有搭铁故障。

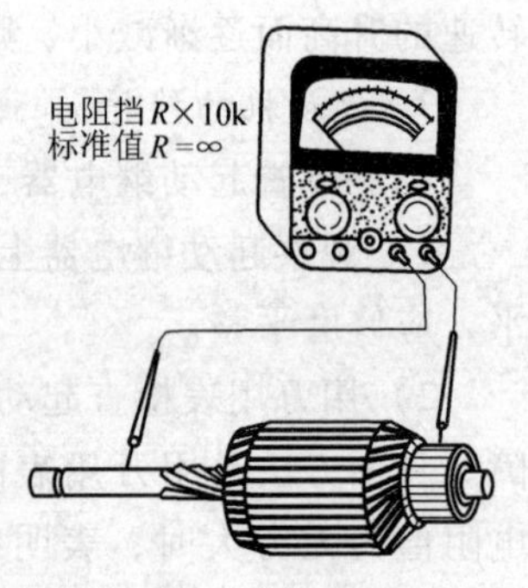


图 4-129　检查电枢搭铁

2）检查电枢线圈短路　检查电枢短路需在电枢检验仪上进行，如图 4-130 所示。检查前，先将换向器片之间的炭粉和金属屑清除干净，将电枢放在电枢检验仪上，接通电源，在电枢铁心上部放一钢片，不断慢慢地转动电枢，若钢片在铁心的某一槽上跳动，则表明该槽内的线圈有匝间短路或与该线圈头尾相接的两换向器片间短路。

3）检查电枢线圈断路　明显的线圈断路易于察觉，如导线刮断、脱焊等。从表面上不易观察到的断路需要用电枢检验仪或万用表进行检查。起动机电枢线圈导线偏粗，在电枢槽内的断路很少见，断路多出现在线圈与换向片间的虚焊。

检验时，接通电枢检验仪电源，用 1.5V 试灯跨接于水平的两个相邻的换向器片上，若试灯亮，说明线圈良好，否则表示该组线圈断路。起动机电枢线圈匝数较少，用试灯检查不很明显，也可用万用表依次检测相邻的两换向器片是否通路。即用万用表（$R\times1$ 挡）进行检查，若某两相邻换向器片间的阻值接近零，表明无断路故障；若某两相邻换向器片间的阻值为无穷大，说明有断路故障。检测方法如图 4-131 所示。

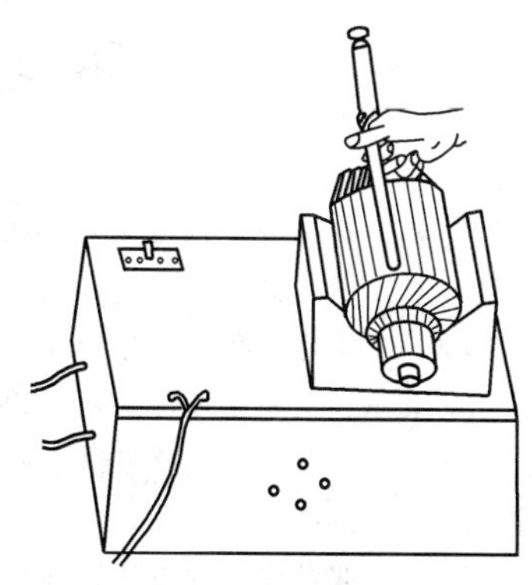

图 4-130　电枢线圈短路的检查

4）检查换向器表面是否烧蚀、失圆　换向器表面有微轻烧蚀，可用“00”号砂布打磨平整，若烧蚀严重，失圆超过 0.05mm，应在车床上精车。换向器打磨方法如图 4-132 所示。

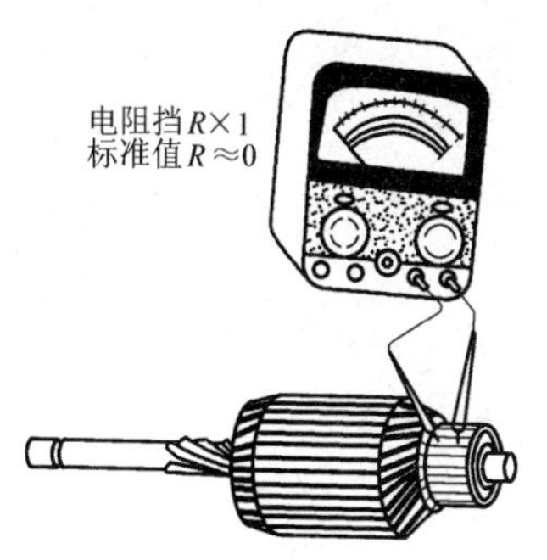


图 4-131　电枢绕组断路的检查

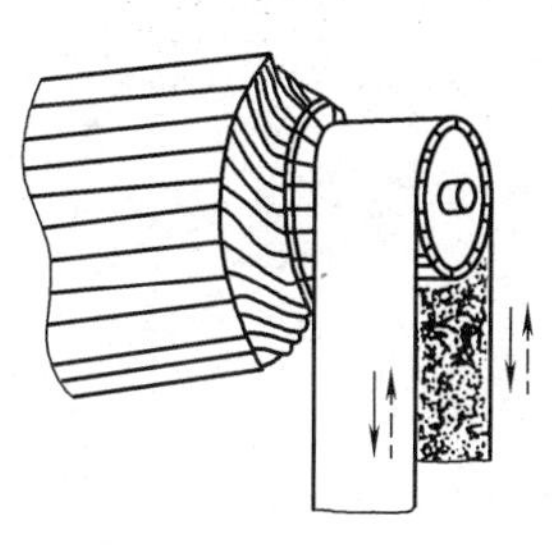

图 4-132　换向器的打磨

# 参考文献


[1] 鲁植维．大客车维修专门化［M］．北京：人民交通出版社，2003.

[2] 黄玮，薛云，赵云峰，等．斯太尔系列重型汽车的结构与维修［M］．北京：国防工业出版社，2003.

[3] 李桐．新编桑塔纳系列轿车结构与使用维修［M］．北京：金盾出版社，2003.

[4] 张弟宁．汽车维修［M］．北京：人民交通出版社，2005.

[5] 杨信．汽车拆装实习［M］．北京：人民交通出版社，2005.

[6] 王长生，童明辉．汽车空调的使用与维修［M］．北京：人民邮电出版社，2003.

# 读者信息反馈表

感谢您购买《汽车一、二级维护》一书。为了更好地为您服务，有针对性地为您提供图书信息，方便您选购合适图书，我们希望了解您的需求和对我们教材的意见和建议，愿这小小的表格为我们架起一座沟通的桥梁。

| 姓名 |  | 所在单位名称 |  |
|---|---|---|---|
| 性别 |  | 所从事工作(或专业) |  |
| 通信地址 |  | 邮编 |  |
| 办公电话 |  | 移动电话 |  |
| E-mail |  |  |  |

1. 您选择图书时主要考虑的因素：(在相应项前面√)

（ ）出版社　（ ）内容　（ ）价格　（ ）封面设计　（ ）其他

2. 您选择我们图书的途径（在相应项前面√）

（ ）书目　（ ）书店　（ ）网站　（ ）朋友推介　（ ）其他

希望我们与您经常保持联系的方式：

□电子邮件信息　□定期邮寄书目

□通过编辑联络　□定期电话咨询

您关注（或需要）哪些类图书和教材：

您对我社图书出版有哪些意见和建议（可从内容、质量、设计、需求等方面谈）：

您今后是否准备出版相应的教材、图书或专著（请写出出版的专业方向、准备出版的时间、出版社的选择等）：

非常感谢您能抽出宝贵的时间完成这张调查表的填写并回寄给我们，您的意见和建议一经采纳，我们将有礼品回赠。我们愿以真诚的服务回报您对机械工业出版社技能教育分社的关心和支持。

请联系我们——

地址　北京市西城区百万庄大街 22 号　机械工业出版社技能教育分社

邮编　100037

社长电话　（010）88379080　88379083　68329397（带传真）

E-mail　jnfs@ mail. machineinfo. gov. cn